KB189040

진실한 마음(即事而眞)

참마음 공부

지은이 **황성구**

진실한 마음(即事而眞)

참마음 공부

초판 1쇄 발행 2021년 9월 15일
　　2쇄 발행 2021년 11월 1일
　　3쇄 발행 2023년 1월 1일
지 은 이 황성구
발 행 인 권선복
편　　집 권보송
디 자 인 박현민
전 자 책 서보미
발 행 처 도서출판 행복에너지
출판등록 제315-2013-000001호
주　　소 (07679) 서울특별시 강서구 화곡로 232
전　　화 010-3267-6277
팩　　스 0303-0799-1560
홈페이지 www.happybook.or.kr
이 메 일 ksbdata@daum.net

값 20,000원
ISBN 979-11-5602-919-9 03220

Copyright ⓒ 황성구, 2021

도서출판 행복에너지는 독자 여러분의 아이디어와 원고 투고를 기다립니다. 책으로 만들기를 원하는 콘텐츠가 있으신 분은 이메일이나 홈페이지를 통해 간단한 기획서와 기획의도, 연락처 등을 보내주십시오. 행복에너지의 문은 언제나 활짝 열려 있습니다.

참마음 공부 3쇄를 펴내면서...

유수같이 흐르는 세월이 빠름을 새삼 실감한다.

지난해 주위 분들의 권유로 용기를 내어 걸음마 하는 심정으로 출판하게 된 책 '참마음 공부'가 2021년 9월 초판에 이어 같은 해 11월에 2쇄 출간된지가 벌써 첫돌이 지났다.

'부처님의 가르침'이라는 대명제를 빌어 나름대로 마음 공부해 오면서 정리해둔 몇 가지 단편 지식들을 모아 써본 책 '참마음 공부'를 이따금씩 다시 읽어 보면서 내 스스로를 돌아보는 시간을 갖기도 했다.

그러한 가운데 나름 자위해 보기도 했으나 마음에 그리 흡족하지 않은 게 사실이다. 그러나 비록 보잘 것 없어 보이는 책이긴 하지만 주위에서 따뜻한 격려와 용기 그리고 훈훈한 후의를 베풀어주신 분들의 덕분에 큰 위안을 받기도 했다. 아울러 이 책 머리말에서 미리 밝혔듯이 '이 책을 접하게 되는 단 한 분이라도 부처님의 가르침을 제대로 알게 되기를 바라는 마음'이라는 대목에서 또 다른 성취감도 맛보면서 그래도 '이 책 펴내기를 참 잘 했구나!' 라고 생각을 해본다. 그래서 이 책 내용 가운데 다소 미진한 부분이 있기도 하고, 또 평소 필자가 아주 좋아서 메모해둔 몇 가지 소재를 더 보충하고 싶은 마음에서 3쇄를 펴내기로 하였다.

그 몇 가지를 미리 말하자면 '텅 빈 마음으로 비우기(眞空妙有)', '길없는 길 걷는 무심의 참마음(無上道)', 그리고 '아름다운 그대 눈동자에 비친 나(눈부처)'이다.

다시 한 번 이 책이 세상 밖으로 나오기까지 정성어린 사랑과 격려 그리고 아낌없는 후원을 보내주신 참으로 귀한 분들께 두 손 모아 감사드리며, 이 자리를 빌려 머리 숙여 큰 인사를 올립니다.

계묘년 새해 아침
동탄 염화실에서 화현 합장

추천의 글

진실한 마음, 참으로 아름답습니다

세상 사람들은 흔히들 말합니다. 과학 분야에서는 「특허」가 힘이며 자원이고 문화 분야에서는 「시원(始原), 발원지(發源地)」가 가장 유력한 역사성을 발휘하고 동·식물학에서는 「종자, 씨앗」이 힘이라고 합니다. 옛말에 호랑이는 가죽을, 사람은 이름을 남긴다는 말을 들은 적이 있을 것입니다. 그러나 그 이름이 이름 되도록 하는 것은 역시 「인품, 품성」일 것입니다. 사람이 아무리 훌륭한 인품으로 아름다운 삶을 살았다 하더라도 기록이나 자취가 없다면 후대인들의 삶에 힘이 되고 거울이 되며 역사가 될 수 없습니다. 책을 즐겨 읽거나 읽지 않거나에 상관없이 인류사에 책이 없었다면 결코 현재의 우리들을 이룰 수 없었을 것입니다. 어느 날 明자 垦자 회주 스님께 바치는 책 『진실한 마음−참마음 공부』의 저자가 되신다는 화현(華賢) 거사님 소식을 접하고 두 가지 마음이 일어났습니다.

첫째, 매우 부끄러운 마음이었습니다. 평생을 어른 스님 슬하에 살면서도 생각지도 못했던 나 자신에게 무조건 부끄러운 마음이었습니다.

둘째, 감사한 마음이었습니다. 나의 소견으로는 세상에서 가장 치열하게, 열정적으로 세계 최고 국제경영자, 운영본부장, CEO 등등의 묵직한 일들을 역임하시고 지금도 하고 계시며 세상사에 열중하시는 불자님으로만 알고 있었습니다. 실제로 화현(華賢) 황성구(黃聖九) 거사님과의 처음 인연이 10여 년 전 어른 스님을 모시고 여러 강사 스님들과 부산항에 특별히 배를 띄워 두루두루 견학 유람시켜 주셨던 기억이 새롭습니다. 그런 인연으로 거사님이 매일 아침 철저히 기도, 축원 수행 정진하신다는 사실에 더욱 감사한 마음입니다. 이번에 출간되는 『진실한 마음—참마음 공부』를 낱낱이 정독하면서 다시 한번 나 자신을 깊이 성찰하게 하는 좋은 기회를 다행스럽게 여기며 문득 본뜻을 새기게 하는 좋은 말씀이 생각납니다.

> 높은 언덕이나 육지에는 연꽃이 나지 않고
> 낮고 습한 진흙에서 이 꽃이 난다
> 고원육지 불생연화 高原陸地 不生蓮花
> 비습어니 내생차화 卑濕淤泥 乃生此花

연꽃은 힘들고 어려운 세상 속에서, 보통 사람들의 삶 속에 존재하며 낮고 습한 늪지대에 피지만 언제나 깨끗하고 아름답고 향기로움을 품고 있는 처렴상정(處染常淨)의 본뜻을 생각하며 진실한 마음공부가 책으로 탄생됨을 온 마음으로 축하드립니다. 불법인연으로 만난 여러 분들께 꼭 한번 읽어 보실 것을 권하고 싶습니다. 진실한 마음의 쓰임새(善用其心)는 독자 각자의 몫이겠지요…

매우 더운 2021년 8월 7일
雲門寺 圓云室 一眞 合掌

本地返照(본지반조)

– 본래 자리에 돌아와 진리를 비추는구나

虎踞山 明星明師(호거산 명성명사)

– 지세가 웅장한 호거산에 명성명사

眞法響 光明山川(진법향 광명산천)

– 그 진리가 광명 산천에 두루하고

東炭地 華賢居士(동탄지 화현거사)

– 동탄에 사는 화현거사는 세간의 일들

世功德 這廻向善(세공덕 저회향선)

– 이제야 갈무리 지어 마치게 되었구나

再次向 佛法精進(재차향 불법정진)

– 다시 출세간의 불법공부 매진해

初發心 正悟得道(초발심 정오득도)

– 초발심 때의 바른 깨달음 이루니

天世間 護法神將(천세간 호법신장)

– 하늘과 세간의 호법신장 호위하고

萬衆生 歡喜誦宣(만중생 환희송선)

– 만 중생 기쁨의 노래를 부르는구나

화현(華賢) 황성구(黃聖九) 거사의『참마음 공부』출간을 축하드립니다. 무릇 사나이 대장부로 태어나 가정을 이루어 가족을 부양하는 일도 중요한 일이라 여겨집니다. 그렇지만 더 나아가 자신의 마음을 돌아보고 세상의 이치를 깨닫는 부처님의 가르침에 입각해 한 경지를 보여주는 일은 아무나 할 수 있는 일이 아니라 생각합니다.

　황 거사의 글은 세간사를 갈무리하고 출세간의 가르침을 투탈(透脫)하는 지혜를 담고 있습니다. 출가수행자의 눈으로 살펴보니 그 경지는 상당하고 경계는 탄탄해 보입니다. 인간으로 태어나기 어렵고, 대장부로 태어나기 어렵고, 불법(佛法) 만나기 어려운데 불법을 깨우치기 위한 용맹정진의 노고가 글 속에 용해되어 있습니다. 자신을 돌아보는 마음공부의 방법을 일깨워주고 있는 황 거사의 주옥같은 글 사리(捨離)가 불교를 처음 접하는 이들에게 어두운 길을 밝히는 등불이 되길 바랍니다. 아울러 부처님의 가르침을 만나 공부하는 이들에게도 바른 깨달음에 이르는 지름길이 되길 기원합니다. 큰 꿈을 꾸는 자만이 그 꿈을 이룰 수 있습니다. 세상을 살아가는 모든 인연이 저마다의 큰 꿈을 꾸고 그 꿈을 이루기 위해 정진해 가길 발원합니다.

대한불교조계종 불교신문 사장 / 김포 용화사 주지 / 보리수요

양병원이사장

대몽(大夢) 현법(玄法) 合掌

서평

『참마음 공부』를 읽고

　화현 황성구 거사님과의 첫 인연은 8년 전 BTN 불교TV「가피」라는 프로그램에서 진행자와 초대 손님으로의 만남으로 이루어졌다.

　가피 프로그램의 취지는 출연자들의 신행담과 수행담, 불보살님 가피 경험담을 시청자들과 함께 공유해 불자님들의 기도와 수행의 정진에 동기부여를 하는 것이었다. 가피를 진행하는 동안 많은 불자님들이 출연해 신행과 수행, 불보살님들의 가피 경험담을 나누었지만 그중에서도 오래도록 마음에 여운이 남는 분이 바로 화현 거사님이었다. 그의 지난 삶의 핵심 키워드는 진실과 성실 부단한 정진이었다. 그 이후 이 삶에서 인연이 된 것이 참으로 고맙고 감사하여 가끔 연락을 주고받으며 지내왔다. 그러다 올 초에『참마음 공부』의 초고를 보내주시고 감수와 서평을 부탁하셨다. 글솜의 자질도 경험도 부족해 난감했지만 참마음 공부라는 제목이 수행자로서의 호기심을 자극해 읽어보게 되었다. '참마음(진심)', 언어는 쉬운데 참된 의미와 올바른 느낌을 정의하기 참으로 어려운 말이다. 불조 이래 수많은 수행자와 불자들이 참마음 세 글자와 일평생을 씨름했으리라. 분명히 있는데 찾아보면 없고 없다고 하기엔 확연히 있고 이것인 듯한데 가보면 이미 그곳에 없는 유와 무, 존재와 비존재, 실체와 환. 이 모두를 긍정하고 모두를 부정하는 참마음. 그 참마음을 찾는 공부.

원고를 읽는 동안 지극한 신심과 원력, 쉼 없는 정진, 수행의 느낌이 나 자신의 지난 시절과 뒤섞여서 다가왔다. 얼마나 방황하고 간절했던가. 좌절과 희망, 환희와 절망을 수없이 반복했다. 『참마음 공부』를 보면 필자는 참마음을 찾기 위해 수많은 부처님의 경전과 조사어록을 열람하고 제방의 훌륭한 대덕스님들께 탐문했음이 여실히 드러나 보인다. 또한 틈틈이 수행과정 중에 느낀 자신의 마음을 진솔하게 서정적으로 풀어놓았다. 더불어 이 삶 속에서의 경험들을 자신이 배우고 실천한 부처님의 지혜로 비추어 보이고 있다. 부처님 경전, 혹은 스님들의 법문집처럼 틀에 갇혀 딱딱하지 않고 여유롭고 편안하며 서정적이기도 하다. 한 편의 수행 지침서요 자서전이요 수필과도 같다. 수행에 관심 있는 불자에게는 수행의 길라잡이요 삶이 힘들고 지칠 때는 인생의 지혜와 쉼터이다. 현대인들의 바쁜 일상 속에서 온전히 기도와 수행에 전념하는 수행자들도 하기 어려운 일을 이루어 놓은 화현 거사님께 찬사를 보낸다. 모쪼록 많은 불자님들이 인연을 맺어 현재의 삶과 내생의 삶의 고통에서 벗어나 즐거움을 지어가고 나아가 참마음을 깨달아 생사의 고통에서 벗어나 해탈, 열반에 이르시길 발원 드린다. 화현 거사님의 원력과 공덕이 법계에 두루 하기를 제불보살님께 잠시 기도해 본다.

2021년 무더운 여름날 대광명사에서
목종 합장

『참마음 공부』를 접하고…

'마음공부란 어떻게 해야하는 것일까요?' 이에 대한 명쾌한 해답을 제시한 책으로 황성구 거사의『참마음 공부』출간을 무량한 마음으로 축하합니다.

말같이 쉽지 않은 마음 비우고 사는 지혜로 〈진공묘유〉의 묘미에 대해 아주 정려하게 잘 표현한 것을 읽고 새삼 그 깊은 의미를 되돌아 비춰도 봅니다.

자기 자신이 항상 긍정적인 마인드를 갖고 일상에 임한다는 것이 그리 쉽지는 않겠지요. 이러한 황 거사의 오랜 신행생활을 바탕으로『참마음 공부』에 대한 황 거사 나름의 생각을 부처님 가르침과 잘 연계하여 쓴 각고의 노력이 돋보입니다. 평소에도 신심이 두터운 황 거사의 글을 이렇게 마주 대하고 보니 더욱더 그 마음의 향내가 물씬 피어오르는 것 같습니다. 일견하여 불교를 처음 접하는 초심자나 학승들의 교재로도 손색이 없어 보이는 단원 구성과 내용은 물론 핵심 정요만 골라 쓴 문장력과 노련함도 보여집니다.

누구나 한 번쯤은 궁금해할 주제로 '참마음에 대한 공부 방법'을 이해하기 쉽게 애쓴 세심한 구성과 특히 인문학적이며 서

14

정적인 시상 요소를 가미하여 부드러우면서도 논리 정연하게 전개하는 기법은 놀랍기도 합니다.

자신의 고유한 삶을 살아가면서 평소 '진실한 마음'에 대해 느껴온 바 그대로를 문자로 표현한다는 것은 결코 아무나 쉽게 할 수 있는 일이 아닙니다.

여하간 황 거사의 『참마음 공부』는 마음공부가 절실한 분에게는 물론 불교 초심자나 중견불자들도 꼭 한번 읽어봐야 하는 책으로 여겨집니다.

어찌보면 지극히 평범한 '마음'에 대한 설명과 공부 방법에 익숙치 않은 분들에게는 자기 주장으로 다소 생소해 보일 수도 있겠지만 그만큼 '진실한 마음공부'를 나름대로 잘 풀어낼 수 있다는 것은 오랜 세월 동안 황 거사 스스로 끊임없는 수행 정진과 마음공부의 끈을 놓지 않았기 때문이 아닐까 싶습니다.

누구나 쉽게 접할 수도 있지만 다소 어려운 불교용어를 아주 쉽게 풀어서 설명해가며, 부처님 가르침을 바탕으로 '참마음'에 대한 논거적 객관성을 제시한 것은 이 책의 가치를 더해주는 백미로 꼽을 수 있다고 봅니다. 또한 이 책에서 일러주는 올바른 마음씀은 이 시대에서 꼭 숙지하고 실행해야 할 참 가르침으로 여겨집니다. 특히 요즈음같이 혼돈의 세상에 살아가며 마음공부가 절실한 분들은 꼭 한 번 보아야 할 책으로 보여지며 읽으면 읽을수록 대해와 같은 마음 바다에 흠뻑 빠져드는 느낌을 주기도 합니다.

황성구 거사! 그는 이 책을 통하여 불교가 추구하는 '참마음 가르침이 곧 자아실현'이라는 마음공부에 대한 자세를 확실히 보여준 본보기라 할 수 있습니다.

다시 한 번 이 『참마음 공부』 책자가 진실한 마음공부에 대한 큰 힘과 디딤돌이 될 수 있는 확고한 믿음과 함께 부처님 마음 같은 진실한 마음이 온 세계에 두루 펼쳐지기를 두 손 모아 바랍니다.

2021년 가을의 문턱에서
벽운사 주지 지산 합장

마음은 아는 걸까? 쓰는 걸까?

화현 황성구 선생님은 나와 같은 법계 명성스님의 유발상좌다. 한 분의 스님을 은사로 같이 모시고 있으니 금생 인연이 지중하다 하지 않을 수 없다. 그럼에도 실제로는 서로 거주하는 공간이 다르고 하는 일이 다르기 때문에 거의 왕래 없이 지내왔다. 그러다 이번에 황 선생님이 쓴 원고를 계기로 해 인연의 끈이 조금 당겨진 느낌이다.

황성구 선생님은 진실한 마음 『참마음』이라는 한 주제로 340페이지 분량의 원고를 쓰셨다. 마음이라는 극히 추상적인 한 단어를 가지고 책 한 권을 쓴 황 선생님의 저력과 문장력이 우선 놀랍다. 그리고 마음이라는 관념적인 단어를 놓고 다양한 각도에서 렌즈를 비추면서 그 실체를 파악해 보려 애쓴 그 노고가 눈물겹다. 황성구 선생님이 마음이라는 주제를 잡고 긴 세월 치열하게 자기 자신과의 싸움을 한 것은 인생의 실체를 파악하고자 한 간절함이었을 것이다. 그런 의미에서 황성구 선생님은 세속에서 생활인으로 사셨지만 실제의 삶은 구도자의 삶이었음을 알 수 있다. 사회생활을 하는 한 분의 거사가 마음의 실체를 파악하기 위해 집요하게 자신을 바쳤다는 것은 감탄할 일이다. 그럼에도 이 원고를 읽으면서 한 가지 아쉬움이 남는 것이 있다면 마음을 알기 위해 바친 그 치열함을, 마음 쓰는 일을 알기 위해서 바치는 데에도 보여주었으면 더 좋았겠다는 점이다. 이건 황 선생님 한 분의 문제가 아니라 우리 불교가 안고 있는 전반적인 문제라는 점을 나는 오래전부터 안타깝게 생각해 오고 있었다.

마음은 아는 걸까? 쓰는 걸까? 내가 아는 불교는 마음을 쓰는 것에 맞춰져 있다. 마음을 쓰는 과정을 공부하는 것이 구도의 길이고, 마음을 자유자재로 쓰는 자리가 불보살의 자리다. 그런데 이상하게 우리 불교는 마음을 아는 것에만 초점이 맞춰져 있고, 아는 마음을 어떻게 쓰는가에 대해서는 설명이 미흡하다. 우리는 현상계에서 살고 있고, 종교도 현상계이기 때문에 존재한다. 그런데 현상계 얘기는 없고 진여법계 얘기만 있다. 나는 이런 현실을 직시하면서 대승불교 운동이 왜 일어났는가를 깊이 이해하게 되었다. 대승불교 운동은 현상계 내에서 종교가 존재해야 하는 이유를 설명한 것이다. 불교가 생명력을 가지고 현실 속에서 정말 필요한 종교가 되기 위해선 이 시점에서 대승불교 운동이 힘차게 일어나야 한다고 생각한다. 황 선생님은 마음을 아는 일에 전력투구 하셨으니, 이제부터는 마음을 쓰는 일에 전력투구해주시기를 바란다. 그 일은 개인을 완성하는 일인 동시에, 불교를 완성하는 일이며, 세계를 완성하는 일이기 때문이다. 이번에 황성구 선생님이 펴낸 책이 마음을 공부하는 많은 사람들에게 좋은 친구가 되기를 간절히 빈다. 그래서 책을 읽은 독자 한 분 한 분의 생이 금생에서 진일보 하기를 함께 빈다. 우리는 그 일을 하기 위해 지금 살고 있지 않은가?

2021년 한여름 무더위를 보내서…

남지심

가슴 따뜻한 한 불자의
참마음 공부 엿보기

나이가 눈덩이처럼 불어나는 제 나이에 '아하!' '우와!' '세상에!'라는 감탄사가 절로 나오는 황성구가 빚어낸『참마음 공부』를 만난 것은 행운입니다. 일곱 고개를 뛰어넘은 나이임에도 그동안 참마음 공부가 뭔지도 모르고 살아왔는데 그의 책을 읽고서 마음눈이 환하게 밝아 옴을 느낍니다. '참마음'은 마음을 내기 이전의 본래의 마음입니다. 참마음은 부처님의 마음이요, 성인의 마음입니다. 내 영혼과 부처님 마음이 일치를 이루는 마음, 그 마음이 참마음일 거로 생각합니다.

범인이 어떻게 부처님의 마음과 함께할 수 있다는 말인가? 싶습니다. '선문촬요(禪門撮要) 제4권-7'에 '참마음엔 망혹이 없다(眞心息妄)'에서 장생이 말하기를, '뜨거움은 불을 태우고, 차가움은 얼음을 얼리며, 바람은 구부렸다 펴는 사이에 사해를 돌고 돌며, 멈춤은 깊고도 고요하고, 움직임이 멀고도 높은 것은 사람의 마음뿐이다.'라고 하였습니다. 이는 범부의 마음을 다스릴 수 없음이 이와 같다고 이미 설파한 것이거늘 어찌 범부의 마음을 다스려 부처님의 마음과 일치를 이룰 수 있단 말일까요?

황성구는 그의 저서 『참마음 공부』를 통하여 이 질문에 대한 해답을 우리들에게 던져줍니다. 책은 지은 사람의 것이 아니라 그 책을 읽고 가슴에 담아가는 사람의 것이라고 생각합니다. 그래서 황성구의 '참마음 공부'를 읽고 제 가슴에 담아두게 된 참마음 공부는 내가 죽는 공부입니다. 죽어야 깨달을 수 있습니다. 지금까지 살아오면서 마치 '나'인 양 '나'의 '분신'인 양 붙들고 아끼던 고정된 생각, 고정된 관념이 죽어야 참마음이 살아납니다. 깨달음이야 더 말할 나위도 없습니다. 마음공부는 무엇을 얻고자 하는 공부가 아니고 버리는 공부라는 것을 깨닫게 되었습니다. 참마음 공부의 방법을 일목요연하게 정리하여 읽는 자로 하여금 저절로 고개를 끄덕이게 하는 책이 바로 황성구의 『참마음 공부』이기에 감히 일독을 추천해 드립니다. 황성구의 『참마음 공부』를 읽으면서, 그가 마음의 밭에서 꾸준히 경작해 온 사유와 정서를 헤아려 봅니다. 그가 보여주는 자기 응시와 참마음은 실천에 기반을 둔 것입니다. 책을 다 읽고 난 느낌은 그의 글쓰기 태도가 자기도야(自己陶冶)의 방식일 수도 있겠다는 것입니다. 고전적이고 단아하다고 할까요.

황성구의 『참마음 공부』에 실린 글들을 하나로 꿰뚫는 어떤 덕성이 있다면 나는 그것을 '성(性)'이라고 말하고 싶습니다. 자기 앞에 놓인 생(生), 또는 자기가 감당하며 살아온 생(生)에 대한 경건한 책무 의식 같은 것에 기반을 두고 글쓰기가 이루어졌다는 생각이 들기 때문입니다.

황성구의 내공은 조용하고 겸손합니다. 글은 평범하고 범상(凡常)합니다.

그의 글의 분위기는 조촐해 보이기까지 합니다. 그러나 그 안에 숨어 있는 비범함을 읽어내는 것은 순전히 독자의 몫이 아닐까 생각합니다.

황성구의 글 전반을 흐르고 있는 '생에 대한 너그러움'은 어디서 오는 것일까. 그가 지닌 부드러운 성격 탓이라고 말할 수 있을지 모르겠습니다. 그는 웬만하면 굳건하게 참습니다. 언어에 의탁하여 글을 쓰면서도, 고통에 대한 표현의 절제가 강하게 보입니다.

그의 타고난 성품과 마음으로 부단히 연습하고 또 연습하는 가운데 그의 참마음 공부는 가을 단풍처럼 보다 더 익어 갈 것입니다. 그가 바로 보고 바로 깨친 말과 행동을 거침없이 드러내 보이며 살아가기를 기원 드립니다. 저도 황성구의 『참마음 공부』를 내 소중한 친구처럼 늘 내 곁에 두고 아끼고 사랑하며 그 모든 대상과 둘이 아닌 마음, 그 참마음 공부에 풍덩 빠져들고 싶습니다.

박상태

머리말

경북 청도군에는 신라 시대 진흥왕 21년(560년)에 신승(神僧)이 창건하고, 화랑도 '세속오계(世俗五戒)'로 신라 삼국통일의 대업을 이루는 데 크게 공헌을 한 원광국사(圓光國師)가 중건한 천년고찰 '호거산(虎踞山) 운문사(雲門寺)'가 있다. 여기에 1970년부터 52년째 우리나라 최고 비구니승가대학의 학인 스님들에게 인욕·용서·원칙으로 배움의 길을 열어주시며 부처님 가르침의 등불이 되어주고 계시는 운문사 회주(會主) 법계(法界) 명성(明星) 큰스님이 계신다.

참으로 소중하고 귀한 불법 인연으로 만난 필자에게 언제나 한결같으신 마음으로 '즉사이진(卽事而眞) 매사에 진실한 마음으로 살아라'라며 올바른 가르침을 주시면서 정신적인 큰 스승님이 되어주고 계시는 구름 위에 큰 별이신 존경하는 운문사 회주 명성 큰스님께 이 책을 바친다.

명성 큰 스님의 유발 상좌이기도 한 필자가 아직도 부족한 점과 어리석고 못난 부분이 많기는 하지만 지난 50여 년 동안 신행 생활을 해온 재가불자로서 큰 스님을 비롯하여 대선지식을 만날 수 있었던 커다란 행운의 인연이 있었다.

그러한 축복스런 인연으로 때로는 큰 가르침을 받고 깨우침을 얻기도 하면서 스스로 끊임없이 마음공부를 해오는 동안 모아두고 메모해 둔 것들을 나름대로 한번 정리해 보기로 마음먹은 지도 수년이나 흘렀다.

그러던 차에 새해 마음 계획의 하나로 집필을 하기 시작하여 '우리 인간의 마음이란 것이 도대체 어떻게 생겼고, 어떻게 내어야 하며, 또 그 운용(쓰임)은 어떻게 하는 것이 진정 우리가 추구하는 아름답고 행복한 삶일까?'와 같은 물음과 목마름을 풀어줄 수 있는 마땅한 답을 한번 찾아보기로 했다.

필자 나름대로 정리해 온 '마음공부'를 부처님의 가르침과 연계하는 방식과 인문학적인 시상(詩想)을 엮는 방법으로 쓰기 시작하였고, '마음공부'가 필요한 분들에게 조금이나마 쉽게 다가가서 도움 되어드리고 싶은 마음으로 용기를 내어 오늘에 이르게 되었다.

지금 이 순간까지도 부처님의 인연법에 따라 불법을 만나서 이처럼 '마음공부'에 대한 책을 쓸 수 있도록 한마음을 일으키게 된 것에 한량없는 마음으로 가슴 깊이 감사드린다.

필자가 이 책을 펴냄에 있어 단 한 가지 바람이 있다면, 비록 보잘것없어 보이는 책 내용 중 일부분이라도 어떤 분에게는 '마음공부에 대한 살점 같은 것'을, 또 어떤 분에게는 '마음공부에 대한 피와 같은 것'을, 또 어떤 분에게는 '마음공부를 통하여 부처님의 진수 같은 것'을 조금이라도 얻게 되어 그 마음 또한 안정과 평안을 이루어 바라는 바 삶이 보다 더 아름답고 행복하게 되는 것이다.

'마음공부가 곧 부처님 가르침이다.'라는 나름의 논리 전개와 함께 불교를 처음 접하는 분은 물론 초심자에게 다소 생소한 용어나 불경 등에 대한 이해를 돕기 위하여 부록으로 '참마음 공부 주해서'를 실었다.

끝으로 이 참마음 공부 책이 완성되기까지 제목과 잘 어울리는 표지그림으로 '한마음(一心)'을 내어주신 지호 김정택 화백님과 세밀한 감수와 함께 아낌없이 지도해주신 청도 운문사 전 주지 일진 율주스님, 불교신문사 사장 현법스님, 부산 대광명사 주지·서울 강남 지금선원 선원장 목종스님, 서울 공릉동 벽운사 지산 주지 스님, 원로 소설가 남지심 작가님, 그리고 박상태 법무법인 민주 고문님께 3배의 절을 올리며 깊이 감사드립니다.

2021년 가을 문턱에
화성 동탄 염화실에서

차례

1장

참마음을 찾아서

참마음 찾아보는 아름다운 여행

　오늘도 여느 때와 다름없이 이른 새벽에 일어나 대우주의 생기 넘치는 새로운 하루를 기쁜 마음으로 맞이하면서 이러한 세상에 나를 있게 해주신 부모님과 선망 조상님께 우선 감사를 드린다. 보통사람들의 삶과 조금도 다름없이 살아가는 나의 인생도 반백 50(오십이지천명 五十而知天命)을 지나 60(육십이이순 六十而耳順)을 넘어 종심 70(칠십이종심소욕불유구 七十而從心所慾不踰矩)을 바라보고 있다. 항상 그러했듯이 한량없이 감사한 마음으로 열심히 살아간다.

　이러한 삶의 여정에서 50년 넘게 재가불자로 나름의 신행생활을 해오는 동안 내 나이 50줄 넘어서는 어느쯤에서인가 '도대체 나는 누구인가?' '나는 어디서 왔으며, 어디로 가는가?' '이런 나의 참모습과 참마음은 어떻게 생겼는가?'와 같은 나 스스로의 물음과 답을 구하는 마음이 끊임없이 일어났다.

부처님 인연법으로 나름 구도(求道)적인 삶을 살아오면서 원적하신 순천 조계산 호랑이 신광당 활안 큰스님, 영천 은해사 조실 혜인 큰스님, 그리고 불교TV 무상사 회주 석성우 큰스님, 청도 운문사 회주 법계 명성 큰스님과 같은 대덕 큰스님과 선지식을 만난 것이 내 인생 일대의 커다란 행운 중의 행운이라고 생각한다.

이러한 신행생활 중에 대덕 큰스님과 선지식의 참 법문과 가르침에서 때로는 확철대오(廓徹大悟) 같은 깨우침도 받을 수 있었고, 시시때때로 불경 공부에 몰입하여 탐독을 해보기도 했지만 역시 마음같이 참마음에 대한 속 시원한 답을 구하지 못했다. 솔직하게 말해서 그동안 '참마음 공부'랍시고 해온 것이 그저 거적이나 껍데기 같은 것이 아닌가 하는 생각이 들기도 했다.

이참에 나의 본래 모습을 한번 찾아보면서 진정한 나의 참마음의 실체를 제대로 알아보는 아름다운 여행을 해보기로 했다.

어쩌면 참마음 탐구 여행이 구도(求道)적인 삶에서 평생 해야 하는 기나긴 여행이 될 수도 있겠지만 다 함께 하는 마음으로 '참마음 공부'를 체계적으로 정립해보면서 필자와 같은 참마음 공부에 목말라하는 분들과 함께 갈증을 적시며 세상을 밝고 행복하게 살아가는 지혜를 얻고자 하는 마음이다.

마음(心)이란

참마음 공부 들어가기에 앞서 마음에 대해서 한번 알아보자. 사람의 심장 꼴을 본뜬 상형 문자 마음 심(心)이 사람의 몸 한 가운데에서 가장 중요한 부분으로 중심적이고 핵심적인 역할을 하므로 심(心)자는 '가운데(求心)'라는 의미로 쓰이기도 한다.

흔히들 무엇을 하고 싶은 생각이 있을 때 '마음에 있다.' 하고, 하고 싶은 생각이 없으면 '마음에 없다.'라고 한다.

또 어떤 대상에 대해 좋게 생각할 때 '마음에 든다.' 하고, 그렇지 않을 때 '마음에 들지 않는다.' 한다. 그런 마음에 대해 '마음에 차기도 하고, 반대로 마음에 차지 않는다.'고도 한다. 그러한 생각을 '마음에 새겨 두기도 하고 지워 버리기'도 한다.

사람이 서로 생각이 같을 때 '마음이 통한다.' 하고, 생각이

다를 때 '마음이 통하지 않는다.' 하며, 그 생각이 같아지게 하여 자기 뜻이나 의지와 맞으면 '마음이 움직인다.' 하고 그렇지 않으면 도저히 '마음이 움직이지 않는다.'는 표현을 종종 쓴다.

'일체유심조(一切唯心造)'라고 했듯이 인간이 삶을 살아감에 있어 세상사가 내 마음먹은 대로 되면 얼마나 좋으랴?

흔히 '마음먹는다.' 할 때 '어떻게 먹으면 단단히 먹고', 또 '어떻게 먹으면 가볍게 먹는 것일까?' '차돌처럼 딱딱한 것을 꼭꼭 씹어 먹으면 단단히 먹는 것이고, 솜사탕처럼 살푼히 먹으면' 가볍게 먹는 것일까? '마음을 비우라.'든지 '마음을 내려놓아라.'고 할 때 마음을 큰 바가지 같은 것으로 퍼내면 비워지고, 그 마음을 끄집어내어 땅바닥에 내려놓으면 내려놓은 마음일까?

이처럼 사람의 '마음은 굴뚝 같지만 마음대로 되지 않는다.' 무슨 일을 하다가 마음에 걸리면 걱정이 늘어나고, 마음이 내키면 의욕이 늘어난다. 걱정이 많으면 마음을 졸이기도 하고, 안심하면 마음을 편하게 놓기도 한다. 그래서 사람들은 '마음은 비우고 살면 편하다.'고 한다.

그러한 마음이 있는 곳은 어디일까? 머리에 있을까? 가슴에 있을까? 글자 그대로 심장에 있을까? 흔히들 사람이 딴생각을 하는 모습을 보고 '마음이 콩밭에 가 있다.'고 하는데 그 콩밭은 어디일까?

마음의 모양은 어떤 것일까? 보름달같이 둥근 모양일까? '내 마음 별과 같이' 가사처럼 별 모양일까?

사랑하는 사람의 마음처럼 하트(♡) 모양일까? 또 그러한 마음은 의식(意識)일까? 정신(精神)일까? 생각(念)일까? 혼(魂)일까? 영(靈)일까? 혼백(魂魄)일까? 넋일까? 얼일까? 느낌(感情)일까? 기(氣)일까?

우리들이 살아가는 동안 가끔은 '혼났다.' '넋이 나갔나 보다.' '얼빠진 사람 같다.' '기분이 좋다.' '느낌이 온다.' '기가 찰 노릇이다.'라고 한다. 그러나 그러한 표현들을 나타내는 마음은 소리도 빛깔도 향기도 모양도 없기 때문에 우리는 마음에 대해서 도무지 잘 알 수가 없다.

그러나 너무나 분명한 것은 인간의 몸속 어디엔가는 어떠한 모양과 형태로든 마음이 존재하고 있으며, 또 이는 의학적으로도 어느 정도 사실인 것 같다는 점이다.

그 실증적 증거로 지(地)·수(水)·화(火)·풍(風) 사대(四大)로 이루진 사람의 몸 마디 마디를 움직이게 하고 감각과 인식작용을 하게 하는 일종의 컨트롤박스와도 같은 것이 사람의 몸 어디엔가 있다는 것에 대해서 누구도 부정하지 않는다.

이와 같은 마음의 정의를 한마디로 내리기 또한 마음대로 되지 않는다. 모름지기 마음(心)이란? '사람이 사물이나 어떤 대상大에 대해 어떤 감정이나 의지, 생각 등을 느끼거나 일으키는 인식 감각작용이나 그 상태' 또는 '사람의 감정·생각·의식 따위가 생기거나 자리 잡는, 사람의 가슴속에 있다고 믿어지는 공간'으로 나름대로 조심스럽게 정의를 해본다.

참마음(心)이란

소리도 빛깔도 향기도 모양도 없는 마음이란 도대체 어떤 것인지?에 대해 개괄적으로 살펴보면서 나름대로 가벼운 정의도 내려 보았다. 이제부터 필자와 함께 공부해 나갈 '참마음(眞心)'에 대해서 제대로 한번 알아본 후에 찬찬히 '참마음 공부'를 해 보고자 한다.

참마음의 국어사전적 의미는 '거짓이 없는 진실한 마음', 즉 진심(眞心)을 말하며, 줄임말로 '참 맘'이라고 아주 간략하게 정의되어 있다. 필자가 이 책을 쓰게 된 배경과 목적 그리고 올바른 '참마음 공부'에서 참마음은 기본적으로 부처님의 가르침에 바탕을 두고 있기 때문에 단순히 사전적 의미보다는 훨씬 심오한 무상심심의 의미를 담고 있다고 하겠다. 오늘날까지 대덕 큰스님들의 가르침을 바탕으로 나름대로 공부해 온 바에 의하면 '참마음이란 마음의 본래 성품인 진여자성(眞如自性), 불성과 같은 의미의 법성(法性) 또는 진여심(眞如心)'이라고 함축적으로 표현할 수 있겠다.

'참마음'이 곧 '진여자성'이라는 의미에서 '진여(眞如)'는 '참으로 같다', '자성(自性)'은 '본래부터 변하지 않는 나의 본성(本性)'을 의미하며, '참으로 항상 같으며 변하지 않는 나의 본성'을 말한다.

우리 인간의 육근(六根), 안(眼)·이(耳)·비(鼻)·설(舌)·신(身)·의(意)에 비친 대상은 어느 것 하나 변하지 않는 것이 없다.

내 몸도 변하고, 마음도 변하며 삼라만상의 시공까지도 변한다. 그래서 부처님께서 일찍이 깨우침을 얻으셨던 바로 그대로 제행무상(諸行無常)이요 제법무아(諸法無我)이다.

그러나 오로지 변하지 않는 것이 있다면 바로 '참마음 진여자성'뿐이다. 자세히 뜬 눈으로 살펴보면 이 세상에 내가 감지하는 대상을 두고 내 것 네 것, 내 몸 네 몸, 내 마음 네 마음이라고 하는 것들이 시시각각으로 변하지 않는 것이 하나도 없다. 결코 다시 돌아오지 않는 어제도 변했고, 지금 이렇게 말하고 있는 이 찰나 같은 순간도 변하고 있고, 또 이 순간이 지난 다음 순간 그리고 다음다음 내일도 변한다. 이렇게 변하는 모습들을 보고 인식하고 감지되는 모든 정보로 판단하는 주체로서 오로지 변하지 않는 것이 있다면 바로 진여자성 참마음인 것이다.

이와 같은 인간의 마음에 대해 마명보살은 《대승기신론 大乘起信論》[(주해서 1)]에서 우리의 마음에는 두 가지 마음, 즉 생멸심(生滅心)과 진여심(眞如心)이 있다고 했다. 생멸심이란 마음이 움직이고 변화하는 측면을 말한 것인데 이 생멸심이 바로 중생심이라 할 수 있겠다. 중생은 대상에 따라서 온갖 마음을 일으키기 때문에 번뇌 망상이 마치 죽 끓듯 일어나, 한시도 마음 편할 날이 없다.

진여심이란 우리의 본래 참마음으로서 이 마음은 맑고 청정하다 하여 청정심(淸淨心), 부처님의 성품과 같다고 하여 불성(佛性), 여래의 씨앗을 간직하고 있다고 해서 여래장(如來藏), 이 마음이 나의 참된 주인이라고 해서 주인공, 마음의 참된 모습을 언어로 설명할 수가 없다 하여 대승기신론에서는 진여를 '언어를 떠난 진여'라고 하였다.

생멸심과 진여심은 따로따로 떨어져 있는 별개의 마음이 아니라 마치 대해의 바닷물과 파도의 관계와 같은 것이다. 대해 바닷물이 바람에 의해 움직이는 것이 파도요, 그래서 파도는 바닷물을 떠나서 있을 수 없다. 그러므로 파도와 바닷물은 둘이 아니라 본래 하나이다. 또 푸른 하늘과 하늘에 떠다니는 구름으로도 비유할 수 있겠다. 하늘의 본바탕은 맑고 푸르다. 그러나 때때로 흰구름·뭉게구름·먹구름이 낄 때도 있지만 맑고 푸른 하늘의 본바탕은 변함이 없다. 여기서 맑고 푸른 하늘은 우리의 본래 참마음이요, 구름 낀 하늘은 있다가도 없어지고 없다가도 있어지는 생멸심으로 이 또한 본래 하나라고 할 수 있겠다.

진여심, 즉 진여자성으로 생멸심을 관하여 보며 나의 진여심을 끊임없이 탐구하고 찾는 것이 바로 '참마음 공부'라고 생각한다.

이와 같은 참마음 공부, 즉 수행법의 하나로 《사념처 四念處》 ^(주해서 2) 수행법이 있는데 이를 사념주(四念住), 사의지(四意止),

38

사지념(四止念), 사념(四念)이라 부르기도 하며 몸(身), 느낌(受), 마음(心), 법(法)에 대해 마음 지킴을 확립하는 수행을 가리킨다. 이 수행법에 대해서는 약술하고 〈주해서 2〉에 갈음한다. 앞서와 같이 필자가 오늘날까지 마음 수행과 공부를 해오는 과정에서 여러 가지 불교서적이나 불경을 공부해 왔지만 정언선사(政言禪師 ?~1184)의 《진심직설 眞心直說》(주해서 3) 만큼 참마음(眞心)에 대하여 '만법(萬法)'의 근본이 진심임을 밝히고 그 본바탕과 쓰임새, 닦는 법 등을 명쾌하게 밝힌 선서(禪書)를 발견하지 못했다.

근자에 이르는 동안 보조스님의 저술로 알려진 정언선사의 진심직설(眞心直說)에 대한 용성(龍城)스님 역본을 몇 번이고 읽을 때마다 참마음(眞心)에 대한 수준 높은 설명과 간결한 구성에 대하여 탄성을 자아내고도 남음이 있을 정도이다.

모름지기 불자라면 '참마음이란 마음의 본래 성품인 진여자성(眞如自性), 불성과 같은 의미의 법성(法性) 또는 진여심(眞如心)이라는 것'에 대해 대덕 스님의 법문이나 가르침에서 한 번쯤은 듣기도 배우기도 했을 것이다. 다소 알아듣기 어려운 부분이 있는 법문이나 가르침을 통해 심오하기 그지없는 진여자성(眞如自性), 법성(法性) 또는 진여심(眞如心)에 대한 이해에 이르기는 그리 쉽지는 않았을 것으로 생각된다.

필자는 정언선사의 진심직설의 15장에 서술되어 있는 내용들인, 참마음과 바른 마음(진심정신 眞心正信)·참마음의 다른 이름(진심이명 眞心異名)·참마음의 본체(진심묘체 眞心妙體)·참마음의 묘한 작용(진심묘용 眞心妙用)·참마음의 본체와 작용은 같은가 다른가(진심체용일이 眞心體用一異)·참마음이 미혹 속에 있음(진심재미 眞心在迷)·참마음 가리는 망언을 쉼(진심식망 眞心息妄)·참마음을 닦는 네 가지 위의(진심사의 眞心四儀)·참마음이 있는 곳(진심소재 眞心所在)·참마음은 생사를 벗어남(진심출사 眞心出死)·참마음을 드러내는 수행(진심정조 眞心正助)·참마음의 공덕(진심공덕 眞心功德)·참마음의 시험(진심험공 眞心驗功)·참마음은 아는 바 없이 안다(진심무지 眞心無知)·참마음이 가는 곳(진심소왕 眞心所往) 중 다음과 같은 참마음의 다른 이름(진심이명 (眞心異名)에 관한 문답(問答)을 참마음(眞心)에 대한 명쾌한 설명을 위하여 일부 인용하고자 한다.

[질문] 이미 바른 믿음이 내었거니와 무엇을 참마음이라 합니까?

[대답] 허망하지 않으므로 참(眞)이라 하고, 신령하게 밝은 것이며 마음이니 〈능엄경〉에서 이 마음을 밝혔다.

[질문] 다만 진심이라고만 합니까? 아니면 따로 다른 이름이 있습니까?

[대답] 부처의 가르침과 조사의 가르침에서 지은 이름이 같지 않다. 부처님의 가르침으로 보살계에서는 마음바탕(心地)이라 하였으니 온갖 선을 내기 때문이요, 〈반야경〉에서는 '보리'라 하였으니 부처님의 본체가 되기 때문이며, 〈화엄경〉에서는 법계(法界)라 하였으니 서로 사무치고 융통하여 포함하기 때문이요, 〈금강경〉에서는 '여래(如來)'라 하였으니 온 곳이 없기 때문이며, 또 〈반야

경〉에서 '열반'이라 하였으니 모든 성인들이 돌아가는 곳이기 때문이요, 〈금강명경〉에서는 '여여(如如)'라 하였으니 진실하고 항상 되어 변하지 않기 때문이며, 〈정광명〉에서는 '법신(法身)'이라 하였으니 보신(報身)과 화신(化身)이 의지하는 것이기 때문이다.

〈기신론〉에서는 진여(眞如)라 하였으니 생명이 없기 때문이며, 〈열반경〉에서는 '불성(佛性)'이라 하였으니 삼신(三身)의 본체이기 때문이요, 〈원각경〉에서는 '총지(摠持)'라 하였으니 공덕을 흘려내기 때문이다. 〈승만경〉에시는 '여래장(如來藏)'이라 하였으니 숨겨 덮고 포용하였기 때문이요, 〈요의경〉에서는 '원각(圓覺)'이라 하였으니 어두움을 부수고 홀로 비추기 때문이다. 그러므로 수(영명연수 永明延壽 904~975) 선사의 유심결(唯心訣)에 '하나의 법이 천 가지 이름을 가진 것은 인연을 따라 이름을 지었기 때문이다'라고 한 것이며, 여러 경에 두루 있으므로 다 인용할 수 없다. 이 이상 참마음에 대한 명쾌하고 함축적인 설명이 더 필요하겠는가 싶다.

그래서 옛 조사 선사께서 말씀하시기를 '참마음의 미묘한 본체는 본래 움직이지 않아 편안하고 고요하며 진실하고 항상 하다.'고 하였고, '그 본체에서 미묘한 작용이 나타나서 흐름을 따라 오묘함을 얻으매 방해를 받지 않는다.'고 하였다. 그러므로 조사님들의 게송에도, '마음이 온갖 경계를 따라 굴러 다니나 굴러가는 구비마다 본성(본체)의 작용이 그윽히 담겨있으니 그 흐름에 따라서 본성(진여자성)을 체득하면 기쁨도 없고 또한 근심도 없다.'고 하였는가 보다.

참마음 공부란

　참마음 공부를 한마디로 표현하기는 어렵지만, 참마음 공부란 '진실한 마음의 본래 자리 찾기', '마음 닦기', '마음 다스리기'등의 수행(修行)을 통해 「진여자성(眞如自性)의 나(我) 본래 모습 찾기」라고 간단하게 정의를 내려본다.

　우리가 쓰고 있는 일상어 가운데 마음자리(本心), 마음결, 마음씀, 마음씨 등과 같이 마음의 바탕(體), 마음의 움직임(動), 마음의 발현(用), 그리고 마음의 모양(相)에 대해 그 근원에 대해 스스로 부단하게 찾아보는 노력과 과정이 '참마음 공부'라고 생각한다.

　일상생활《행주좌와 어묵동정 行住坐臥 語默動靜》[주해서 4]가운데, 즉 매 순간순간을 놓치지 않고 자기 자신을 돌아보며 자신의 본래면목을 찾으려고 노력하는 것이 진정으로 참된 마음공부이다.

　이와 같이 '참마음 공부'를 하게 되면 매 순간 어떠한 상황이나 상태에 따라 일어나는 《경계 境界》^(주해서 5)를 대할 때 어떤 상태가 되어야 한다는 생각이나 집착 또는 자신을 얽매이게 하는 울타리 같은 것을 벗어나 아주 편안한 마음으로 슬기롭게 대처할 수 있는 지혜가 저절로 생겨난다.

참마음 공부를 통하여 '몸의 주인인 참마음과 그 마음의 스승인 몸'이 온전하게 혼연일체가 되어 시시각각의 경계를 잘 다스리게 되면 참으로 지혜롭게 행복하고 아름다운 삶을 살아갈 수 있다고 말할 수 있다. 지금 일어나고 있는 나의 마음을 있는 그대로 직시하면서 나 스스로에 대한 확고한 믿음과 용기도 생겨난다. 또한, 나 자신에 대한 무한 사랑을 바탕으로 내 주위 모든 사람까지도 사랑하게 되고 이해하게 된다.

이러한 상태가 바로 '나도 남도 이롭게 한다', 즉 부처님의 가르침인 '자리이타(自利利他)'와 같은 맥락을 이루는 경지라고 생각한다.

우리가 무릇 중생으로 태어나서부터 한 육신 버리고 홀연히 떠나는 그날까지 고단한 일상의 삶 여정 가운데 단 한 순간이라도 '진여자성인 나의 본래모습 찾기'란 그리 쉽지만은 않을 것이다. 그러기에 수행정진 같은 참마음 공부 발심이 필요한지도 모른다. 이럴 때 '처처불상 사사불공(處處佛像 事事佛供)'이라는 선지식 가르침 대로 '온 우주 만물 이 세상 모든 사람이 다 부처님'이므로 모든 일에 부처님께 불공드리는 경건한 마음으로 참되게 살아가는 마음' 가짐도 참마음 공부의 한 방편이 아닌가 싶다.

2장
참마음 공부하기

참마음(心) 공부

참마음 공부는 왜 필요한 것일까?

인간이라면 누구나가 궁극적으로 '행복한 삶'을 추구하고 싶어 한다. '아름다운 삶', '잘 살기 위한 삶'을 추구하기 위해서는 어느 한순간 살아가고 있는 바로 이 세상과 삶이 왜 이렇게 내 앞에 놓여 있는가에 대해 알아볼 필요가 있지 않을까? **'나는 혼자서 어디서 왔으며, 어떻게 태어났고', '이렇게 살다가 또 혼자서 어디로 가야 하며', '어떻게 살아야 내가 진정으로 바라는 행복한 삶일까?'**

한 번쯤은 나 스스로에게 물어볼 필요가 있지 않을까 싶다. 이와 같이 이미 스스로 물어보았거나 지금 물어보고 있는 이 물음이 바로 '마음공부'의 시작이요 언젠가 혼자서 훌훌 털고 홀연히 어디론가 가야 할 때까지 쉬지 않고 해야 하는 공부가

'참마음 공부'라고 여겨진다.

　참으로 복잡하기도 하고 변화가 무쌍한 오늘날과 같이 '코로나 19 바이러스 사태'로 인하여 생전에 단 한 번도 경험해보지 못한 삶의 질곡에서 아등바등 살아가고 있는 현대인일수록 나 자신을 스스로 한 번쯤은 돌아보는 '마음공부'가 꼭 필요하다고 생각한다.

　이와 같은 **'참마음 공부'**가 왜 필요한지에 대해 다음과 같이 '나의 본래 마음자리가 온전하지 않을 때 나타나는 몇 가지 현상'들을 예를 들어 살펴보면 쉽게 알 수 있을 것이다.

　'잘못된 것 없이 바르거나 옳음'을 일컫는 말인 '온전(穩全)'이 내포하고 있는 깊은 의미와 결합한 마음 상태, 즉 '온전한 마음 상태'를 설명하자면, **몸의 주인인 참마음과 그 마음의 스승인 몸이 하나 된 상태'**, 즉 '마음과 몸'이 혼연일체 됨으로써 나타나는 '편안한 마음', '건강한 마음', '건전한 마음', '오고 감에 걸림이 없는 통하는 마음', '여여부동(如如不動)한 청정한 마음', 나아가서는 누구나 궁극적으로 이르고 싶은 마음의 움직임에 방해나 일체 장애가 없이 융합하는 《원융무애 圓融無碍》^(주해서 6)의 마음'이나 부처님 가르침과 같이 《탐·진·치 貪·瞋·癡 삼독심 三毒心》^(주해서 7)을 여윈 '무심(無心)의 마음'이라고 할 수 있겠다.

　세인들이 보기에 부러움과 모자람 없는 일체의 부귀영화를 버리고 스스로 고행(苦行)길을 택하여 대반야(大般若)의 깨달음을 얻은 부처님의 《설산수도상 雪山修道相》^(주해서 8)에서 볼 수 있듯이, '마음공부'의 목적과 가치가 얼마나 중요한지 더 이상 무슨 긴 설명이 필요하겠는가 싶다.

일찍이 고된 수행을 통해 큰 깨달음을 얻은 선사 조사의 가르침대로, 어쩌면 **'들숨과 날숨 동안에만 살아가고 있는 우리 네 삶'** 가운데 단 한 순간이라도 평안, 행복, 자유, 안식 등을 느껴보려고 그 평안, 행복, 자유, 안식 등을 방해하는 장애의 근원을 찾아 없애거나 떨쳐보려는 '마음씀'이 곧 '참마음 공부' 이유 중 하나라고 생각한다.

'나의 본래 마음자리가 온전하지 않을 때 나타나는 현상'들에 대해 하나씩 살펴보자면 다음과 같다.

하나. **나의 본래 마음자리 바탕이 온전하지 않으면 온갖 번뇌 망상과 탐진치 삼독심의 파도가 일어나 나 자신은 물론 상대방을 괴롭게 한다.**

우리 깨닫지 못한 중생들은 나고 늙고 병들고 죽음에 이르는 생로병사(生老病死) 사고(四苦)와 《팔고 八苦》^(주해서 9)의 과정 동안 온갖 괴로움으로 신음하며 살아가고 있다고 해도 지나친 말은 아닐 것이다.

근심과 걱정은 물론이요 시기 질투하고 억울해하며 마음을 병들게 한다. 순간순간 깨어 있지 못하고 경계(境界)가 들어오는 순간 그 경계에 휘말려 나 자신의 있는 그대로의 모습을 놓쳐 버리고 만다.

  그저 중생의 모습으로 시시때때로 화내고 싸우고 서로의 마음에 상처를 주며 한없이 늙어간다.

  우리가 이렇게 중생의 모습으로 살아가는 주된 원인은 모두 번뇌망상(煩惱妄想) 때문이다.

  도대체 번뇌망상은 무엇이고 그것은 어떻게 작용하는가? 번뇌망상의 모습과 원인을 알면 그것을 치유하는 길을 바로 찾고 해답을 얻을 수 있을 것이다. **번뇌란 괴로움이요 아픔이며, 집착하고 성내는 것이며, 욕심 부리고 갈등하는 것**이다. 그렇다면 나를 고통스럽게 하는 번뇌망상은 왜 발생하는가?

  나(眞我)의 마음 본바탕(體)을 이루고 있는 한가운데에 나 스스로에 의해서나 어떤 외물에 의해서 '나라는 생각'에 집착(我執)하게 됨으로써 탐내고 성내며 어리석게 행동하여 깨어 있지 못하기 때문에 번뇌망상 흔히 우리가 일컫는 《백팔번뇌 百八煩惱》^(주해서 10)가 생기는 것이라고 선지자 성현들은 말한다.

  이러한 '백팔번뇌'는 순식간에 '팔만 사천 가지 번뇌 망상'을 이루게 되고, 그 번뇌들이 눈 깜짝할 사이에 무수히 왔다 갔다 하면서 마음을 흩뜨려 놓기 때문에 중생은 번뇌로 인해 시달리는 삶을 살아갈 수밖에 없다는 것이다.

  우리 같은 중생은 삶 동안 피할 수 없는 생로병사(生老病死)의 네 가지 사고(四苦)에 팔고(八苦)의 괴로움과 번뇌를 여의고 망상을 떨쳐버림으로써 즐거움을 얻는 이고득락(離苦得

樂)^(주해서 11)과 발고여락(拔苦與樂)을 이루어 궁극적으로는 상·락·아·정(常·樂·我·淨)^(주해서 12)에 이르려고 애를 쓰며 살아가는 게 무릇 바람직한 삶이라고 생각한다.

둘. 나의 본래 마음결 움직임이 자유롭지 못하면 고통과 괴로움이 생긴다.

어디에선가 불어오는 바람의 모습은 볼 수 없지만, 그 바람에 따라 움직이는 나뭇잎을 보고 그 방향은 알 수 있다. 이렇듯 사람의 마음도 볼 수는 없지만, 그 사람 마음의 움직임은 육근(六根), 즉 색·성·향·미·촉·법을 통해서 나타난 겉모습으로 어느 정도 알 수 있다.

우리는 불어오는 그 바람이 어디에서 오는지 알 수 없으며, 그와 같이 사람의 마음을 움직이게 하는 깊은 속마음은 정작 잘 모른다.

우리 일상사의 삶을 살아감에 있어 마음결, 즉 마음의 움직임 중 '마음의 오고 감', '마음의 주고받음'이 자유롭지 못하면 조그마한 보푸라기 같은 걸림이나 때로는 심한 갈등 같은 것이 생기기 마련이다. 그로 인해 우선 나 자신부터 상처를 받음은 물론 상대방에게도 고통과 괴로움을 주기도 한다.

살아오면서 '나는 그 사람에게 내 마음을 다 주었는데 그 사람은 내게 조금도 마음을 주지 않는다.'고 하면서 고통과 괴로움을 겪으며 죽을 것만 같은 쓰라림을 경험해 보지 않은 사람은 아마도 없을 것이다.

그 마음의 한 가닥이 '사랑'이나 '정(情)'이라고 할 때 더더욱 그렇다. 무슨 노래 가사처럼 '정(情) 주고 내가 우네'와 같이 말이다.

사람 마음 움직임의 비근한 실상을 하나 더 들어보자. 친구 셋이서 걸어가다 앞서가는 뒷모습이 예쁜 여자나 멋있는 남자에 대해 뭐라고 몇 마디 수군대면 그 사람이 마치 뭔가 뒤통수가 가려운 듯 금방 뒤돌아보는 것을 숱하게 경험해 보았을 것이다. 참으로 신기할 정도로… 또 다른 예로 무슨 이야기 도중에 어떤 사람과 이야기를 하다가 갑자기 귀가 간지러울 때 우리는 '누가 내 이야기를 하나? 내 귀가 왜 이리 간지럽지?' 하는 것을 무수히 보고 들었을 것이다. 이와 같은 사례를 보면 분명히 사람 마음의 움직임은 시공을 초월해서 자유자재롭다는 것을 알 수 있다.

사람 마음의 움직임 중 서로 '통(通)함' 즉 '마음의 소통(疏通)'에 대한 얘기를 좀 더 해보자. 사람과 사람 간에 있어 마음이 정말로 잘 통(通)하면 우리가 술자리에서 가끔 쓰는 건배사(乾杯辭)처럼 말 그대로 통·통·통 3통(通), 즉 의사소통(意思疏通)·만사형통(萬事亨通)·운수대통(運數大通)이다.

허준은 《동의보감 東醫寶鑑》^(주해서 13) 잡병편(雜病篇) 제1권 용약(用藥)에서 사람 몸의 혈관에 흐름이 원활치 못해서 오는 증상을 두고 **'통즉불통 불통즉통(通卽不痛 不通卽痛)'**이라고 했다.

이는 '통하면 아프지 않고 통하지 않으면 아프다.'라는 말로서 '혈관이 막힌 것을 통하게 해주면 아픈 것이 없어지며, 막혀서 통하지 아니하면 통증이 생긴다.'라는 것이다. 이 말은 비단 사람의 몸뿐만 아니라 사람과 사람 간의 마음에도 해당된다고 생각한다.

사람과 사람 간의 마음이 잘 통함으로 아주 좋은 모습으로 이루어진 것을 두고 우리는 시쳇말로 '기차게 좋다.' '끝내주게 좋다.'라고 표현을 하곤 한다.

이렇게 말하는 '기차게' 중에 '기(氣)'는 사람의 마음을 움직이거나 흐르게 하는 일종의 '마음 에너지'같은 것이 아닐까 싶다.

사람이 어떤 일을 도모하는 데 있어 그 일이 잘 성취되었거나 마음먹은 대로 잘 이루어져서 기분이 매우 좋은 모습이나 마음이 들떠 있는 모습을 보고 '상기(上氣)된 모습 보니 참 좋네.'라고들 한다.

반대로 서로 마음이 잘 통하지 않음으로써 생기는 일 중에 '기(氣)가 막혀서 말이 안 나온다.' '기(氣)가 차서 억장이 무너진다.' '기절(氣絶)초풍할 노릇이다.'라는 표현을 하기도 한다. 오죽하면 이런 표현들을 쓰랴?

사람의 마음을 움직이게 하는 에너지 같은 그 기(氣)가 막혀서 통하지 않으면 말문이 막힘은 물론 모든 의식 상태가 정상이 아니게 된다. 또 그 기(氣)가 끊어진 상태 즉, 기절상태(氣絶狀態)는 곧 유체이탈로 순간 가사(假死)상태에 이르게

도 한다. 이와 같이 사람과 사람 간 또는 나 자신의 마음 흐름의 에너지와 같은 기(氣)의 불통으로 인하여 어느 한 당사자는 물론 쌍방 모두의 마음이 상처를 입게 되거나 온갖 병(病)이 생겨난다.

이와 같은 마음의 병(心病)은 여러 가지 형태로 나타나는데, 어떤 경우에는 신체에 각종 병을 유발하여 때로 아무리 좋은 의술로도 좀처럼 치유(治癒)하거나 치료(治療)할 수 없어 심한 고통과 괴로움을 겪게 한다.

이로 인해 스스로 귀한 목숨을 끊거나 불행한 삶을 살아가는 지경에 이르게 되기도 한다. 그래서 마음의 움직임 중 '통(通)함'의 원리와 작용이 그대로 생생하게 적용되는 '의사소통(意思疏通)'은 매우 중요한 요소이다. 오늘날 우리의 일상적인 삶 가운데 부모·자식 형제 친지를 비롯한 가족 간, 친구 간, 스승과 제자 간, 직장상사와 부하 간, 사회생활 속에서 사회조직 구성원 간, 더 나아가서는 국민과 대통령 같은 제왕과 피지배자 간에도 적용 안 되는 곳이 없을 정도로 형태도 매우 다양하다 하겠다.

그러한 만큼 올바른 마음의 움직임과 원활한 소통은 우리네 삶에서 '행복과 불행' '평안과 혼란' '안정과 불안정'을 결정 짓고 있다고 하겠다.

셋. 나의 본래 마음 발현이 올바르지 않으면 평상심을 잃게

하여 나와 남을 힘들게 한다.

'**마음씀**'은 '**마음결**' 즉, **마음**의 움직임이 실제 밖으로 발현 (用)된 것이다.

마음이 조작 없고 시비 없고 취사 없고 단견과 상견 없고 옳고 그름 따짐 없는 '한결같은 마음', 즉 평상심(平常心)으로 나타날 때가 가장 올바른 '마음씀'이 아닐까 싶다. 이처럼 평상심으로 나 자신은 물론 어떤 상대에게든 마음을 올바르게 쓸 때 그 사람에게는 향기가 나며, 그 사람 주위에는 항상 좋은 사람들이 있고 그들과 함께 아름다운 삶을 살아가는 모습을 흔히 보게 된다. 모름지기 '마음씀'에서 평상심의 도(道)를 설명코자 한다면, '올바른 마음'이란 무엇일까? '**진실한 마음**' '**정직한 마음**' '**높낮이 없는 마음**' '**평정심을 잃지 않는 중도 (中道) 또는 중용(中庸)의 마음**' '**한결같은 마음**' 한량없이 '**사랑하는 마음**"**양심이 있는 마음**' 포용할 줄 아는 '**너그러운 마음**'… 이러한 마음을 커다란 대우주 같은 바구니에 모두 담은 '부처님 같은 마음'이다.

우리가 살아감에 있어 종종 평상심(平常心)을 잃고 마음 씀이 올바르지 못한 사람을 보게 되면 '제발 더 이상 죄짓지 말고 바르게 살아라!' '네 마음 똑바로 써라!' '너의 놀부 같은 심보를 내가 모를 줄 알아?' '착한(善) 마음으로 살아라!'라고 하며, 나와 상대의 마음을 아프다 못해 상처를 입히고 결국에는 미워하는 마음과 함께 원수처럼 되고 마는 경우가 허다하다.

이와 같이 생긴 상대방을 믿지 못하는 마음 미워하며 원수처럼 생각하는 마음은 결국 내게로 다시 돌아와 나를 힘들게 하고 온갖 괴로움으로 고통스럽게 한다.

올바른 '마음씀'과 '평상심의 도(道)' 이룸에 극치라고 할 수 있는《칠불통게 七佛通偈》^(주해서 14) 또는 칠불통계(七佛通戒)라고도 일컫는 과거칠불(過去七佛)의 게송이나《조과 도림선사 鳥窠 道臨禪師》^(주해서 15)와 백거이(白居易) 일화로 유명한 게송을 보면, 우리 중생들은 어떻게 마음을 내어야 하며, 또 어떻게 선(善)을 행하며 마음을 올바르게 써야 하는지 잘 말해주고 있다. 즉,『모든 악을 짓지 말고 온갖 선을 받들어 행하라. 스스로 그 뜻을 깨끗이 하는 것이 모든 부처님의 가르침이니라. 제악막작 중선봉행 자정기의 시제불교(諸惡莫作 衆善奉行 自淨其意 是諸佛敎)』인 것이다.

《출요경 出曜經》^(주해서 16)《법화경 法華經》^(주해서 17)에서나《명심보감 明心寶鑑》^(주해서 18) 계선편(繼善篇)에도『공자 가로되 선을 행하는 자에게는 하늘이 복으로써 갚으며, 선하지 못한 자에게는 하늘이 이를 화로써 갚느니라. 자왈 위선자 천보지이복 위불선자 천보지이화(子曰 爲善者 天報之以福 爲不善者 天報之以禍)』라고 했듯이, 모름지기 '인간은 선(善)을 행하고 악(惡)을 멀리하는 것이 본성의 마음 씀임은 삼척동자도 다 아는 사실이지만 팔십 노인도 행하긴 어렵다.'고 한다.

넷. 나의 본래 마음씨 모양이 아름답지 못하면 망상심이 생겨나 마음자리의 근본을 잃게 한다.

마음씨는 마음의 근본을 바탕(體)으로 마음의 움직임(動)과 마음의 발현(用)이 일어날 때와 드러날 때 나타나는 어떤 모양(相)이라고 했다.

단어를 풀이한다면, '생명의 근원' 또는 '씨앗'을 의미하는 '씨'를 따와서 '마음의 씨', 즉 '마음씨'로 표현하기도 하고, 성씨(姓氏)나 존칭어의 의미로 상대방을 높여서 부를 때 '누구누구 씨'의 접미사 격인 '씨(氏)'와 합성하여 '마음씨'로 표현하는 게 아닐까 싶다. 조금은 억지로 지어낸 듯한 구상같이 보이기도 하겠지만 적어도 나의 생각으로는 그렇다.

우리가 살아가면서 마음에 '씨'가 붙듯이 '솜씨' '맵씨' '말씨'와 같은 표현을 자주 쓰거나 들으면서 왠지 좋은 느낌을 받기도 하듯이 마음씨와 관계되는 형용사는 대체로 부정적인 이미지가 거의 없다.

이를테면 **'따뜻한 마음씨' '비단결 같은 마음씨' '아름다운 마음씨' '훌륭한 마음씨' '착한 마음씨' '고운 마음씨' '친절한 마음씨' '공경하는 마음씨' 등과 같이 마음의 상태나 모양(相)을 나타내는 어떠한 형용사가 붙어도 참으로 잘 어울리며 그야말로 하나같이 아름답다.**

이처럼 문자 그대로 창조와 잉태의 근원이 되는 의미로서의 '씨'가 내포하고 있는 깊은 의미를 살펴보아 알 수 있듯이,

'마음씨'가 사람의 마음자리에서 얼마나 중심적인 위치에 자리 잡고 있는지는 충분히 가늠할 수 있을 것이다.

마음이 어떤 외물의 작용 때문에 '마음씨의 상태(相)'를 나타내주는 형용사들이 없는 마음, 또는 '따뜻한~' '비단결 같은~' '아름다운~' '착한~' 등의 형용사와 반대되는 수식어들로 합성된 마음을 두고 《망심 妄心》^(주해서 19) 혹은 망상심(妄想心)이라고 한다.

마음의 근본이 없는 마음으로 허망한 마음 내지는 망상심으로 가득 차서 근본을 잃게 하는 마음 상태를 말한다.

어떤 사람이 일을 도모함에 있어 근본심을 잃고 제대로 하지 않음으로써 무슨 좋지 않은 문제라도 일으켰을 때 우리는 '초심(初心)으로 돌아가라.'라든가 또는 '근본으로 돌아가서 다시 생각해 봐라.'라고 한다. 이처럼 무슨 일을 하다가 더 이상 도저히 진행이 안 되거나 망치게 될 때 이런 표현이나 주문을 하는 것 자체가 모두 따지고 보면 마음의 본래 자리 바탕(體) 또는 처음 먹은 마음자리 '초심(初發心)'으로 돌아가서 '본래 있던 바탕처럼' '처음처럼'을 찾게 되는 게 우리의 삶임을 암시한다고 생각한다.

참마음(心) 공부는 곧 부처님 가르침

　　대우주 온 누리 시방법계에서 지고무상 무상심심(無上甚深)한 부처님의 가르침《정법안장 正法眼藏 · 열반묘심 涅槃妙心》[주해서 20]을 집대성한 불경(佛經)을 통틀어 본다면, 부처님 말씀(佛說)의 근본 바탕을 이루고 있는 「**참나(眞我)의 본래 마음(心) 자리 찾기**」가 곧 참된 마음공부라고 생각한다.

　　그 참 진리의 실상을 다음과 같이 하나씩 간단히 살펴보면 「참나의 본래 자리」가 마음이요, 또 마음이요, 또한 마음이요, 모두 모두가 마음 아닌 것이 없음을 쉽게 알 수 있다.

하나.《대방광불화엄경 大方廣佛華嚴經》[주해서 21] **사구게**
　　『삼세 일체 부처님의 가르침을 알려면 법계의 성품은 일체가 오직 마음(心)이 지었다는 것을 관해야 한다. 약인욕요지(若人

欲了知) 삼세일체불(三世一切佛) 응관법계성(應觀法界性) 일체
유심조(一切唯心造)」 게송과 『화엄경(華嚴經)』 권10에 "마음과
부처와 중생이 셋은 차별이 없다."라는 부처님 가르침 바탕을
보면 일체가 곧 마음이라는 것을 잘 알 수 있다. 일찍이 부처님
께서도 6년 동안 고행 과정에서 오직 한 마음의 작용으로 일체
법(法)이 만들어지고 그 법 또한 오랜 겁으로부터 인연 따라 생
기었다는 깨달음을 얻고 최초의 《연기법송 緣起法頌》^(주해서 22)을
설하셔서 오늘의 불교에 이르게 된 것으로 본다.

인간의 삶이 '마음먹기에 달렸다.'고 하는 것처럼 세상사 모든
일이 '마음먹는 대로, 생각대로만 되면 얼마나 좋으랴?'

〈화엄경입법계품 華嚴經入法界品〉과 〈화엄경약찬게 華嚴經
略纂偈〉에서 잘 알 수 있듯이 선재동자(善財童子)가 53 선지식
을 만나는 구도여정(求道旅程) 중, 처음 문수보살(文殊菩薩)에
게서 시작하여, 그다음으로 미륵보살(彌勒菩薩)에게서 보리심
(菩提心) 공덕에 대한 설법을 듣고, 다시 문수보살을 만나 보현
행원(普賢行願)에 머무는 과정을 들으며 보현보살(普賢菩薩)이
'부처님의 공덕 바다(功德海)가 한량없음'을 설(說)한 게송(偈頌)
만 보아도 헤아릴 수조차 없는 부처님 마음과 공덕의 바다를 어
찌 다 알겠는가 싶다.

『온 우주의 먼지같이 많은 마음을 헤아려 알고, 대해의 바닷
물을 다 마시고 허공을 다 헤아리고 바람을 휘어잡는 능력이
있어도, 부처님의 공덕은 다 설할 수 없네. 찰진심념가수지 대

해중수가음진 허공가량풍가계 무능진설불공덕 刹塵心念可數
知 大海中水可飮盡 虛空可量風可繫 無能盡說佛功德』

둘.《화엄일승법계도 華嚴一乘法界圖》^(주해서 23)

의상조사법성게(義湘祖師法性偈)

끝도 없는 무량겁 한 생각의 찰나이고

무량원겁즉일념(無量遠劫卽一念),

찰나의 한 생각이 끝도 없는 겁이어라

일념즉시무량겁(一念卽是無量劫).

처음 발심하온 때가 바른 깨침 이룬 때요

초발심시변정각(初發心時便正覺),

생과 사와 열반경계 그 바탕이 한 몸이니

생사열반상공화(生死涅槃相共和).

이와 같은 『법성게』의 단 몇 구절만으로 그 심오하기 그지없
는 깊은 뜻을 담은 부처님의 가르침을 알 수 있다.

평소 〈의상조사법성게〉에 깊이 매료되어 있는 필자가 〈법성

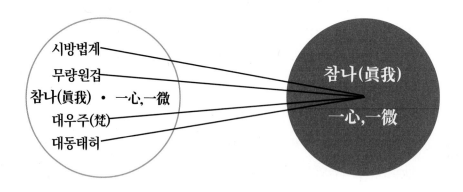

게〉에 대해 간략하게 좀 더 설명하자면 다음과 같다.

앞서 〈화엄경〉의 '일체유심조(一切唯心造)'에서 밝히었듯이, 마음(心)에서 지어진 법(法)의 성품, 즉 그 '법성(法性)'에 대해 논하자면, '법성원융무이상(法性圓融無二相), 즉 법성은 원융하여 두 모습이 없다'로 시작되는 〈법성게〉를 풀이해 봄으로 접근할 수 있을 것이다. '법성(法性)의 법(法)'으로 출발하여 '화엄의 세계', '화엄의 바다'를 두루 돌고 돌아 다시 돌아온 그 자리가 바로 '구래부동명위불(舊來不動名爲佛), 곧 영원토록 참된 법의 중도자리에 편히 있어 억만 겁이 부동한 것 그 이름이 부처'와 다시 만나게 된다. 그래서 **법(法)과 불(佛)이 다시 만나 하나가 되고, 너와 내가 둘이 아닌 하나가 되는, 즉 원융무이상(圓融無 二相)을 이룸과 동시에 거기에 중생수기득이익(衆生隨器得利益) 에서 중(중생 衆生과 함께 하는 승가 僧伽)자를 넣어 불(佛)·법 (法)·승(僧) 삼보(三寶)가 구족 되게 하였으니 이 얼마나 신비스 럽고도 조화로운 배치인가.** 이러한 '화엄일승법계도와 법성게'를 어찌 감히 몇 마디 글귀로 쉽게 설명할 수가 있겠는가? 이에 대해 조금이라도 관심을 갖고 이해해 보려고 애쓰다 보면 그 무상 심심한 뜻과 대해와 같은 연화장세계 화엄의 바다에 빠져들며 저절로 탄성을 자아낼 수밖에 없다. 이에 대한 추가적인 설명 은 주해서(註解書 23)를 참조 바라며, 꼭 한 번 화엄의 세계에 빠져들어 보기를 권하고 싶다.

셋.《금강경 金剛經 4句偈》[주해서 24] **제2 구게 그리고 제18 일체**

동관분(一體同觀分)

「응당 색에 머물러서 마음을 내지 말며 응당 성향미촉법에 머물러서 마음을 내지 말 것이요, 응당 머문 바 없이 그 마음을 낼지니라. 불응주색생심 불응주성향미촉법생심(不應住色生心 不應住聲香味觸法生心) 응무소주 이생기심(應無所住 而生其心)」

"부처님께서 수보리에게 말씀하셨다. 그렇게 많은 세계에 있는 모든 중생의 갖가지 마음을 여래가 다 아노니 왜냐하면 여래가 말씀한 모든 마음은 모두가 마음이 아니기에, 이를 마음이라 이름할 뿐이기 때문이니라. 그 까닭이 무엇이겠는가? 수보리야, 과거의 마음도 얻을 수 없고 현재의 마음도 얻을 수 없고 미래의 마음도 얻을 수 없기 때문이니라." 「불고 수보리 이소국토중 소유중생 약간종심 여래실지 하이고 여래설제심 개위비심 시명위심 소이자하 수보리 과거심불가득 현재심불가득 미래심불가득(佛告須菩提 爾所國土中 所有衆生 若干種心 如來悉知 何以故 如來說諸心 皆爲非心 是名爲心 所以者何 須菩提 過去心不可得 現在心不可得 未來心不可得」 라는 게송에서 마음(心)을 어떻게 내어야 하는가에 대해 잘 말씀해 주고 있다.

마음(心)에서 생기는 집착, 번뇌도 끊어버리는 벼락같은 힘을 가진 공한 지혜(智慧)로써 그 근본을 삼고, 일체법무아(一切法無我)의 이치를 요지로 삼는 〈금강경〉은 공(空)의 사상을 설명하면서도 경전 중에서 공이라는 말이 한마디도 쓰여지지 않은 것이 특징이라고 할 수 있다.

넷.《천수경 千手經》^(주해서 25)

「천수천안관자재보살광대원만무애대비심대다라니경(**千手千眼觀自在菩薩廣大圓滿無崖大悲心大陀羅尼經**)」 천수다라니(千手陀羅尼), 천수주(千手呪), 대비주(大悲呪)로도 불리는 신묘장구대다라니(神妙章句大陀羅尼)는 천수경에 묘사된 주문이다.

삼보와 관세음보살에 귀의하여 악업을 금하고, 탐욕, 노여움, 어리석음의 삼독을 소멸하고 깨달음에 이르도록 기원한다는 내용을 담고 있다.

모든 상용의식에 독송되고 있는 천수경의 핵심 요체인 신묘장구대다라니에는 한량없는 관세음보살님의 대자비심(大慈悲心)이 근본을 이루고 있다.

어찌 보면 범(梵)세계 대우주를 관장하는 모든 신들의 한량없는 원력이 집약되어 있는 이 대다라니 총지(摠持)의 무애대비심을 염하면 인간 본연의 마음으로 돌아가기를 바라는 중생의 간절한 마음 상태를 느낄 수 있을 것이다. '죄악은 자체의 성품이 없는 것이며 마음으로부터 일어난다. 만약 마음이 소멸되면 죄업 또한 소멸된다. 죄업과 마음이 모두 공적하다면 이것을 이름하여 진정한 참회라고 한다. 죄무자성종심기 심약멸시죄역망 죄망심멸양구공 시즉명위진참회(罪無自性從心起 心若滅時罪亦忘 罪忘心滅兩俱空 是卽名爲眞懺悔)'라고 함으로써 모든 죄악의 생김과 소멸 그리고 참회 또한 미움에서 비롯된다는 것을 알 수 있다.

다섯.《**반야심경 般若心經**》^(주해서 26)

「대반야바라밀다심경(大般若波羅蜜多心經), 마하반야바라밀
다심경(摩訶般若波羅蜜多心經) 또는 반야바라밀다심경(般若波
羅蜜多心經)」이라고도 하는 260자 반야심경은 불교의 핵심적
인 이치인 반야바라밀다를 간결하고 명징하게 요약한 불교 경
전의 정수에 해당한다.

『얻을 바 없으므로 보리살타는 반야바라밀다에 의지하는 고
로 마음(心)이 걸림이 없고, 걸림이 없으므로 두려움이 없으며
뒤바뀐 허망한 생각을 멀리 떠나 구경열반을 얻느니라. 삼세제
불도 반야바라밀다에 의지한 고로 아뇩다라삼먁삼보리를 얻었
느니라. 이무소득고(以無所得故) 보리살타(菩提薩埵) 의반야바
라밀다(依般若波羅蜜多) 고심무가애(故心無罣碍) 무가애고(無
罣碍故) 무유공포(無有恐怖) 원리전도몽상(遠離顚倒夢想) 구경
열반(究竟涅槃) 삼세제불(三世諸佛) 의반야바라밀다(依般若波
羅蜜多) 고득아뇩다라삼먁삼보리(故得阿耨多羅三藐三菩提)에
서 더 이상 부연설명이 필요 없지만 '중생의 지혜가 청정하되 또
한 청정함을 얻을 수 없어 자기 마음을 비추어서 모든 망상을
떠나므로 반야바라밀다(般若波羅密多)를 의지한다고 한다.' 그
리하여 '설사 법에 조금 구애됨이 있어도 마음의 경계가 스스로
공(空)하였으니 어떤 생각이든 어떤 집착이든 어찌 걸림이 있으
리오.'마음에 걸림이 없는 고로 두려움도 없어지고 뒤바뀐 헛

된 생각을 멀리 떠나 마침내 열반에 이르느니라.'

이와 같이 〈반야심경〉에서 心(마음)은 부처님 가르침의 핵심(核心)·정수(精髓)·정요(精要)·에센스 또는 참된 앎(正知)을 뜻함을 알 수 있다.

여섯.《삼처전심 三處傳心》^(주해서 27) 염화미소(拈華微笑)

석가모니 부처님이 꽃을 들고 대가섭이 미소를 지었다는 내용에 기초한 화두(話頭)로《대범천왕문불결의경(大梵天王問佛決疑經)》에 최초로 나타나고 있다.

석가모니가 영산(靈山)에 있을 때 대범천왕(大梵天王)이 금색의 바라화(波羅花)를 바치면서 설법을 청하였다.

그때 석가모니가 꽃을 들어 대중에게 보이자 대중의 모든 사람이 무슨 뜻인지를 몰라 망연하였는데, 대가섭(大迦葉)만이 미소를 지었다.

이에 석가모니는 **"나에게 정법안장(正法眼藏)과 열반묘심(涅槃妙心)**이 있으니, 이를 대가섭에게 부촉하노라."라고 하였다. 그 뒤 이 내용은 중국의 여러 선서(禪書)에 인용되면서 선종의 근거가 되는 중요한 내용으로 채택되었다.

우리나라 선종의 경우에도 "석가모니가 왜 꽃을 들었으며, 가섭은 왜 미소를 지었는가?" 하는 것이 화두의 하나가 되어 깊이 연구되었으며, 여기서 염화미소(拈華微笑)는 "말로 하지 않고 마음(心)에서 마음(心)으로 깨달음을 얻는다." 즉 이심전심(以心傳心)을 의미하는 말이다.

삼처전심(三處傳心)은 다자탑전분반좌(多子塔前分半座)·영산회상거염화(靈山會上擧拈花)·니련하반곽시쌍부(泥連河畔槨示雙趺)를 말한다.

이에 대한 보다 자세한 설명은 〈주해서 27〉을 참조 바란다.

일곱. 즉심시불(卽心是佛)

즉심시불은 **즉심즉불(卽心卽佛)·심즉시불(心卽是佛)·시심즉불(是心卽佛)**이라고도 한다. 즉심시불에서 즉심(卽心)은 마음 그대로 또는 마음 그 자체를 의미하고, 시불(是佛)은 그것이 바로 부처라는 의미이다.

마음은 범부의 경우나 부처의 경우나 그 자체는 다름이 없어서 **'그 마음이 그대로 부처'**라는 뜻이다. 마음에 대하여 이 이상 더 잘 표현해 줄 수 있는 심오한 말이 어디 있을까 싶다. 여기서 '부처'라는 말은 석가모니만을 가리키는 것이 아니고, 곧 진리 또는 우주, 불법이라는 말이다. 즉, 도(道)를 깨달으면 마음은 곧 불심(佛心)이기에 마음을 떠나서 부처는 따로 없다는 말이다. 나아가서 '그대의 마음이 곧 부처요 진리'라는 뜻으로 깨달아서 얻은 나의 마음이 부처이며, 그밖에 부처가 없다는 말이다. 그러므로 그대의 마음이 곧 깨달아야 할 대상이라는 뜻이다.

마음의 실체, 마음의 움직임을 낚아채면 진리를 깨달은 것이라는 뜻으로 중국 선종 제1대 조사 보리 달마의 어록 가운데 '자기 마음이 곧 부처'라는 달마 대사의 가르침도 같은 맥락을 이룬다.

『화엄경(華嚴經)』권10에 "마음(心)과 부처와 중생이 셋은 차별이 없다."라고 하고, 『대승찬(大乘讚)』에서는 "마음이 곧 부처인 줄을 이해하지 못하면 마치 말을 타고서 말을 찾는 것과 같다."라 하는데, 이 경우에 마음(心)은 본래심(本來心)·청정심(淸淨心)·자성청정심(自性淸淨心) ·진심(眞心) 등의 경우를 가리키는 말로써 번뇌심(煩惱心) 내지 중생심(衆生心)과는 차별된다.

《불설관무량수경 佛說觀無量壽經》^(주해서 28)에서 "사람들 마음이 부처라고 생각하면, 그 생각하는 마음 전체가 부처로 가득차게 된다. 마음이 부처임을 생각할 때 그 마음에 부처가 나타난다. 그러므로 이 마음이 부처를 만들어내는 것이다. 이 마음이 곧 부처이다."라고 하는 데에서 나온 말이 즉심시불이다.

여덟. 마음의 등불《보왕삼매론 寶王三昧論》^(주해서 29)

필자는 불교라는 종교관을 떠나서 어찌 보면 한 치 앞을 내다보지 못하고 몽매(蒙昧)하다시피 한 삶을 살아가고 있는 우리들에게 무명(無明)을 밝혀주면서 그 어떤 고난과 역경(逆境)도 이겨내게 해주는 인생 '지침서(指針書)'로 〈보왕삼매론〉과 같은 참된 〈마음의 등불〉이 또 어디에 있을까 싶다.

『세상살이에 곤란함이 없기를 바라지 말라.

세상살이에 곤란함이 없으면 업신여기는 마음(心)과 사치한 마음(心)이 생기나니 그래서 부처님께서 말씀하시되 근심과 곤란으로써 세상을 살아가라 하셨느니라.』

『공부하는 데 마음(心)에 장애 없기를 바라지 말라.

마음(心)에 장애가 없으면 배우는 것이 넘치게 되나니, 그래서 부처님께서 말씀하시되 장애 속에서 해탈을 얻으라 하셨느니라.』

이처럼 불자 아닌 이들에게도 역경을 딛고 거듭 나아갈 수 있게 해주는 인생의 나침반으로 널리 읽히는 이 마음의 등불 〈보왕삼매론〉은 삼라만상 천지간 어떠한 생명체도 결국 역경(逆境)과 장애(障礙)를 이겨내지 못하면 저마다 자기 나름대로 지닌 생명(生命)의 씨앗을 꽃 피울 수 없다는 것을 잘 표현해 주고 있다.

즉, 역경과 장애를 극복하는 힘의 원천도 마음에 있으며 그 역경과 장애 가운데 밝혀진 마음이 '참마음(眞心)'이라는 것이다.

필자는 이따금 내 주위에 사랑하는 사람들, 특히 고난과 어려움에 부딪혀 마음고생 몸 고생하시는 분들에게 이 〈보왕삼매론〉을 머리맡에 두고 시시때때로 몇 번이든 읽으며 바로 코앞에 닥친 역경(逆境) 장애(障礙)를 양약으로 삼아 가슴 깊이 새기며 실행에 옮겨 보기를 권하고 있다.

우선 쉬운 것부터 실행해 보자. 매일 아침 눈을 뜨자마자 어떤 다른 공부나 기도 또는 일에 우선하여 이 〈보왕삼매론〉을 아주 청정하고 정결한 마음으로 먼저 한 번 읽어 보고 하루 일과를 시작해 보시라.

아침부터 정신없이 바쁘거나 형편이 여의치 않을 때에는 출

68

근길 차 안에서든 사무실이나 일터에서든 일과를 시작하기 전에 손바닥 크기로 메모를 해서라도 책상머리 앞에 붙여놓고 읽어 보면 그 하루가 참 편해지게 될 것이다.

이러한 습관을 하루 이틀 일주일 한 달 일 년 삼 년 십 년의 세월을 익히다 보면 어느덧 자기 자신도 모르게 어느 단계에서는 '소욕지족(少欲知足)'할 수 있는 마음과 함께 스스로 신세 한탄을 하거나 주저앉은 마음 없이 그 어떠한 장애와 역경도 거뜬히 이겨낼 수 있는 자신감과 지혜가 반드시 생기게 될 것이다. 이를 굳게 믿고 행하는 것이 진정한 행복에 이르는 지름길이라고 생각한다.

아홉. 참나를 찾는 《백팔대참회문 百八大懺悔文》기도

나 스스로 내 안의 나에게 먼저 물어본다. 모름지기 사람다운 삶을 살아감에 있어 과연 참회(懺悔) 또는 회개(悔改) 없이 살아갈 수 있을까?

그 대답은 아주 간단명료하게 '참회 없는 삶은 단연코 있을 수 없다.'이다. 왜냐하면 사람이라면 한번 태어나서 죽을 때까지 알게 모르게 짓고 사는 수많은 잘못(죄罪)은 물론 불교에서 말하는 나의 전생에서부터 지어온 죄까지 업에 저장되어 있기 때문이다. 그렇게 치면 이 세상 어느 누구도 잘못된 죄(罪) 또는 업(業)으로부터 결코 자유로울 수 없다. 이는 종교적으로 원죄의식(原罪意識)을 떠나 아주 보편적인 진리에 가깝다고 할 수 있겠다.

불교를 믿는 불자들에게는 익숙한 〈천수경〉에서는 『죄악은 자체의 성품이 없는 것이며 마음으로부터 일어난다. 만약 마음이 소멸되면 죄업 또한 소멸된다. 죄업과 마음이 모두 공적하다면 이것을 이름하여 진정한 참회라고 한다. 죄무자성종심기 심약멸시죄역망 죄망심멸양구공 시즉명위진참회(罪無自性從心起 心若滅時罪亦忘 罪忘心滅兩俱空 是卽名爲眞懺悔)』라고 함으로써 죄라는 것은 본래 자성이 없어 마음(心) 따라 일어난 것일 뿐이라고 한다.

죄의식이라는 마음이 멸하면 죄 또한 소멸한다. 죄와 죄의식이라는 마음 모두 공한 것임을 바로 깨닫는 것이야말로 참된 참회임을 설하고 있다.

이름하여 백팔번뇌에서 비롯된 번뇌 망상과 죄(罪) 또는 업(業)을 멸하기 위해 기도하는 〈백팔대참회문〉에서 참회하는 죄의 가짓수가 어찌 108가지뿐이랴?

8만 4천 가지보다 몇 천 배 몇 만 배도 더 되는 죄일 것이다. 우리가 전생 현생 동안 알게 모르게 지은 신(身)·구(口)·의(意) 삼업(三業) 중 매일 입(口)으로 짓는 죄만도 수도 없는데 생각(意)으로 지은 죄의 수를 어찌 다 헤아릴 수 있겠는가?

〈백팔 대참회문〉 60가지 참회편 중 몇 가지만 예로 들면…
나의 진실한 마음을 외면한 채 살아온 죄를 참회합니다.
모진 말로 인해 악연이 된 인연들에 참회합니다.

내 생각만 옳다고 생각한 어리석음을 참회합니다.

그리고 20가지 감사편 중,

가장 큰 축복이 자비심이라는 것을 알게 되어 감사함의 절합니다.

가장 큰 힘이 사랑이라는 것을 알게 되어 감사함의 절합니다.

마지막 발원편에,

부처님! 저는 매사에 긍정적이기를 발원하며 절합니다.

부처님! 저는 맑은 마음 가지도록 발원하며 절합니다.

부처님! 저는 밝은 마음 가지도록 발원하며 절합니다.

이와 같은 참회문 중 매일 한 가지씩이라도 진정한 마음으로 참회하며 살아가다 보면 어느 날 어느덧 자기 스스로 마음을 다스릴 줄 아는 지혜가 생겨남은 물론 반드시 불자가 아니더라도 주위 사람들로부터 참으로 참된 사람으로 인정받고 사랑받는 사람이 될 것이다.

나아가서 할 수만 있다면 〈백팔 대참회문〉을 소리 내어 읽으며, 백팔 배 절까지 하면 우리 육신의 365개 뼈마디를 고루 운행도 시키면서 한량없는 진정한 마음과 함께 알게 모르게 지어 온 업보(業報)를 하나씩 하나씩 걷어내는 일거양득의 공덕까지 쌓을 수 있어 꼭 권하고 싶다.

본래 나의 참마음 자리 찾아

'참마음 공부'가 바로 '부처님의 가르침 공부'라는 것을 이해했다. 이를 바탕으로 참마음 공부를 어떻게 하면 좋을지 그 원리에 대해서 함께 살펴보면 다음과 같다.

마음자리는 '마음의 근원(根源)', '마음의 바탕', '심지(心地)', '심원(心源)'이라 풀이되는 일체 마음의 근본을 나타내는 말이라고 할 수 있다. 그래서 우리는 흔히 어떤 사람을 두고 '그 사람은 본래 마음 바탕이 착한 사람이다.''그 사람은 심지가 곧은(바른) 사람이다.' 또는 '그 사람은 심지가 깊으며 욕심이 적은 사람이다.''그 사람은 자기 분수를 잘 아는 사람이다.'라고 종종 의미를 빌려오기도 한다.

우리의 근본 마음은 관념적 인식의 대상으로 선과 악(善惡)이나 아름다움과 추악함(美醜)이나 깨끗함과 더러움(染淨)도 떠나 본래 청정한 것으로 붙잡을 수도 보고 들을 수도 없이 다만 고요하고 담연(澹然)한 것이라고 할 수 있다.

즉, 나(我)라는 생각(我相)과 그에 끄달리는 집착(我執)을 여읜 무구청정(無垢淸淨)한 마음이다.

이 고요하고 담연(담담)한 '나의 마음자리'는 외물(外物)에 감응이 되면 물결을 일으키게 된다. 그 물결이 곧 온갖 번뇌 망상과 탐욕과 성냄과 분노와 같은 파도의 원인으로, 그 감응의 물결을 가라앉히면 다시 본연의 청정상태로 돌아가곤 한다. 마치 바람이 불면 물결을 일으키다가도 바람이 자면 고요한 상태로 돌아가는 호수나 강이나 바다와도 같다.

이와 같이 나의 마음에서 일어나는 번뇌의 씨앗과 그 불꽃을 꺼버리고 본래 자리로 돌아가려고 하는 공부가 진정한 마음공부라고 생각한다.

법화경(法華經) 일명 묘법연화경(妙法蓮華經) 제25품인 《관세음보살보문품 觀世音菩薩普門品》^(주해서 30)에서 관세음보살님이 번뇌의 불꽃을 꺼버리는 구절이 나온다. '때 없는 깨끗한 빛이여, 어둠을 없애 주는 지혜의 해여, 수·화·풍 재앙을 항복받고 온 세상 두루 다 비추어 주며 대비의 몸과 계율의 우레와 자애의 구름으로 법비를 내려 번뇌의 불꽃을 꺼버리나니… 무구청정광 혜일파제암 능복제풍화 보명조세간 비체계뇌진 자의묘대운 주감로법우 멸제번뇌염…(無垢淸淨光 慧日破諸暗 能伏災風火 普明照世間 非體戒雷震과 慈意妙大雲 澍甘露法雨 滅

除煩惱焰…)' 이와 같은 마음공부를 다잡아 해 나가다 보면 저절로 자기 마음을 잘 다스리게 되리라고 믿는다.

원효대사는 이러한 본래 자리의 마음을 '일심(一心)의 바다'라 표현했다. 만물을 낳은 하늘이 하나인 것처럼 '마음자리'도 하나로 인식하고 그 마음자리 바탕(體)에 대해서 소소영영(昭昭靈靈)하게 알아보는 것이 곧 참마음 공부 원리 중 하나이다.

이와 같은 마음가짐으로 참마음 공부를 부단히 해나가다 보면 언젠가는 부처님 가르침이 추구하는 궁극 목표인 '상구보리 하화중생(上求菩提 下化衆生)', 즉 '위로는 열심히 수행정진하여 스스로 부처님께서 성취하신 바와 같은 깨달음을 얻고, 아래로는 중생들을 교화하여 참된 지혜와 자비의 삶을 이끈다.'는 경지에 이르게 되어 궁극적으로는 '자신도 이롭게 하면서 타인도 이롭게한다.'는 자리이타(自利利他)의 공동체적 참정신 세계로 한 걸음 더 나아가게 된다.

75

바람처럼 움직이는 마음결

　마음자리는 아직 밖으로 나타나지 않은 것이지만, 마음결은 외물(外物)에 감응(感應)되면 쉽게 물결을 일으키는 속성을 가지고 있다.

　그 물결을 일으키는 상태가 바로 마음결이다. 잔잔한 호수나 강물이나 바다는 천년이라도 본연의 고요함을 지킬 수 있지만 작은 돌멩이 하나, 살짝 부는 미풍, 폭풍이나 태풍을 만나면 작은 물보라를 일으키기도 하고 격랑 같은 커다란 파도를 일으키기도 한다. 또 때로는 어디에선가 꽉 막혀서 조금도 미동도 하지 않다가 갑자기 벼랑 아래에서 커다란 용솟음을 치기도 한다.

　탁류를 만나거나 성난 파도나 폭풍을 만나 강과 바다가 뒤집히면 강물 색도 바다색도 금세 변한다. 이러하듯이 마음결은 외물에 감응하면 그 외물의 속성대로 물결을 일으킨다. 흔히들 사람의 마음이 청정(淸靜)하지 못하면 '마음이 괴팍하다.' '마음이 답답하다.' '마음이 꽉 막혀 통하지 않는다.' '마음이 갈팡질팡한다.' '마음의 갈피를 잡지 못한다.'라고 하는데, 이때 그 마음 움직임의 주체가 마음 스스로인가? 아니면 어떤 외물의 작용에 의해서인가? 도무지 알 수는 없지만, 그 움직임은 분명히 어떠한 형태로든지 나타난다.

나의 마음 움직임 스스로이든 어떠한 외물에 의해서든 '통(通)함'의 작용 원리만 잘 알아도 그야말로 만사형통(萬事亨通)이다.

오죽하면 마음(心情)이 잘 통하지 않아 답답해 미칠 지경에 이르게 되면 하다하다 못해 '그래 우리 서로 역지사지(易地思之)로 입장과 생각을 한번 바꿔보자.'라고 하며 그 생각(思) 본래 자리인 마음을 서로 한번 바꿔서라도 서로를 이해하고 잘 통(通)해서 원만하게 해보고자 하겠는가.

중국 선종의 제1대 조사 보리달마의 어록(說法) 가운데《달마혈맥론 達摩血脈論》(주해서 31)에서 '자기 마음이 곧 부처'라 설한 달마 대사는 마음의 움직임을 이렇게 말한다. "마음을 마음이라고 하는 그 마음이여 가히 찾기가 어렵도다. 그 마음은 넓기로 말하면 법계에 두루 하고, 좁기로 말하면 바늘 끝도 용납하지 못한다. 심심심(心心心)이 난가심(難可尋)이요 관시(寬時)에 변법계(偏法界)하고 착야(搾也)에 불용침(不容針)" 이를 좀더 자세히 풀이하자면 '말하고 분별하고 운동하고 보고 듣고 느끼고 아는 것이 모두가 마음의 움직임이며 그 작용이다. 움직임이란 마음의 움직임이요 움직임 그대로가 작용이니 움직임과 작용 이외의 마음이 없고 마음 밖에는 움직임이 없기 때문이다. 움직임은 마음이 아니요. 마음은 움직이지 않나니 움직임이란 본래 마음이 없고 마음이란 본래 움직임이 없기 때문이다. 움직임은 마음을 여의지 않았고 마음은 움직임을 여의지 않았으니 마음에는 여읜다는 것도 여의었다는 것도 없으며 마음에는 움직인다는 것도 움직였다는 것도 없다.'라는 것이다. 이처럼 마음 움직임만 잘 살펴도 마음공부의 절반은 이뤘다고 할 수 있다.

올바른 마음씀

'마음결'이 '마음의 움직임'을 뜻한다면 '마음씀'은 '마음결'이 실제 밖으로 발현된 것이다.

'마음결'과 '마음씀'을 미세하게 쪼개어 보면 마음이 동요하는(움직임) 단계와 그것이 실제로 밖으로 드러나는 발현(用) 단계로 나눌 수 있다. 마음은 움직이지만, 그 움직임을 밖으로 드러내지 않는 경우도 있다. 마음의 움직임과 마음의 발현으로 나누어 볼 수 있는데, 그 마음의 발현 즉, 쓰임(用)에 대해 구체적으로 알 수 있는 좋은 파생어 예를 몇 가지 만들어 보면 다음과 같다.

향기로운, 여유로운, 사랑하는, 정성스러운, 인내하는, 노력하는, 곧고 바른, 선정하는… 이처럼 '마음씀'의 파생어 활용을 좀 더 세밀하게 살펴보면 더욱더 생생하게 실감할 수 있을 것이다.

'향기로운 마음'은 남을 위해 기도하는 마음으로 벌과 나비에

꿀을 내주는 꽃처럼 베푸는 마음 즉, 자리이타(自利利他)의 마음이다. **'여유로운 마음'**은 남에게 풍요를 선물하는(베푸는) 마음으로 바람과 구름이 평화롭게 머물도록 넉넉한 공간을 비워 놓은 하늘같은 마음, 보시행(布施行)의 마음이다.

'사랑하는 마음'은 존재에 대한 자기 자신과의 약속으로 믿음의 날실에다 자비(慈悲)라는 구슬을 꿰어놓은 것처럼 관심 속에 상대에게 따뜻한 말(愛語)을 해줄 줄 아는 동체대비(同體大悲)의 마음이다. **'정성스러운 마음'**은 상태를 위해 자기를 아끼지 않는 헌신의 마음으로 뜨거움을 참아내며 은은한 향과 맛을 건네주는 녹차와 같은 마음《사섭법 四攝法》^(주해서 32)의 이행(利行) 즉 '타인을 이롭게 하는' 마음이다.

'인내하는 마음'은 나를 바라보는 선(禪)으로, 절제를 통해 부드럽게 마음을 비우는, 대나무 같은 마음이다. **'노력하는 마음'**은 목표를 향해 끊임없이 정진(精進)하고 깨우침을 위해 세상의 유혹을 떨치고 머리칼을 자르며 공부하는 학생처럼, 꾸준하게 한 길을 걷는 집념이다. **'곧고 바른 마음'**은 자기를 지키며 경책(警責)하는 용기로 흔들림 없이 사시사철 푸르른 소나무처럼 한결같은 믿음을 지켜나가는 지계(持戒)의 마음이다. **'선정하는 마음'**은 나를 바라보게 하는 고요한(禪靜) 마음으로 마치 싹을 틔우고 꽃을 피우며 열매를 맺게 하는 햇살처럼 올바른 깨우침으로 어둠(無明)을 물리치고 세상을 환하게 밝히는(光明) 지혜이다. 이처럼 마음씀의 활용이 얼마나 중요한지 잘 알 수 있다.

언제나 아름다운 마음씨

마음씨는 마음결이 일어날 때와 마음씀이 드러날 때 그 일어나고 드러나는 모양을 나타내는 말이다. 곧 마음에 관련된 형용사는 모두 이에 해당한다고 볼 수 있다. 이처럼 일상어에 나타난 마음은 그 마음을 쓰는 태도나 마음의 모양 즉, 심상(心相)에 따라 여러 가지 모양으로 나타난다.

간단하게 몇 가지 형용사로 파생된 마음씨의 예를 들어보자면 **'착한(善) 마음씨' '따뜻한 마음씨' '비단결 같은 마음씨' '아름다운 마음씨' '훌륭한 마음씨' '고운 마음씨' '친절한 마음씨'… 등등과 같다.**

일상어에 나타난 마음은 그 구조상으로는 바탕(體)·움직임(動)·발현(用)·모양(相)의 체계를 가지고 있다.

하나밖에 없는 마음의 바탕이 움직임·발현·모양으로 전개되면서 많은 단어를 파생시키는 것이다.

마음공부와 부처님 가르침(佛敎)에 나타난 마음을 고찰할 때에는 마음자리 → 마음결 → 마음씀 → 마음씨의 구조에서 화살표를 거꾸로 놓아 마음자리 ← 마음결 ← 마음씀 ← 마음씨의 구조에 주목할 필요가 있다.

이 구조는 마음을 근원적인 마음의 본래 자리로 되돌리는 구조다. 마음자리는 선과 악이나 아름다움과 추악함을 넘어선 담담하고 고요한 그 어떤 경지이다.

마음은 외물에 감응되어 선하고 아름답고 깨끗하게도 되지만 악하고 추악하고 더러움에 물든 것이 되기도 한다. 불교에서는 이것을 망심(妄心)이라 표현한다. 그러기에 마음결과 마음씀에서 생겨나는 망심을 끊어버리고 마음자리로 되돌아가기 위하여 모든 것을 벗어 던져버려야 이른바 깨달음 즉, 해탈의 경지에 이르게 되는 것이다.

불교나 유교에서 어렵게 설명하고 있는 수심론(修心論)은 마음결과 마음씀에서 생겨난 망심을 끊어버리고 본질적인 마음자리를 찾아 나서는 방법이다.

어디서 와서 어디로 가는가?

　오늘날 힐링센터 같은 선원이나 템플스테이 또는 산속 사찰에서 단기 출가나 스님들과 같이 안거(安居)에 들어가는 등 세상 사람들과 동떨어지거나 등진 데에서 조용히 자기 자신을 돌아보며 살펴보는 것을 참마음 공부라 말할 수도 있지만, 진정한 마음공부는 비록 오탁악세이자 매 순간 치열하기 그지없는 시방세계 일상 삶의 한가운데에서 '자신의 본래 면목(모습)을 잠시 잠깐만이라도 찾아보기' 또는 '믿고 받아들이고 받들고 행하는 진실한 마음', 즉 '신수봉행(信受奉行)의 마음공부'를 참마음 공부라고 말하고 싶다.

　행주좌와 어묵동정(行住坐臥 語默動靜), 즉 일상생활의 모든 순간 **'오롯이 혼자서 이 세상에 온 나는 누구인가?' '부모에게 이 몸 받기 전에 어떤 것이 참나던가? 부모미생전 본래면목**

(父母未生前 本來面目)' '나는 어디에서 왔으며, 지금 내가 머물고 있는 여기는 어디인가? 또 어디로 갈 것인가?', '과연 나의 본래 면목인 참나(眞我)를 찾으려는 의미는 무엇인가?'를 생각해야 한다.

다시 말하자면 《대동태허 大同太虛》^(주해서 33)에서 '온 우주 법계 일체유심조(一切唯心造)의 당당한 주인공(主人公)으로서 시시각각으로 경계(境界)에서 오로지 나의 단독 권한으로 모든 것을 다루고 결정하는 참나의 본래 면목을 봐야 하고 그것을 찾아야 한다.'라고 하는데, '이것은 부처님께서 설하신 한마음이니, 불성이니, 여래장이니, 법계이니, 법성이니 하는 것과 같은 것일까? 다른 것일까?' 등과 같은 화두(話頭)를 잡고 자신의 본래 모습을 찾아보는 공부가 참된 마음공부의 원리가 아닌가 싶다.

3장
참마음으로 살아가는 행복

앞서 '참마음'이란 무엇이고, '참마음 공부'란 어떤 것이
며, '참마음 공부'를 왜 해야 하는지에 대해서, 그리고
'참마음 공부'는 어떻게 하면 좋은지 그 원리에 대해서도
나름대로 살펴보았다.

그러나 아직도 이러한 마음에 대한 뚜렷한 감이 오지 않
고 긴가민가하면서 썩 와닿지 않는다. '참마음'이란 게
도대체 무엇이길래? 어떻게 생겼기에? 이렇게 난해하고
몰이해적이란 말인가? 싶을 정도이다. 이와 같은 '참마
음 공부'의 다양한 방법과 그 실행에 대해 좀 더 구체적
으로 들어가며 알아봄으로써 '참마음 공부'를 하면서 살
아가는 진정한 행복과 아름다운 삶의 지혜를 다 함께 구
하고자 한다.

본심으로 감사한 참마음…
감사(感謝)환희심(歡喜心)

    아무런 모양도 소리도 빛깔도 향기도 없는 마음이지만, 마음이 '사람의 몸 어디엔가는 존재한다.'는 사실은 누구나 부인할 수 없는 '절대 진리'라고 거듭 일컬었다.

    우리 인간은 몸(또는 몸뚱이)과 마음으로 구성되어 있다는 게 정설일 것이다. 이 몸을 속된 표현으로 '몸뚱아리'라 칭하기도 하지만 대개 '온전한 몸', 즉 '온몸'을 '육신(六身)'이라고 일컫는다.

    이 육신(六身)에 흔히 말하는 마음(또는 靈이나 精神)이 담겨 있을 때 온전한 '온몸' '육신(六身)'이라고 할 수 있고, 마음이나 정신이 담겨 있지 않을 때는 전혀 다른 의미로 '육신(肉身)', 즉 단지 지(地)·수(水)·화(火)·풍(風) 사대(四大)로 만들어진 고깃덩어리에 불과하다고 할 수 있다.

'제발 정신 차려라!' '호랑이에 물려가도 정신만 차리면 산다.'라는 말만 보아도 정신(마음)이 있고 없음에 따라 앞의 '육신(六身)'과 뒤의 육신(肉身)이 다름을 명확하게 구분할 수 있을 것이다.

'몸의 주인인 참마음과 마음의 스승인 몸이 하나 됨' 즉 어떤 감각과 인식작용으로 사람의 몸속 약 70억 개 세포 하나하나를 움직이게 하는 실체적인 주인공으로서의 '마음'과 그 마음을 온전하게 잘 담아서 올바르게 제대로 작용할 수 있도록 해주는 스승과도 같은 '몸'은 그야말로 일심동체이다. 그래서 항상 심(心)과 신(身)은 붙어 다니면서 '심신'이라는 단어를 이룬다.

심신건강(心身健康) 심신안정(心身安定) 심신수련(心身修練) 심신수양(心身修養) 등과 같은 단어 형태로 말이다.

이러한 심신 상태가 온전치 않거나 따로 놀 때 발생하는 아주 비근한 예를 몇 가지 들어보면, 무슨 초대형사고가 났을 때 우리는 이구동성으로 '어떻게 제정신이라면 그런 사고를 낼 수가 있을까?' '도대체 정신을 어디에 팔고 있었기에 이런 사고가 났을까?' '내가 깜박 정신을 잃었는가? 봐, 정신 차리고 보니 이런 사고가 났네.' '분명히 정신은 멀쩡했는데 몸이 영 말을 듣지 않아서 이렇게 되었네.' 같은 말을 한다. 특히 오늘날 인간의 본성으로는 절대 해서는 안 되는 몰상식적인 성추행이나 상해행위 등으로 온 사회의 손가락질을 받아 마땅한 지식인이나 위정자의 일탈을 볼 때마다 '인면수심(人面獸心)도 유분수지 어떻게 제정신으로 그런 짓을 할 수 있을까?'라든가 '인두겁을 쓰고 어떤 마음으로 그런 해괴망측한 짓을 할 수 있을까? 등등과 같은 말들을 일상적으로 하거나 듣기도 한다.

인간의 일상사에서 비일비재하게 일어나는 볼썽사나운 사건이나 불행한 사고들의 내면을 면면히 살펴보면, 하나같이 평소 같으면 '인간 본성의 마음(정신)과 몸'이 동체로 함께 있다가 사고 나기 바로 전이나 어느 한순간에 '마음(정신)'이 잠시 어디론가 가고 없어져 마치 '자동차가 운전사 없이 제멋대로 굴러가는 것'처럼 오락가락하다가 결국에는 생각지도 못한 엄청난 대형 사고를 일으키고 마는 경우나. 이것을 한마디로 표현하자면 '나의 본성인 마음의 본래 자리(本心)에 있지 못함', 즉 몸의 주인인 '마음이 제자리에 있지 않음'에서 비롯된 것이라 할 수 있겠다. 그렇다면 어떻게 해야만 '나의 본성인 마음의 본래 자리 즉, 본심(本心)을 찾을 수 있을까?' 어떤 방법으로 '마음공부'를 해야 할까?

오늘날과 같이 하루하루 살아가는 것처럼 복잡다단하기 그지없는 일도 없을 것이다. 시시각각으로 변화무쌍하며 그야말로 긴장된 생활의 연속으로 아등바등 살아가고 있는 가운데 잠시 잠깐이라도 '나 자신을 돌아보며 산다는 것'이 말처럼 그리 쉽지만은 않고 또 간단치도 않다. 특히 요즈음같이 이 세상 어느 누구도 가히 생전에 경험해 보지 못한 '코로나 19 바이러스' 사태로 인한 공포의 도가니처럼 아수라장 같은 삶에서는 더욱더 그러하다.

고난과 고통이 쉴 새 없이 끊이지 않는 사바세계에서 삶의 한 질곡 가운데 때로는 저절로 또 한편으로는 외물에 의해서 생기는 각종 스트레스는 우리 인간의 삶을 더 피곤하게 하고 힘들게 하다 몸과 마음을 병들게 하기도 하여 때로 극단적으로 안타까운 지경에 이르기도 한다.

우리는 살아가면서 그러한 고통과 괴로움에서 잠시라도 벗어나고, 이미 병든 몸과 마음을 스스로 치유하거나 치료를 해 나가야 하는 것이 피할 수 없는 현실이다. 그다음에야 아름다운 삶을 구가하면서 잘 살아가려는 여유로움도 생기는 것이 아닐까 싶다.

인생 70을 바라보며 육십 평생 보통사람과 별다를 바 없이 평범하게 살아온 필자가 나름대로 수행한 마음공부 방법을 이 자리를 빌어 한번 소개해 볼까 한다.

필자인들 여느 사람들처럼 살아오는 동안 어디 크고 작은 어려움이야 왜 없었겠는가마는, 그래도 남들이 보기엔 그런대로 이제껏 잘 살아왔다고 생각한다.

'지금(現在 Present) 살아 숨 쉬고 있음에 감사하고, 이렇게 버젓이 잘 살아갈 수 있게끔 이 세상에 태어나게 해주신 부모님이나 창조주님의 선물(膳物 Present)에 감사하다.'라는 마음으로 하루하루를 열심히 살아간다.

이렇게 하루를 열며 환희심으로 새 아침을 맞이하는 것을 일상사로 살아온 지도 벌써 십 수 년째이다.

필자의 살아있는 경험으로 보건대 모름지기 '**참마음** 공부'란 평생 살아오면서 해온 지긋지긋한 시험공부같이 어렵게 생각할 필요도 없고, 또 유별나게 세상사를 떠나 무슨 선방(禪院)이나 산속 깊은 절 같은 곳에 가서 힘들게 할 필요도 없다. 물론 그와 같은 마음공부도 참으로 참된 공부로 생각하며, 특히 수행자의 길에 들어선 스님 같은 분들에게는 더더욱 그렇다.

그러한 공부를 부정하거나 잘못된 공부라는 의미는 결코 아니고, 단지 우리의 일상사 가운데에서 신수봉행(信受奉行)하는 진실한 마음으로 '참마음 공부'를 쉽게 생각해 보자는 순수한 의미인 만큼 이에 대한 충분한 이해를 구하고 싶다.

대개 '마음공부'나 '기도', 특히 종교에 귀의하게 되는 경우를 살펴보면 분명 어떠한 결정적인 계기 또는 동기가 있기 마련이고, 드물게는 스스로 자기 자신도 모르게 생기는 '삶'에 대한 물음 같은 것이 중요한 동인(動因)이 되기도 한다.

이를테면 위대한 대선각자이신 부처님도 이와 같은 삶에 대한 물음이 계기가 되어 부귀영화를 버리고 스물아홉의 왕성한 젊음에 출가하여 6년간 고행 끝에 깨달음을 얻게 된 것이다. '마음공부'의 결정체 일체법(一切法) 대반야(大般若) 대지혜(大智慧) 일체유심조(一切唯心造)를 깨닫게 한 '계기' 말이다. 이에 대해 잠시 덧붙여 설명하자면 흔히 불자들이 알고 있는 부처님의 출가와 6년간 고행의 동기가 〈사문유관상(四門遊觀相)〉으로 알고들 있지만, 필자는 싯다르타 부처님의 어머니 마야부인이 부처님을 낳고 7일 만에 죽음을 맞이하게 된 일 역시 부처님께 '무상(無常)의 자극'을 준 중요한 한 동인(動因)이 아니었나 싶다. 이 대목에서 조금은 부끄럽기도 하지만 용기를 내어 필자인 나의 삶의 여정 중 새로운 삶을 살아갈 수밖에 없었던 계기에 대해 얘기를 해 보고자 한다.

결혼한 지 보름쯤 되던 1985년 2월 어느 토요일, 중매로 결혼한 집사람이 서울을 떠나 대구에서 갓 시집살이를 하기 위해 본가에 가 있었다. 부모님과 집사람을 보러 내려가기 위해 서울역 기차 출발시각에 맞게 겨우 도착해서 출발하는 통일호 기차에 무리하게 타려다가 그만 떨어져 구사일생으로 살아남은 대형 추락사고가 있었다.

팔다리며 머리를 76바늘 꿰매고 한 달 보름을 입원한 내 생애 일대의 초대형사고가 있고 난 뒤 다시 새 삶을 얻게 된 그때부터 나는 '덤의 삶'을 부여받아 새로운 인생을 시작하였다고 볼 수 있다.

그러한 연유로 내 삶 동안 '살아있음에 늘 감사하며, 크건 작건 조금이라도 베풀고 나누며 살아가겠노라.'라고 서원을 세우고 실천하며 지금까지 그런대로 잘 살아가고 있다고 생각한다.

매일 아침 필자를 위해 수년째 기도를 해주고 계시는 경북 청도 운문사에서 52년째 상주하고 계시는 법계 명성 회주 스님을 비롯하여 문도 도반 스님들, 그리고 내 스스로 기도해 드리고 싶은 분들을 위한 축원기도 드리는 것으로 하루 일과를 환희심으로 시작한다.

부지런히 살아있음에
감사한 참마음으로

단 한순간만이라도 '이 세상 모든 것에 감사한 마음'을 한번 가져보는 것이 어떨까? 우리는 **'범사에 감사하라'**라는 선지자의 말씀을 종종 인용한다. 필자는 사소한 것에 대해서도 그저 '감사할 줄 아는 마음'을 '참나(眞我)의 마음공부'의 불씨 내지는 종자(씨앗)으로 삼아서, 가볍고 편안하게 자기를 돌아보는 '마음공부'를 하기를 권하고 싶다. 아침에 눈을 뜨자마자 **'와! 밤새 잘 자고 이렇게 멀쩡히 살아서 또 새로운 아침을 맞게 됨에 감사합니다.'** '생생히 살아 움직이며 무엇인가를 영위하기 위해 활동할 수 있도록 낳아주시고 길러주신 부모님께 한량없는 마음으로 감사드립니다.' 그리고 저녁에 잠들기 전에도 '오늘 하루를 무탈하게 잘 지낼 수 있게 해주신 데 대해 감사드립니다.'라고 부모님께든 부처님께든 창조주님께든 읊조리며 하루를 시작해 보고 또 하루를 마무리해 보기를 꼭 권하고 싶다.

이러한 좋은 습관을 하루 이틀 한 달 두 달 일 년 삼 년 십 년을 한결같은 마음으로 몸과 마음에 배도록 꼭 한번 해보시라. 금세는 몰라도 일정 시간 지나면 분명 뭔가 달라지는 좋은 변화의 조짐을 스스로 분명하게 알게 될 것이다. 우선 어느새 나의 마음가짐이 확연하게 달라지게 되고, 이런 나를 보고 대하는 상대의 반응과 태도도 달라지게 됨을 느끼게 될 것이다. 스스로 달라지게 보이려고 인위적으로 애쓰거나 또 상대방으로 하여금 달라진 모습을 보이게 하려고 굳이 신경 쓸 필요는 전혀 없다. 그냥 '무심의 마음으로 감사하고 감사하고 또 감사하라!' 그리고 사랑하라!

그다음 단계로, 매사에 이같이 '감사할 줄 아는 마음'과 함께 '이러한 내가 과연 혼자서 어디에서 왔는가?' '도대체 왜 이 세상에 왔는가?'라든가 '지금의 나를 있게 해주신 이 모든 것에 감사한 마음으로 어떻게 조금이라도 은혜 갚음을 하며 살아갈까?'와 같은 물음을 스스로 던지며 해답을 찾아보려는 마음을 내어보라. 하루에도 수십 번씩 혼자 있어도 누구를 대하고 만나서도 그야말로 〈행주좌와 어묵동정〉 매 순간순간마다 **'감사합니다!' '덕분입니다!' '사랑합니다!'**를 노래처럼 불러보라. 분명코 그리 오래 걸리지 않은 시간에 세상이 달라질 것이다.

이것이 '나의 마음 본래 찾기'의 가벼운 2단계로, 쉽게 생각하면 그 단계서부터는 자기 자신도 모르게 이미 어느 정도 '마음공부'가 된 자기수행단계(自己修行段階)에 접어들었다고 보면 된다. 잠시 선물(Present)과 감사(感謝)에 대한 정연복 시인의 시(詩) 한 편을 낭송해 보면서 지금(Present) 살아있음에 참으로 감사하다는 것의 의미를 조용히 음미해 본다.

선물과 감사
정연복

사람들은 남에게서 선물을 받으면
으레 감사의 말을 한다

작고 하찮은 물건 하나에도
고마움을 표현한다.

그러면서도 사람들은
더 중요한 사실을 잊고 있다

태어나서 죽을 때까지의
인생살이가

거반 선물로 채워져 있음을
의식조차 못 한다.

탄생 자체가
거저 주어진 신비한 선물이요

지금까지 내가 살아온 것도
남들의 베풂과 도움의 손길 덕분이요

내 주변의 자연 세계와
내 삶 속의 소중한 사람들

이 모두가 선물이라는 것을
까맣게 잊고 살아간다.

정연복(鄭然福)
1957년 서울 출생.
연세대학교 영문과와 감리교신학대학 대학원 졸업. 번역가이며 시인. 자연 친화적이고 낭만적인 색채의 시를 즐겨 쓴다.

텅 빈 마음으로 비우기… 진공묘유(眞空妙有)

이와 같이 자신의 수행을 부단히 해나가다 보면 제대로 된 마음공부 바탕으로 어느덧 '마음의 근원'인 '심원(心源)'을 스스로 비추어 볼 수 있는 이름하여 '회광반조(回光返照)' 경지에 이르게 될 수도 있다.

대개는 안거(安居)나 무문관(無門關) 수행과 같은 고도의 참선수행(參禪修行)을 하는 스님들이 '자신을 부르는 소리《공안 公案·화두 話頭》(주해서34)를 잡고 용맹 정진하는 수행법이기도 하다. '빛을 돌이켜 거꾸로 비춘다.'라는 뜻인 '회광반조'는 '사람이 죽기 직전에 잠시 온전한 정신이 돌아오는 것'을 비유하기도 하고, '촛불이 꺼지기 전에 한 번 밝게 타오르고 꺼지는 현상' 또는 '해가 지기 직전에 일시적으로 햇살이 강하게 비추어 하늘이 밝아지는 현상'을 말하기도 한다. 이러한 회광반조의 수행과정을 거치게 되면 어느새 자신도 모르게 서서히 마음이 비워지기도 하면서 아주 편해지는《진공묘유 眞空妙有》(주해서 35)의 묘미를 점차 조금씩 느끼게 되기도 한다.

필자는 이 자리를 빌려 불자이든 불자가 아니든 상식적으로 알고 있는 불전사물(佛殿四物)에 대해서 간단히 알아보면서 이 불전사물을 통한 진공묘유의 또 다른 묘미를 소개하고 싶다.

일반적으로 불가에서 우리가 알고 있는 사물은 사찰에 가면 흔히 볼 수 있는 법고(法鼓), 목어(木魚), 운판(雲板), 범종(梵鐘)을 말하는데 이 네 가지를 불전사물(佛殿四物)이라고 한다.

사찰에서 아침저녁으로 예불을 할 때 이 불전사물(佛殿四物)을 울리는데 법고, 운판, 목어, 범종 순서로 치게 된다.

그러면 불전사물에 대해서 하나씩 그 의미와 함께 진공묘유의 묘미에 대해 한 번 알아보기로 하자.

먼저 법고(法鼓)는 '부처님 법을 널리 전하는 북'이라는 뜻으로 보통 범종루에 걸어두고 예식을 할 때 치는 법구(法具)이다. 재질은 다른 북처럼 쇠가죽으로 만들며 절에서 사용하는 악기라서 도살하지 않고 자연사한 소의 가죽으로 만든다. '한쪽에는 황소 가죽을 다른 한쪽은 암소 가죽을 붙인다.'고 한다. 사찰에서 법고를 치는 이유는 땅위 축생(기거나 걸어 다니는 모든 중생)을 제도하기 위해서다. 보통 아침 저녁에 북을 치며, 마음 심(心)자를 그리듯 친다고 한다.

온갖 번뇌망상과 함께 어리석고 또 다투기를 좋아하는 습성이 있는 중생들이 둥~ 둥~ 하는 이 북소리를 들으면 자신도 모르게 마음 깊은 구석으로 파고드는 법고음에 취하여 어느 순간 가벼워진 마음과 함께 고요한 적멸에 들게 하기도 한다. 이와 같은 큰북(법고)의 가운데가 온전히 비어있지 않고 무엇인가로 꽉 차 있다고 생각을 해보라. 우리의 심금을 울리는 북소리가 제대로 나겠는가? 필자는 마음 심(心)자를 그리며 법고 치는 스님이 법고 삼매경에 드는 모습을 보게 될 때 마다 법고를 치면 칠수록 그 울리는 소리가 마치 나에게 '마음(心)을 비워라! 비워라! 그리고 또 또... 비워라!'는 소리처럼 강렬하게 들려와 한순간 온통 멍한 상태로 마음이 텅 비워짐을 매번 경험하곤 한다.

이것이 법고가 주는 진공묘유 첫 번째 또 다른 묘미이다.

두 번째로 운판(雲板)은 말 그대로 구름 모양의 철판이라는 뜻인데 재료는 청동이나 철을 구름무늬 모양으로 만든 판이다. 이는 하늘에 떠도는 허공중생을 제도하기 위해 치는 법구이다.

그야말로 한없이 텅 비어있는 대우주 허공에 매달린 운판을 울리게 되면 허공을 떠도는 영혼을 천도(遷度)하고, 공중을 날아다니는 날짐승들에게도 불법을 전하여 제도한다. 이와 같은 운판에는 구름 모양의 판 위에 보살상이나 비천상을 새기거나 승천하는 용, 구름 또는 달을 새겨 넣기도 한다.

이것이 한없이 텅 빈 허공으로 울려 퍼지는 운판이 주는 진공묘유의 두 번째 묘미로서 그 운판 소리를 듣는 순간 나도 모르게 영혼이 아주 맑아짐을 느낀다. 사찰 전각 처마에 매달려 있는 풍경의 땡그렁~ 땡그렁~ 하는 청아한 소리와 함께 자유자재한 '무애(無碍)'의 사색에 잠겨보는 환희심을 어디에서 느낄 수 있겠는가 싶다.

세 번째로 목어(木魚 이하 '목탁 木鐸'도 같은 의미로 보면 됨)는 나무로 만든 물고기를 말하며, 수중에 사는 물고기 등 수중중생들에게 불법을 전하고자 만든 법구이다. 목어는 나무 속을 파내어 물고기 모양을 만드는데 목어를 칠 때는 파내어서 텅 빈 속에 채를 넣어 안쪽을 두드려 소리를 낸다. 스님들이 염불이나 독경을 집선할 때 손에 들고 치는 목탁도 목어를 작게 변형시킨 것이라 할 수 있다. 사찰에 있는 대부분의 목어는 용두어신(龍頭魚身) 즉, 머리는 용의 모습에 여의주를 물고 있고 몸뚱이는 잉어를 닮은 모습에 화려한 색채를 띠고 배속은 완전히 텅 비어 있다.

필자는 불자로서 절에서 사부대중들과 예불을 드릴 때에나 필자가 직접 목탁을 치면서 혼자 예불을 드릴 때에도 속이 텅 비어 맑고 청아한 정근 목탁 소리가 온 법당에는 물론 내 영혼에까지 울려 퍼지면서 대자대비하신 관세음보살님께 '이 불자 마음(心)을 비우옵니다! 비우옵니다! 또 한량없는 마음으로 비우옵니다!'하며 기도를 드린다.

이것이 바로 목어(목탁)가 주는 '텅 빈 마음 비우기' 진공묘유의 세 번째 묘미이다.

마지막으로 범종(梵鐘)은 구리로 제작되기에 동종(銅鐘)이라고도 한다. 범종은 새벽 예불 시에 28번, 저녁 예불 시에 33번을 치며 불교의식이나 음악을 연주할 때 사용되었는데 시간을 알리거나 공양과 예배시간을 알려주는 중요한 법구이다. 범종소리는 번뇌를 씻어주고 마음을 안정시켜주며 지옥에 떨어진 지옥도중생을 제도한다. 또한 범천(梵天) 세계인 천상계에 있는 중생들도 이 종소리를 듣고서 진리를 깨우치게 해준다.

현재 우리나라에서 가장 많이 알려진 중요 문화재로는 상원사종(上院寺鐘 : 가장 오래된 종)과 성덕대왕신종(聖德大王神鍾 : 가장 큰 에밀레종)이 있다. 땅 아래로 아래로 또 대우주 범천으로 천상계로 울려 퍼지는 범종소리는 지옥에서 고통을 받고 있는 지옥중생의 고통을 잠시 잊게 해주며, 도리천 33천(天) 중생들에게도 진리를 깨우치게 한다.

그냥 쇳덩어리가 아닌 가운데가 텅 빈 범종을 당목으로 탕! 하고 치게 되면 은은한 여운을 내는 여음이 삼계(三界 : 욕계 欲界, 색계 色界, 무색계 無色界)에 울려 한없이 퍼져나가 천상과 지옥을 관통하며, 이 범종의 맑고 깊은 은은한 여음(맥놀이 공명)이 주는 청정함과 장엄함이 주어지는 진공묘유의 또 다른 묘미는 이 세상 그 어디에서 찾아볼 수 없다.

"빈방에 홀로 앉아 있으면 모든 것이 넉넉하고 충만하다. 텅 비어 있기 때문에 가득 찼을 때보다 오히려 더 충만하다."

법정스님 수상록 〈텅 빈 충만〉中…

언제 읽어도 나의 텅 빈 마음을 충만하게 채워주는 법정 스님의 글이다.

스님께서 하신 말씀같이 마음을 비우기가 여간 쉽지 않다. 종종 상대방과 대화 중 서로의 뜻이 맞지 않거나 심지어 큰 다툼이 일어났을 때 마지막 수단의 하나로 '나, 마음 다 비웠거든…' 하며, 상대방을 이해시키고 설득하려고 애쓴다. 그래도 설득이 되지 않을 경우에는 '내가 어떻게 하면 나의 비운 마음을 보여줄까?' 하며 답답해하는 마음을 감추지 못하기도 한다.

탐·진·치(貪瞋癡) 삼독심(三毒心)을 떠나 우리들은 많은 것을 '내 것'으로 소유하지 않으면 불안하다. 그래서 마음을 비우거나 버리고 소욕지족(少欲知足) 하는 마음을 갖기가 말처럼 쉽지 않다.

'마음을 비우고 버린다는 것'은 무슨 의미일까? 그리고 어떻게 하는 것이 '마음을 비우는 것'이고, 또 그 '비운 마음'을 상대방에게 어떻게 보여줄 수가 있을지 도무지 간단치가 않다.

간단히 비우지 않거나 버리지 않으면 안 될 수밖에 없는 몇 가지 실례를 들어보면 금세 이해가 될 것이다.

우리의 마음과 머리가 오만가지 잡생각이나 온갖 번뇌망상으로 가득 차 있다면 아무리 좋은 말이나 참신한 신지식 정보 같은 것이 있다 하여도 어디에 들어갈 자리가 있겠으며, 상대방의 올바른 말도 받아들일 수 있는 여유 공간이 있겠는가? 우리들 머릿속에 별 쓸데없는 생각이 많으면 정작 좋은 생각들이 가려져 많은 생각들 모두 쓸모가 없어지므로 차라리 아무것도 없는 가운데 일어나는 한 생각이 더 쓸모가 있을 수 있다. 우리 몸에 필요한 공기를 들이마신 폐(肺)에 나쁜 공기가 가득 차 있거나 장(腸)이 막혀 화장실에조차 못 가게 되는 경우를 생각해 보라. 어찌 되겠는가?

우리는 태생적으로 '살기 위해서 비워야 하고, 죽지 않기 위해서 버려야'한다.

가슴이 답답할 때 심호흡 한 번 하고 나면 몸과 머리가 가벼워지고, 참고 참던 용변을 비우고 난 뒤에 날아갈 듯 청량한 기분을 어찌 말로 다 표현하랴! 샘이 깊은 물은 아무리 퍼내도 마르지 않고 새로운 샘물이 솟아나듯 마음과 머리의 생각을 비우면 비울수록 그 비워져 넓어진 공간에 좋은 생각과 정보, 참신한 지혜가 스며들게 될 것이다. 그뿐이랴. 완전히 텅 빈 그 공간에 부처님의 가피나 원력 또는 대우주의 신선한 에너지 같은 것이 저절로 채워지게 될 것이다. '마음 비우기'를 어렵고 깊은 수행법으로 생각하지 않고 일상생활 가운데서 그냥 편하고 쉽게 응용해 보자. 실제적인 체험을 학습 삼아 비움(空)의 묘미를 느끼며 법정스님 같은 대선지식의 가르침대로 '텅 빔에서 오는 충만감'을 통해 마음에 깨끗함과 안정을 찾아보는 것이 쉬운 '마음 비우기'라고 생각한다. 이처럼 '텅 비어있는 상태'는 우리들의 삶에서 생존과 번영 그리고 영속을 위해서 반드시 필요하다.

불교에서는 이를 공(空)이라고 하는데, 텅 비어있지만 아무것도 없는 것이 아니라 무언가 의미 있는 것들로 꽉 차 있는 상태를 진공묘유(眞空妙有)라 한다. 잠시 법정 스님의 수상록 '텅 빈 충만' 한 대목을 조용히 낭송해 보면서 비움의 의미를 음미해 본다.

텅 빈 충만

비워야만 볼 수 있는 것

법 정

이제 내 귀는 대숲을 스쳐 오는
바람 소리 속에서,
맑게 흐르는 산골의 시냇물에서,
혹은 숲에서 우짖는 새소리에서,
비발디나 바흐의 가락보다 더 그윽한 음악을
들을 수 있다.
빈방에 홀로 앉아 있으면 모든 것이 넉넉하고
충분하다.
텅 비어 있기 때문에 오히려 가득 찼을 때보다도
더 충만하다

법정(法頂)스님(1932.11.5~2010.3.11.)
속명(본명) 박재철(朴在喆), 전남 해남 출생으로 대한민국의 불교 승려이자 수필가.1954년 효봉 스님의 제자로 출가.
1970년대 후반에 송광사 뒷산에 손수 불일암(佛日庵)을 지냈음. 시민모임 '맑고 향기롭게' 회주, 서울 성북동 길상사 회주를 지냈음. 스님의 생전에 펴낸 책 〈무소유〉, 〈서 있는 사람들〉, 〈버리고 떠나기〉, 〈산에는 꽃이 피네〉 등 30여 권 모두 절판됨. 스님이 유언장에 "그동안 풀어놓은 말빚을 다음 생으로 가져가지 않으려 하니 부디 내 이름으로 출판한 모든 출판물을 더 이상 출간하지 말아 주십시오"라고 적었기 때문임.

버리고 얻는 아름다운 참마음…
더 버릴 것 없이 떠난 法頂스님

"버리고 비우는 일은 결코 소극적인 삶이 아니라 지혜로운 삶의
선택이다.
버리고 비우지 않고서 새것이 들어설 수 없다. 공간이나 여백은
그저 비어있는 것이 아니라 그 공간과 여백이 본질과 실상을 떠
받쳐주고 있다."

법정 스님의 수상록 『버리고 떠나기』 중에서…

우리 인간은 누구나 오욕칠정(五慾七情)에 사로잡혀 살아가고
있다고 해도 지나친 표현이 아니다. 아무리 스스로를 통제하려
고 해도 이 오욕칠정의 감정이 우리를 온통 사로잡고 있다. 희로
애락(喜怒哀樂)은 사람이 살아가면서 느끼는 네 가지 감정, 기쁨
과 노여움과 슬픔과 즐거움으로 인간이 갖고 있는 온갖 감정을
이르는 말이다. 오욕(五慾)은 사람이면 누구나 가지고 있는 다섯
가지의 근본 되는 욕심으로 색(色)·성(聲)·향(香)·미(味)·촉(觸)
의 다섯을 오경(五境)이라 하는데, 이것이 각각 안(眼)·이(耳)·비

(鼻)·설(舌)·신(身)의 오관(五官)의 대상으로 사람의 욕망(慾望)을 일으키는 원인이 되므로 오욕(五慾)이라 한다. 먹고 싶은 욕심 식욕(食慾), 가지고 싶은 욕심 물욕(物慾), 잠자고 싶은 욕심 수면욕(睡眠欲), 유명해지고 싶은 욕심 명예욕(名譽欲), 종족보존을 위한 이성에 대한 욕심 색욕(色欲)을 말하기도 한다. 칠정(七情)은 예기(禮記)의 예운(禮運)과 중용(中庸)에 나오는 말로 인간이기 때문에 가지고 있는 일곱 가지 감정으로 기쁨(喜)·노여움(怒)·슬픔(哀)·즐거움(樂)·사랑(愛)·미움(惡), 욕망(欲)의 자연적 감정을 말한다는데 유교에서는 이 가운데 즐거움(樂) 대신 두려움(懼)을 넣기도 한다. 이와 같은 기쁨, 노여움, 슬픔, 즐거움, 미움, 욕망, 사랑의 칠정(七情) 중 좋은 감정은 기쁨, 즐거움, 사랑 세 가지에 그치지만 나머지 네 가지 감정인 노여움, 슬픔, 미움, 욕망은 우리를 힘들게 하는 느낌이다. 그만큼 우리를 힘든 길로 이끌어 가는 일이 많다는 얘기다. 살아가면서 사람다운 대우를 받다 가는 것이 사람에게 있어 최상의 아름다운 삶으로 일컬어진다. 그런 삶을 살려면 오욕칠정의 감정을 잘 조화시켜 나가야 하는데 그게 생각처럼 여간 쉽지가 않다.

오늘날 세상이 시끄러운 게 못 배운 사람이 많아서 그런 게 아니라 잘못 배운 사람들이 많아서 그런 것이다. 오욕칠정으로 범벅이 된 오탁악세의 사회생활을 하면서 '마음을 비우고 산다.'라는 것은 좀처럼 힘든 일이다. 일찍이 성현 공자(孔子)는 나이 오십을 지천명(知天命)이라 하였고 육십을 이순(耳順), 칠십을 종심(從心)

이라 하였다. 나이 쉰이 되어서야 인생이 뭔가를 알았고 예순에야 어떠한 말을 들어도 감정 상하는 일이 없었고 일흔이 되어서야 욕심과 감정을 다스릴 줄 알았다고 한다. 이처럼 우리는 우리가 태어날 때부터 주먹을 꽉 쥐고 있는 것처럼 탐·진·치(貪·瞋·癡) 삼독(三毒) 중 탐욕심(貪慾心)과, 오욕 중 물욕(物慾) 등 무언가 갖고 싶은 욕망으로부터 결코 자유로울 수 없다.

문제는 그렇게 무언가를 잡으려고 하면 할수록 그 욕망은 더 커지게 되고, 결국에는 집착과 함께 고통이 따르며, 집착과 욕심은 포기할 줄 모르는 마음을 일으켜 결국 무엇을 잃게 될까 봐 두려운 마음을 가지도록 이르게도 한다.

우리가 살면서 상대방을 설득하려고 할 때 '나 별 욕심 없거든'이라든가 또는 '나 진즉 그 욕심 버렸다!'라는 말을 한다.

'욕심이 없다.' '욕심을 버렸다.'라고 할 때는, 이미 내가 갖고자 하는 실체를 어느 정도 인지하고서 그 '인지한 것'과 마음의 욕심을 서로 견주어 보아 한발 뒤로 물러나 양보해도 되겠다고 생각하여 그런 표현을 쓴다고 볼 수 있겠다. 그래서 그 같은 욕심 버림은 진정한 마음의 버림이 아니다. 이 대목에서 진정한 의미의 버리기를 알아보고자 무소유의 으뜸가는 표상으로 일컬어지는 법정 스님에 관한 아름다운 얘기와 실제 생활에서 버릴수록 기분 좋은 변화가 생기는 모습을 잘 보여주는 '정리 생활의 달인' 야마시타 히데코(やました ひでこ)의 『다시 버리기로 마음먹었다』를 간단히 소개하고자 한다.

법정 스님의 생애는 몇 차례의 '버리고 떠나기'로 정리할 수 있다.

첫 번째는 출가(出家)다. 외아들로 태어나 어려서부터 책 읽고 사색하는 것을 좋아했던 청년은 1954년 싸락눈이 내리던 날 홀연히 집을 나서 머리를 깎았다. 평소 흠모했던 등대지기의 꿈을 접고 '진리의 빛'을 찾아 나선 것이다. 사랑하는 이들과 세속적 욕망을 버리는 대신 그는 진리의 세계로 들어설 수 있었다.

두 번째는 1975년 10월 1일 서울 봉은사 다래헌(茶來軒)에서 전남 순천 조계산 자락 불일암(佛日庵)으로 들어간 일이다. 글 잘 쓰고 의식 있는 40대 초반의 촉망받는 중진 스님이었던 그는 '시국 비판이나 하며 글재주만 부리다가는 중노릇 제대로 못 하겠다'라는 생각이 들자 모든 것을 내던지고 산속으로 들어갔다. 한 칸 암자에서 혼자 밥 짓고 밭을 매며 17년을 지내면서 『무소유』, 『산방한담(山房閑談)』, 『텅 빈 충만』 등 10여 권의 산문집을 펴냈다. 승속(僧俗)의 명예를 과감히 떨쳐 버린 덕분에 사색의 자유와 자연과의 교감을 얻게 된 것이다.

세 번째는 1992년 4월 19일 강원도 산골 문패도 번지수도 없는 오두막으로 다시 거처를 옮긴 일이다. 이런저런 인연으로 산중 암자에 방문객이 늘어나고 글 빚도 지게 되면서 수행에 지장을 받게 되자 더 깊은 산속으로 들어가셨다. 지인들은 물론 몇 안 되는 상좌조차 스님의 거처를 모르게 사는 곳을 알려주지 않았다. 스님이 '누군가 내 거처를 알게 되면 나는 더 깊은 곳으로 들어갈 것'이라고 했기 때문이다. 큰스님으로 불리며 절집의 높은 자리에 앉는 대신 자신만의 수행 공간과 절대 고독의 희열을 얻게 된 것이다.

네 번째는 2003년 12월 21일 한 여신도가 오랜 간청 끝에 스님에게 시주한 서울 성북동 길상사의 창건 6주년 기념 법회에서 회주(會主 절의 원로 스님) 자리를 미련 없이 내놓은 일이다. 주지 한 번 맡지 않았던 스님이 떠밀리다시피 맡았던 자리였다. 하지만 차츰 틀이 잡혀가자 '수행에는 정년이 없으나 직위에는 반드시 정년이 있어야 한다.'라는 평소의 소신을 주저 없이 실천하셨다. 많은 이가 아쉬워했지만, 스님은 큰 짐을 벗어 던진 듯 아주 편안한 모습이었다. 스님은 이따금 '때가 되면 아무도 모르는 곳에 가서 육신을 벗어버리고 싶다'고 지나치듯 말하신 대로 2010년 3월 11일 더 버릴 것도 가질 것도 없이 천상계로 떠났다.

『다시 버리기로 마음먹었다』의 저자는 자신의 정리법인 단사리(斷捨離)를 '치우지 않는 정리법'이라고 말한다. 단사리는 지금의 나에게 어울리는 물건을 선택하도록 돕는 과정이므로 치운다는 다소 귀찮은 행동 자체가 불필요하기 때문이다. 그는 우리에게 왜 정리가 필요한지 그 이유를 정확히 짚어준 뒤, 정리를 하고 난 후 원상태로 돌아가지 않도록 물건이 있어야 할 최적의 공간 활용법 등을 알려준다. 그저 방을 깨끗하게 하는 것이 목적이 아니고, 진정한 자신에 대해 알고 좋아하게 되는 과정이다. 스스로에게 '이 물건과 나의 관계는 어떤가, 서로 공존하고 있는가.'를 물으며 줄여

나가기만 하면 되므로 특별히 버리거나 정리하는 기술도 필요하지 않다. 물건을 잘 버리지 못하겠다는 말에는 '버리고 싶지 않다'라는 심리가 숨어 있다. 저자는 이런 사람에게 타인의 시선으로 집을 살펴보고, 이곳이 무엇을 위한 공간인지 다시 생각하라고 조언한다. '나'와 '지금'을 중심에 놓고 생각하면 '아깝다'라는 생각을 버리고 나에게 잘 어울리고, 쓸모가 있는 물건만을 선택할 수 있게 된다. 이 물건이 지금의 나에게 어울린다는 판단은 결국 자신만이 아는 행위다. 물건을 통해 계속 연습하는 과정에서 셀프 이미지를 진단할 수 있게 된다. 자신을 제대로 알고, 과거의 자신을 버리고 적극적으로 살아가게 된다. 그렇기 때문에 물건을 줄이다 보면 인간관계도 변화한다.

마음이나 태도같이 보이지 않는 세계도 변화하면서 자기긍정감이 생기고, 스스로를 먼저 가치 있는 존재로 대하기 때문이다.

물건과 마음 정리로 내 주위를 다스린다. 더하기가 아닌 빼기의 삶을 시작한다. 저자도 원래 독자들과 하나도 다르지 않았다. 버리지 못하고, 버리고 싶지만 정리하지 못하고, 조금 치웠다가도 금세 원래대로 돌아가곤 했다. 그러다 깊은 산속에 꼭 필요한 최소한의 물건만 갖춘 산장에 머문 것을 계기로 '빼기'의 삶을 시작했다.

작은 것 하나에서부터 시작하는 정리가 돈, 시간, 인간관계까지 폭을 넓혀 삶 전체에 영향을 미쳤다. 끊고 버리고 벗어나는 행동이 삶을 변화시킨다는 것을 수천 수만의 사람들을 컨설팅하며 경험했다. 그렇기에 이 책은 정리하지 못해 힘들어하는 당신을 위한 것이다. 지금 현재 나에게 맞지 않는 물건을 과감히 버리고 치우다 보면 주변은 나에게 꼭 필요한 물건들로 채워지고, 결과적으로 내가 정말로 원하는 것이 무엇인지 나아가 진정한 나는 누구인지를 알게 된다. 단사리는 끊고(단) 버리기(사)를 실행함으로써 물건에 대한 집착에서 벗어나 경쾌하고 자유롭게 살도록 돕는 마음공부이자 철학이다. 단사리가 진행되면 될수록 시간과 노력은 덜 들고, 매일 쓸고 닦지 않아도 집이 깨끗하게 유지된다. 그에 따라 자기 긍정감도 높아지고, 삶의 만족도가 높아진다. 좋은 사람과 있으면 유쾌해지고 좋은 에너지가 생기는 것처럼, 나 자신을 중심에 두고 물건을 정리하면 삶 전체에 좋은 효과를 불러온다.

지금부터 과감히 버리고 좋아하는 물건만 곁에 둬보자. 남에게 보이는 것보다는 스스로 만족하고 행복한 삶으로 방향을 바꾸자. 이러한 습관으로 인생 자체를 완전히 바꿔보자. 이 책이 그 길을 밝혀줄 것이다.

야마시타 히데코(やました ひでこ)

도쿄 출신. 와세다대학교 문학부 졸업. 대학 시절 알게 된 요가의 행법철학 '단행(斷行)·사행(捨行)·이행(離行)'을 깨달음. 그 후 물건 정리법을 통해 누구나 실천 가능한 자기탐구 방법이자 정리기술인 '단사리'를 고안. '단사리'를 통해 일상의 정리법과 누구나 실천할 수 있는 정리·수납·청소 개념을 새롭게 도입. '단사리'를 주제로 한 첫 번째 저서 『단사리(斷捨離)』는 일본은 물론이고 대만, 중국 등에서도 베스트셀러 기록. 이후 『부감력(俯瞰力)』, 『자재력(自在力)』으로 이어지는 단사리 3부작을 비롯해 집필하거나 감수에 참여한 서적 판매량 총 400만 부를 넘음. 그녀의 책은 '클러터 컨설턴트'로서 전국에서 단사리를 전파하고, 신문, 잡지, TV 등 다양한 활약을 이어가고 있음.

참마음 아래로 하나…
하심(下心)

　참된 삶을 살아감에 있어 마음공부와 관계없이 자신의 마음을 스스로 낮추는 사람을 보면 왠지 모르게 고개가 숙여지고 존경스럽기까지 한다. 그런 사람들은 자기를 낮춤으로써 겸손의 미가 있어 보이고, 남을 높이거나 때로는 받들기도 하여 참으로 겸양하고 덕스러우며 아름다운 모습으로 보이면서 말없이 본보기가 되고 또한 가르침을 주기도 한다.

　가끔 무슨 일이 마음먹은 대로 되지 않을 때나 불타는 의지나 의욕으로 무언가 제대로 이루어지지 않을 때 '내가 하는 일은 왜 이런지 모르겠어요. 나의 욕심이 좀 과했나? 하심해야 하는데 잘되지 않아요.'라고 스스로 물음을 던지기도 한다. 다시 말해서 하심해야 하는데 나도 모르게 자꾸만 '나(我)'가 툭 튀어나온다는 하소연이다.

　'자기를 낮춘다.', 스스로 자기의 진실한 마음을 내려놓는다는

뜻의 하심(下心)이란 말은 참 좋다. 아마도 아래 하(下)자가 주는 낮은 대로 임하는 느낌과 더불어 겸손한 마음 심(心)자가 주는 편안함 때문에 물 같은 마음 하심(河心)일지도 모르겠다.

동서고금을 통해서 '하심'은 단연코 많은 사람의 사랑을 받고 있다. 종교관을 떠나 하심이라는 말에는 누구나 고개를 깊이 끄덕인다. 하심은 불교에서는 **'자신을 낮추고 남을 높인다.'**라는 뜻이라고 설명하고 있다. 그리고 스님들의 법문이나 저술에서 하심이란 단어가 자주 등장하기도 하며, 천주교나 기독교에서 일상적인 기도문으로 '낮은 대로 임하소서…'하며 찬송을 하기도 한다.

우선 나 자신을 낮추고 살면 만고의 마음이 편안하다.

나아가서 부처님께 합장하고 《접족례 接足禮》^(주해서 36)를 올리듯 상대방을 높이거나 받들면 그보다 더한 선근 공덕 쌓기가 어디에 있을까? 싶다. 스스로 우러나는 마음에서 생기는 한없는 자신의 낮춤은 평상심의 길(道)에 이르게 하기도 하고 초심(初心)으로 돌아가는 첩경에 들게 하기도 한다.

나 자신을 스스로 낮추게 되면 무엇보다도 맨 먼저 '남을 업신여기는 마음'이 아예 생기지 않거나 있어도 금세 사라지게 된다. '남을 업신여기지 않는 마음'이야말로 《사단 四端》^(주해서 37)의 하나인 '측은지심(惻隱之心), 어려움에 처한 사람을 애처롭게 여기는 마음'을 일으키게 한다. 노자 도덕경 8장에 나오는 《상선약수 上善若水》^(주해서 38) '가장 아름다운 인생은(上善) 물처럼 사는 것(若水)'과 '거선지(居善地) 물은 낮은 곳으로 임한다.'와 같은 경지에 이르며 살아가는 선인 같은 마음에 이를 수 있다고 할 수 있겠다. 남을 업신여기지 않는 대표적인 인물로 〈묘법연화경〉에 등장하는 《상불경보살常不輕菩薩》(주해서 39)을 들 수 있다. 그는 언제나 만나는 사람마다 예배하고 가벼이 여기지 않으며 '당신은 장차 부처님이 되실 분입니다'라고 찬탄하였다. 물론 그의 공손한 찬탄은 때때로 오해를 불러와서 사람들은 오히려 '누굴 놀리냐!'라며 비난하거나 심지어 때리기까지 했지만, 경전 속 상불경보살은 그런 사람들을 피해 멀리 달아나면서도 쉬지 않고 '당신은 부처님입니다'라고 소리쳤다고 전한다.

이처럼 경전이나 동서고금의 고전에서 자주 볼 수 있는 하심은 자신을 낮추는 것뿐만 아니라 상대를 업신여기지 않고 높인다는 뜻이 뒤따른다. 그런데 주변을 둘러보면 하심을 최고의 덕목으로 꼽는 선지자들이 가끔 많은 반면 '불경(不輕, 남을 업신여기지 않음)'을 실천하는 이들은 그만큼 많지 않은 것 같다.

실상 겉으로는 하심을 내세우면서 '상대방이 낮은 차원의 중생이니까 나라도 그 수준에 맞춰줘야지 어쩌겠어?'라는 모습을 종종 보게 될 때마다 진정 이런 생각에서 하심을 실천한다면 아상과 아집으로 꽉 찬 마음가짐이라 하지 않을 수 없겠다. 대체 자신이 얼마나 높고 훌륭하기에 낮출 정도까지 되었다는 말일까? 싶다. 하심이 철저하게 자신에게 집중된 마음공부요 수행덕목이라면 '상대방을 업신여기지 않고 높이는 일'은 완벽하게 대상과의 관계 속에서 이루어지는 보살도행(菩薩道行)이라고 생각한다. 비록 많이 부족하고 심술궂고 제멋대로이며 난폭하기까지 한 상대방일지라도 내 주관으로 바라보고 판단하지 말고, 그 역시 소중하고 존귀한, 딱 나(我)처럼 남에게 존중받아야 할 존재라고 인정하고 받아들이면 얼마나 편하고 좋을까? 이러한 사람을 싫어하는 사람이 있을까 한다. 마음공부 중 '나(我)를 얼마나 비웠나 낮추었나.'를 가늠하느라 지쳤다면 생각의 방향을 조금 바꿔 상대방을 얼마나 있는 그대로 존중하고 있는가를 되새겨볼 일이다. 그러면 내 마음 수행의 온기가 좀 더 따뜻해져옴을 느낄 수 있다.

잠시 행복이야기 〈happy story〉에 실린 좋은 글 한 편을 음미해 본다.

① 어떤 사람이
영험하다는 스님을 찾아가 물었습니다.

"스님, 저는 사는 게 너무 힘듭니다.
매일같이 이어지는 스트레스로 인해
너무나도 불행합니다.
제발 저에게 행복해지는
비결을 가르쳐 주십시오."

이 말을 들은 스님은
"제가 지금 정원을 가꿔야 하거든요.
그동안에 이 가방 좀 가지고 계셔요."라고
부탁을 합니다.

가방 안에는 무엇이 들었는지 모르지만
그렇게 무겁지는 않거든요.

② 그는 행복의 비결을 말해주지 않고
가방을 들고 있으라는 부탁에 당황하기는 했지만,
정원 가꾸는 일이 급해서일 것이라고
생각했습니다.

그런데 시간이 지나면서
점점 무겁다는 생각이 드는 것입니다.

30분쯤 지나자 어깨가 쑤셔옵니다.
하지만 스님은 도대체
일을 마칠 생각을 하지 않고 있었지요.

참다못한 이 사람이 스님께 물었습니다.
"스님, 이 가방을
언제까지 들고 있어야 합니까?"

③ 이 말에 스님은 한심하다는 표정을 지으며
이렇게 말했습니다.
"아니 무거우면 내려놓지
뭐하러 지금까지 들고 계십니까?"

바로 이 순간 이 사람은
커다란 깨달음을 얻을 수 있었다고 합니다.

행복하기 위해서는 바로 자신이 들고 있는
것을 내려놓으면 되는 것이었습니다.

내려놓으면 편안해지고 자유로워지는데,
그 무거운 것들을 꾹 움켜잡고
가지고 있으려고 해서 힘들고 어려웠던 거지요.

④ 우리는
혹여 내가 내려놓지 못하는 것이
너무 많은 것이 아닌지요?

모두 내려놓으세요.
그래야 행복이 바로 내 옆에 있음을
발견할 수 있습니다.

내려놓고, 더 내려놓고 사는
여유롭고 행복한 당신이었음 좋겠습니다

- 행복 메시지 중 -

참마음 아래로 두나…
방하착(放下著)

우리가 살아가다 '이젠 그만 다 내려놓자' '내려놓고 마음을 조금 비우자'라며 새롭게 마음을 추스르며 어려운 국면을 바꾸어 보려고 애쓰는 경우가 많다.

어찌 보면 포기하자는 말 같기도 하고, 진정으로 욕심을 버리자는 의미로 들리기도 한다.

돈이든, 명예든, 사랑이든, 행복이든, 높은 자리든 간절히 얻고자 하는 것을 이루다가 실패했을 때 그렇게 성취되길 원했던 '그 마음을 그만두거나 내려놓자.'라며 자조적인 말로 스스로를 달래며 하는 말일 수도 있겠다.

그토록 간절했던 것에는 간절했던 어떤 이유가 있기 마련이고, 그 간절했던 크기나 가짓수만큼 무게 또한 엄청 무거웠을 것은 누구나 쉽게 짐작할 수 있겠다. 그리고 지금 이 순간에도 우리는 양어깨에 그러한 등짐을 한 짐씩 짊어지고서 아등바등 살아가고 있을 법하다.

한 번쯤은 잡고 싶은 것을 놓아주는 여유를 가져보면 어떨까? 싶다. 선지자는 말한다.

'행운은 놓아 버릴 때 다가온다.'라고. 이미 아닌 것을 움켜잡고서 놓지 못하면 끝내는 몸과 마음 그리고, 영혼마저 상하기가 십상이다. 때로는 잡고 싶으면 놓아줄 때를 아는 용기와 지혜도 필요하다.

우리의 삶이 어려운 것은 잡을 것은 놓고, 놓아야 할 것은 잡기 때문일지도 모른다. 무엇을 잡는다는 것은 그 무엇에 대한 집착이다. 집착은 이미 없거나 노력해도 잡을 수 없는 것에 대한 에너지 낭비로 상당한 대가를 치르게 하기 마련이다. 성인군자도 집착심을 쉽게 버리지 못한다. 집착은 거미줄에 붙들린 바람 같고, 그 집착심에 따르는 미움은 바람에 흔들리는 거미줄 같아 악마가 쳐둔 촘촘한 집착이라는 그물망에 한 번 걸려들면 아무리 발버둥 쳐도 쉽게 빠져나오지 못하고 끝내는 몸도 마음도 상처를 입게 된다.

집착은 영혼의 진기를 뽑아가는 마귀 같고, 스스로를 옥에 가두는 칠흑 같은 무간지옥에서 몸부림치게 하는 아집 덩어리이다.

우리가 용기와 담력을 기르기 위해 번지점프 대에서 뛰어내릴 때도 자기를 내려놓고 몸을 던져야 한다. 그러지 못하면 뛰어내릴 수 없고, 용기와 담력을 키우기는커녕 그냥 그 자리에서 오줌 지리며 주저앉고 만다. 꼭 잡고 싶으면 가볍게 놓아줄 줄도 알고, 반대로 상대방이 주는 고통을 풀려고 억지로 매달리지 말아보자. 그리고 집착을 놓고 버려서 심신의 자유와 영혼의 평안을 찾아보자.

집착을 놓아줌은 때로는 거미줄로 바람을 묶듯이 또 때로는 바람으로 거미줄을 묶듯이 지혜로운 용기가 필요하다. 우리의 삶의 순연 과정에서 집착을 하면 할수록 삶의 공간이 좁아지고, 반대로 놓아주면 놓아줄수록 그민큼 여유가 생기며, 비리면 버릴수록 자유로운 향기가 그득한 공간이 생긴다.

집착할수록 내 스스로를 옭아매게 되고, 집착을 놓아줄수록 내 마음은 한결 여유로우며, 또한 버릴수록 나의 행복 곳간은 무한히 커진다.

떠날 때 버리고 갈 것이라면 지금 바로 놓아주고, 없어도 사는 데 크게 불편하지 않으면 마음 두지 말고 과감히 버려보자.

불가에서 흔히 이르는 말로 방하착(放下着) 착득거(着得去)라는 말이 있다. 우리말로 바꾸어 말하면 방하착은 '마음을 내려놓아라, 마음을 비워라.'라는 뜻이고 착득거는 '마음에 있는 모두를 그대로 지니고 떠나라'란 뜻이다. 방하착과 착득거는 반대어처럼 보이지만 서로 상통하는 대비어 관계이다. '방하착과 착득거'라는 말의 어원은 중국 당나라 때의 일화에서 연유한다. 어느 날 탁발승 엄양존자가 선승(禪僧)《조주선사 趙州禪

師》^(주해서 40)를 찾아가 가르침을 청했다. 엄양존자가 '하나의 물건도 가져오지 않았을 때는 어찌합니까.'하고 물으니, 조주선사는 '방하착(放下着)하라'고 답한다. 엄양존자는 어리둥절하여 손에 든 염주와 짚고 온 지팡이를 내려놓았다. 그리고 다시 물었다.

'한 물건도 갖고 오지 않았는데 무엇을 방하착하라는 말씀이신지요?' 하니 다시 '방하착하거라.'라고 한다. 등에 멘 걸망까지 내려놓고 손을 털면서 '몸에 지닌 것이 하나도 없는데 무엇을 내려놓으란 말입니까?'하니 조주선사는 '그러면 착득거(着得去)하거라.'라고 말했다 한다.

방하착(放下着)의 방(放)은 놓는다는 뜻이고, 하(下)는 나무의 근원인 뿌리 격이며, 즉 내 인생의 주인공인 '참나(眞我)'를 의미한다. 착(着)은 집착(執着)이나 애착(愛着)을 의미하며, 착(着)은 세상에 나서 득(得)했지만 생의 마지막까지 함께할 수 없는 것을 뜻하는 성격이 강하다.

공수래공수거(空手來空手去)라는 말처럼 모든 것이 공(空)하므로 온갖 번뇌와 집착, 그리고 탐욕심에 얽힌 모든 것을 부처님께 공손히 바치고 마음을 내려놓으란 뜻이 방하착이다. 즉 나와 내 것에 매달린 어리석은 아상(我相)과 아집(我執)으로부터 벗어나란 말로 '마음을 내려놓으라, 마음을 비워라'는 것이다.

방하착과 대비되는 '착득거(着得去)'란 말은 '마음에 지닌 온갖 잡상을 그대로 지고 그냥 가시게나'라는 깊은 뜻을 포함하고 있다. 즉 마음속에 갖고 있는 온갖 번뇌와 갈등, 오욕칠정을 포함한 유무형의 가치를 그대로 가지고 여기를 떠나라는 선승의 말이다. 도종환 시인의 '단풍드는 날'을 음미하며 방하착의 의미를 되새겨 본다.

단풍드는 날
도종환

버려야 할 것이
무엇인지를 아는 순간부터
나무는 가장 아름답게 불탄다

제 삶의 이유였던 것
제 몸의 전부였던 것

아낌없이 버리기로 결심하면서
나무는 생의 절정에 선다

방하착(放下着)

제가 키워 온
그러나 이제는 무거워진
제 몸 하나씩 내려놓으면서

가장 황홀한 빛깔로
우리도 물이 드는 날

도종환(都鍾煥. 1955.9.27~)
대한민국 시인 정치인.
제19·20·21대 국회의원. 제7대 문화체육관광부장관 역임. 1984년 동인지《분단시대》를 통해 작품 활동 시작. 1990년 제8회 신동엽창작기금 수상. 1997년 제7회 민족예술상, 2006년 제2회 거창 평화인권문학상, 2008년 제2회 제비꽃시인상, 2009년 제22회 정지용 문학상, 2010년 제5회 윤동주 문학 대상, 2011년 제13회 백석문학상, 2012년 제20회 공초문학상 수상. 시집《고두미 마을에서》,《접시꽃 당신》,《지금 비록 너희 곁을 떠나지만》, 산문집《지금은 묻어둔 그리움》등 있음

참마음 허공에 달고…
공수래공수거(空手來空手去)

　2019년 도서출판 행복에너지에 실린 필자의 졸작 詩 한 편
과 승려 석찬의 《석문의범 釋門儀範》[주해서 41]에 있는 영가법문
(永嘉法文)을 조용히 음미해 본다. 우리는 주위에 마음이 너그
럽고 아량이 넓은 사람을 보면 왠지 그 사람에게 다가가고 싶
기도 하면서 훈훈한 느낌과 함께 친근감이 든다. 아량(雅量)의
사전적 의미는 '너그럽고 속이 깊은 마음씨'라고 되어있다.

　이러한 아량도 곧 마음의 심연에서 생겨난 것으로 볼 수 있
는데 그 크기로 말할 것 같으면 과연 얼마나 클까? 한 바다(大
海)보다도 더 클까? 우주보다도 더 클까? 흔히 불자들이 부처
님의 공덕을 찬탄하는 게송으로 '우주의 먼지같이 많은 마음
생각을 헤아려 알고 대해의 바닷물을 다 마시고 허공을 다 헤
아리고 바람을 휘어잡는 능력이 있어도 부처님의 공덕은 다 설

공수래공수거(空手來空手去)

황성구

한잠 자고 깨어보니 낯선 길에 네가 있네
내 꿈에 보인 자리 너와 내가 같이 있네

다시 한번 돌아보니 있던 길 네 안보이네
사라진 건 내 꿈이요 남은 건 네 허상이라

흐른 물에 포말되어 어디론가 시리지고
잠깐 보인 아침이슬 어느샌가 없어졌네

빈 손으로 오고가고 구름처럼 떠나버린
너와 나 본래 자리 형상 아닌 마음이라

석문의법 중 영가법문

승려 석찬

빈손으로 왔다가 빈손으로 가는 인생이여
날 때에는 어디로부터 왔으며
죽을 때는 어느 곳으로 가는가
나는 것은 한 조각구름이 인 듯하고
죽는 것은 한 조각구름이 스러지는 듯
뜬 구름 자체는 본래 실체가 없나니
죽고 사는 것도 역시 이와 같도다
여기 한 물건은 항상 홀로 드러나
유쾌하게 나고 죽음에서 벗어났도다

空手來空手去是人生 生從何處來
死向何處去 生也一片浮雲起
死也一片浮雲滅 浮雲自體本無實
生死去來亦如然 獨一物常獨露
湛然不隨於生死

할 수 없네. 찰진심념가수지 대해중수가음진 허공가량풍가게 무능진설불공덕 (刹塵心念可數知 大海中水可飲盡 虛空可量風可繫 無能盡說佛功德)'라며 염불을 하기도 한다.

『화엄경』에 '허공이 우리 마음의 큰 깨달음 속에서 나온 것으로 마치 바다에서 물거품이 하나 일어난 것과 같다'라고 하였다.

이렇듯 마음의 크기는 도저히 알 수 없는 것으로 그 마음의 밑바닥까지 속속들이 남김없이 깨달아서 그 마음의 공덕을 다 지니신 분이 부처님이라고 했다.

그 어떤 능력이 있다 해도 부처님의 공덕은 헤아릴 수 없으

123
3장_참마음으로 살아가는 행복

며, 다 설명할 수도 없다. 마음과 부처와 중생은 차별이 없다는 『화엄경』의 가르침대로 그 모든 공덕이 결국은 모든 사람들의 한결같은 마음임을 알 필요가 있다.

부처님 같은 마음으로 내 마음을 허공(虛空)에 달고서 부처님을 찬탄함은 곧 내 마음을 찬탄하는 것이요 이는 곧 모든 사람을 찬탄하는 일이며, 사람들이 보고 듣고 하는 일상적인 삶 모든 것을 찬탄하는 일일 것이다.

내 마음을 허공에 달고서 부처님을 찬탄하다 보면 문득 내가 허공에서 왔다가 또다시 허공으로 가는 느낌을 받기도 하면서 불교의 《석문의범 釋門儀範》에 있는 영가법문(永嘉法文)에 실린 시 한 구절을 다시 한번 떠올려본다.

대개 사람들은 이 시(詩)를 읽고 나서 흔히 하는 말처럼 '인생이란 빈손으로 왔다가 빈손으로 가는 것'이기에 한마디로 허무하다며 인생무상을 생각한다. 그러나 필자는 생각이 조금 다르다. 그 해답은 아주 간단하다. 인생이 허무한 것이라고 생각한다면 '나는 왜 태어났단 말인가?' '아무런 삶의 의미도 목적도 모른 채 그야말로 허무한 인생을 살다가 그냥 또다시 허무하게 가야만 하는 걸까?'라고 묻지 않을 수 없다. 이와 같은 평범한 물음에 '과연 그렇다.'라고 누가 쉽게 답하겠는가? 싶다.

경전에서 이르는 '공수래공수거 이 세상에 빈손으로 와서 빈손으로 간다.'는 말에는 '살아가면서 아무리 재물을 탐하고 권력을 좇아도 결국 모두 부질없으므로 너무 아등바등 욕심 부리며 살 필요가 없다'는 깊은 의미가 담겨있다. 남이 부러워할 정도로 부와 명예와 권력을 가지고 한평생 복을 누리며 살아갈 수 있었던 석가모니 부처님도 일찍이 '제행무상이요 제법무아'라는 깨우침과 함께 '공수래공수거'의 참된 의미를 깨닫고 45년 동안 중생을 제도하며 교화하는 불후의 업적을 남기고 빈손으로 열반에 들었다.

분명 수억 겁의 과거 부처로부터 특별한 사명을 부여받고 이 세상에 다시 태어나 자신의 모든 영혼까지도 쏟아 사바세계 중생을 위해 영원히 흩어지시 않는 의미와 가치를 남겼음이 틀림없다.

비단 석가모니 부처님뿐만이 아니다. 또 다른 동서고금의 성현들이나 선지자로 칭송받고 있는 예수, 공자, 노자, 맹자, 그리고 소크라테스, 플라톤, 아리스토텔레스 같은 철학자, 뉴턴, 아인슈타인 같은 과학자 등 세상을 밝게 하고 인류의 역사 속에서 문화와 문명 발전을 위해 헌신한 무수한 사람들이 또한 그렇다.

과학 문명의 혜택 없이 살아가는 것이 불편함을 가져다줄 만큼 첨단문명이 뛰어난 AI시대를 살아가고 있는 이즈음 무한한 기술 개발로 창조적이고 훌륭한 업적을 남기고 간 스티브 잡스 같은 기업가들을 보라! 얼마나 위대한 가치와 유산을 남기고 홀연히 빈손으로 떠났는가?

사람은 분명 빈손으로 태어나지만 그 빈손 안에는 부모로부터 물려받은 눈으로 보이지 않는 고귀한 유전적 정보가 들어있다고 하겠다. 이 유전자인 DNA 속에는 과거 자신의 누대 선망

조상들을 포함하여 부모의 모든 유전 정보와 함께 삶 전체를 지배하고도 남을 온갖 지혜와 신비의 에너지가 깊숙이 내재되어 있음이 틀림없다. 이러한 지혜와 신비스런 에너지를 바탕으로 무한 분열해 오늘의 우리들 자신의 모습을 형성한다고 하겠다.

그렇기에 절대 빈손으로 왔다 빈손으로 간다는 허무적인 표현을 쓰는 것은 적절치 않다. 오히려 빈손으로 보이는 두 손에 무한한 가능성이라는 신비 에너지가 움켜쥐어진 채로 태어난다는 것이 더 온당하다고 생각한다.

겉으로는 그럴 성싶어 보이는 이 말을 곧이곧대로 받아들이기보다는 다만 헛된 욕심을 비우고 살라는 말 정도로 받아들이는 것이 바람직하다.

'인생이 허무하다.'며 그저 방일한 삶을 살아가는 것은 그야말로 너무 무의미하다고 생각한다.

참다운 인생이란 자신만의 특별한 의미를 부여해 가치를 만들어 가는 아름다운 여행이다. 나의 부모로부터 타고난 신비 에너지를 어디에 어떻게 쓰느냐에 따라 인생의 의미와 가치가 달라진다. 그러니 내가 태어나면서 가지고 온 지혜와 생생 에너지를 의미 있고 가치 있는 일에 온전히 제대로 쓰는 것이 옳다. 물론 나의 타고난 지혜와 생기 넘치는 에너지를 어디에 쏟아부을 것인지, 어디를 어떻게 얼마나 여행할지는 순전히 나 자신의 몫으로 대 우주 속의 단독 권한을 가진 주인공인 내가 나의 행복과 불행을 스스로 결정한다.

세상은 나의 **참마음 거울**⋯ 심경(心鏡)

우리는 아침에 일어나서부터 저녁 잠자리에 들 때까지 하루 종일 어디를 가나 마치 한 몸처럼 붙어 다니듯이 거울과 마주 대하게 된다. 세수하고 양치하는 화장실에서도, 머리 말리고 메이크업하는 안방 화장대 앞에서도, 출근하는 현관에서도, 사무실에 들어가는 입구에서도⋯ 심지어 요즈음같이 편리한 대중교통 지하철이나 공중버스 안에서도 주위는 아랑곳 않고 너무나 자연스럽게 거울 보며 제멋에 화장하는 모습들을 종종 볼 때마다 얼마나 바쁘게 살아가면 저렇게라도 유난스럽게 공공장소에서 내놓고 화장을 해야 할 정도로 분주한 것일까 하는 궁금증을 가져보기도 한다. 그리고는 불현듯 과연 나는 하루에 몇 번 정도 거울을 보면서 살아가고 있을까? 하는 궁금증이 솟아나며 도대체 거울은 왜 내가 가는 곳마다 나를 마주 대하는 것인지, 아니면 반대로 시시때때로 그냥 내 모습이 어떤지 궁금해서 내가 거울을 찾아가는 것인지, 거울 없이 살아가는 세상은 어떤 세상일지 같은 생뚱맞은 질문을 이따금씩 한번 던져보기도 한다.

우리에게 거울이 없다면 살아갈 수는 있어도 여간 불편하지 않겠는가 싶다. 그 불편함 중에 가장 큰 것이라면 '도대체 내가 어떤 모습일까?'에 대한 궁금증이 아닐까? 생각해 본다.

우리가 하루에 몇 번 정도 거울을 보며 살아가는지에 대한 재미난 통계 몇 가지를 소개해 본다. 2007년 영국 메이크업 회사 트랜스포뮬러 인터내셔널(Transformulas International)이 남녀 2,000명 대상으로 온라인투표로 실시한 설문조사에 의하면, 남성들은 하루에 평균 27번 정도 거울을 보는 반면 여성들은 이보다 7회 더 많은 34번 정도 거울을 들여다보는 것으로 나타났으며 거울을 보는 최대 횟수는 남성은 66회 여성은 71회였다고 한다. 특히 하루에 거울을 들여다보는 평균 수치가 34회로 나온 여성의 경우에는 하루에 일하는 노동시간을 16시간으로 봤을 때 30분마다 거울을 보는 것으로 계산되는 셈이며, 또 여성들은 하루에 평균 11번 정도 립스틱을 바르거나 메이크업 수정을 하는 것으로 조사됐다. 연령대별로 살펴보면 20대 남녀가 하루에 평균 52회 정도로 가장 많이 거울을 보는 것으로 드러났으며, 60대 남녀의 경우에는 평균 5회에 그쳐 외모에 가장 신경을 덜 쓰는 것으로 나타났다고 한다. 또한 다른 통계에 따르면 보통 사람들은 인생 70년을 기준으로 했을 때 거울 보는 데 1년 반 정도가 걸린다고 하며, 하루 24시간 중 적어도 30분 정도는 거울을 본다고 한다. 그리고 보면 우리는 하루도 거울 없이 살 수 없을 정도로 거울과 정말 가깝다.

사람은 왜 거울을 보는 걸까? 정작 거울 보면서 무엇을 보는 걸까? 그냥 겉모습만 보며 내가 이렇게 생겼구나 하는 걸까? 아니면 거울에 비친 내 모습이 어떤지 깊은 의문을 가지고, 또 다른 나의 분신 같은 너는 도대체 실체가 무엇이야? 하며 얘기를 나누고 싶은 걸까? 가끔 무심코 그냥 거울을 보다가 '내가 요 모양으로 이렇게 생겼구나.' 하면서 화들짝 놀랄 때도 종종 있고, 이런 거울에 대해 경외감을 느끼기도 한다. 이러한 거울에 대해 나는 '세상은 나의 마음 거울 심경(心鏡) 같다.'고 가끔 비유하곤 한다.

삼라만상 세상 만물이 그저 그냥 있는 그대로이듯 거울 또한 세상 만물의 실상을 있는 그대로 한 치도 숨김도 더함도 뺌도 없이 비춰준다. 그래서 '거울은 너무나 정직하고 솔직하다'고 할 수 있겠다. 환하게 웃는 얼굴은 미소 짓는 얼굴 그대로, 분노심이 배인 일그러진 얼굴은 험상궂은 모습 그대로 비춰주며, 내가 웃는 모습을 먼저 보여줄 때까지 절대로 먼저 웃지 않는다. 내가 아름답게 보이면 거울 또한 아름다운 모습으로, 내가 자상한 모습으로 보이면 거울 또한 그 모습 그대로, 내가 근엄한 모습을 보이면 의젓한 모습 그대로, 출근하는 현관 앞에 서서 '너 잘났어!', '보면 볼수록 너 참 멋쟁이야!', '너는 뭐든 잘할 수 있어! 라고 하면 금방 맞장구치며 답을 해준다.

흔하지는 않지만 어쩌다가 깨진 거울을 보게 되면 어김없이 내 온몸은 물론 마음과 영혼까지도 깨진 것처럼 보여 어떨 땐 소름이 끼칠 정도로 거부할 수 없는 경외감을 느끼기도 한다. 이와 같이 우리에게 거울은 없어서는 안 될 정도로 정말 가까우면서도 절대로 무시할 수 없는 존재다. 거울을 보다가 자기 모습이 또록또록하게 보이지 않을 땐 그 거울을 호~ 하며 깨끗이 닦고 나서 다시 자기 본래 모습을 보게 되면 기분이 좋아진다. 마치 안경 쓴 사람이 사물이 흐릿하게 보일 때면 어김없이 안경을 깨끗하게 닦고서 다시 선명하게 보듯이 거울 또한 마찬가지이다. 필자가 세상이 있는 그대로 정직하게 나의 마음을 나타내주는 거울 심경(心鏡)과 같다고 비유하는 데는 나름대로 논리 정연한 근거가 있다. 부처님의 28대 제자로 잘 알려진 달마(達摩)대사가 초조로 선풍을 일으킨 중국 선종 6조 혜능(慧能)의 제자 《남악 회양 화상》(주해서 42) 과 《마조 도일 대사》(주해서 43) 간 주고받은 참선 수행 문답 한 토막에서 섬광같이 번뜩이는 가르침 한 수를 배운다.

어느 날 남악회양 화상이 기왓장을 가지고 좌선하고 있는 마조 대사 앞에 와서 소리를 내며 갈고 있었다. 마조 대사가 그것을 보고 물었다.

"기왓장을 갈아서 무엇을 하려고 합니까?"

"거울을 만들려고 하네."

"기왓장을 간들 어찌 거울이 되겠습니까?"

"그렇다면 그대가 좌선만 한들 어찌 부처가 되겠는가?"

"좌선을 하여 부처가 되지 않는다면 어떻게 하여야 하겠습니까?"

"비유하자면 소가 수레를 끌고 가는데 만약 수레가 가지 않으면 수레를 때리는 것이 옳은가? 소를 때리는 것이 옳은가?"
마조 대사가 이 말을 듣고 곧 말이 끝나자마자 귀결처를 알았다.
한다.   (무비스님 강설에서 인용함)

이 가운데 '기왓장을 갈고 닦아 거울을 만든다.'는 대목에서 나는 나의 머리와 가슴을 꽝! 치는 큰 가르침을 얻었다.

기왓장을 간들 어찌 거울이 되겠는가? 또 그렇게 만든 기왓장 거울이 무슨 의미가 있겠느냐? 며 반문을 하는 사람도 있겠지만, 하여간에 얼마나 지독하리만치 자기 수행을 철저히 하면 '시커먼 기왓장이 거울같이 될 수 있도록 갈고 닦겠'는가? 매우 심오하기 그지없는 깊은 뜻을 떠올리지 않을 수 없다. 그렇게 온전한 거울이 될 때까지 기왓장을 갈고 또 갈아 닦으면서 우선 자기 자신과 내면의 모습을 비춰 보기도 하고, 끝내 완전하게 만들어진 기왓장 거울을 통해 여느 다른 거울처럼 세상 만물을 있는 그대로 비춰 볼 수 있을 것이다. 이와 같은 연유로 나는 나의 마음 거울 또한 있는 그대로 세상을 비춰주는 거울과 같기에 종종 마음 거울을 세상을 비추는 심경(心鏡)에 비유하기도 한다. 내 마음 거울이 아름다우면 세상도 아름답게 보이고, 반대로 내 마음 거울이 어둡고 침침하면 세상 또한 어두컴컴하게 보이는 게 당연한 이치일 것이다. 이는 '세상사 모든 것이 내 마음먹기에 달려 있다.'는 일체유심조(一切唯心造)와 맥락을 같이하는 것으로 내 마음 거울 심경(心鏡)이 어떠냐에 따라서 세상이 다르게 보임을 의미한다. 상대방에 대한 믿음이 생기는 이유는 이미 내 마음 거울에 '신뢰'라는 이미지가 새겨져 있기 때문이요, 반대로 상대방에 대한 저주나 분노심의 근원도 이미 내 마음 거울에 먼저 각인이 되어 있었기에 그대로 상대방에게 그 감정을 표출하고 만 것이다.

거울은 들여다보면 들여다볼수록 가혹하리만치 선명하게 내게 잠재해 있는 본모습 내지는 마음의 깊은 본성까지 비추어내려고 한다.

나의 참마음 속 거울 심경(心鏡)을 수시로 깨끗이 갈고 닦으면서 세상사를 아름답고 행복한 마음으로 비춰 가면 이보다 더 아름답고 행복한 삶이 어디 있겠는가 싶다. 잠시 '삶(인생)의 거울'로 유명한 매들린 브리지스의 詩 한 편을 조용히 음미해 본다.

인생거울

매들린 브리지스

세상에는 변치 않는 마음과
굴하지 않는 정신이 있다
순수하고 진실한 영혼들도 있다
그러므로 자신이 가진 최상의 것을
세상에 주라
최상의 것이 너에게 돌아오리라

사랑을 주면 너의 삶으로 사랑이 모이고
가장 어려울 때 힘이 될 것이다
삶을 신뢰하라, 그러면 많은 이들이
너의 말과 행동을 신뢰할 것이다

마음의 씨앗들을 세상에 뿌리는 일이
지금은 헛되이 보일지라도
언젠가는 열매를 거두게 되리라

왕이든 걸인이든 삶은 다만 하나의 거울
우리의 존재와 행동을 비춰줄 뿐
당신이 가진 최상의 것을 세상에 주라
최상의 것이 너에게 돌아오리라

매들린 브리지스 (Madeline S. Bridges 1844-1920)
Mary Ainge de Vere의 가명. 아일랜드 이민자의 딸. 14세에 뉴욕일간 지에 첫 시 출판. The Century 매거진을 비롯해서 Harper's, Frank Leslie's, Lippincott's and Littell's Living Age에 발표. Puck, Life, Judge, 그리고 당시 거의 모든 미국 정기 간행물의 유머러스한 칼럼에서 폭죽, 농담, 대화, 가벼운 시들을 출판. 가장 잘 알려진 유명 시에는 '조용한 집(The Quiet House)', '브룩(The Brook)', '인생거울 (Life's Mirror)', '우리 둘(We Two)', '안녕, 연인(Good-bye, Sweetheart)' 등이 있다.

진실한 참마음… 즉사이진(卽事而眞)

우리가 살아가는 삶의 여정은 어찌 보면 시작(태어남)에서부터 끝(죽음)에 이르기까지 인연이란 고리로 연결된 관계 즉 영속적인 인간관계라고 할 수 있겠다. 태어날 때의 기쁨부터 헤어짐(죽음)에 이를 때 슬픔까지 수천 수만 가지의 모든 감정은 나를 중심으로 사람과 사람 간의 관계에서 표출된다.

나를 이 세상에 태어나게 해준 부모를 비롯해서 형제 친지까지, 사회적 동물로 살아가는 우리는 이러한 관계를 떠나서 독립적으로 혼자서는 살아갈 수 없다. 이러한 관계를 어떻게 형성하고 유지하고 영위하면서 사느냐에 따라서 성공한 삶과 실패한 삶, 행복한 삶과 불행한 삶이 결정되어진다고 해도 지나친 말은 아닐 것이다. 이와 같은 인간관계에 있어서 성공에 이르게 하고 행복한 삶을 만드는 데 도움이 될 수 있는 수많은 격언이나 속담, 교과서 같은 지침서부터 동서 고전들이 아주 다양하게 많이 있지만, 그중에서 압축하고 또 압축해서 선택을 하라면 나는 맨 먼저 '진실한 마음'을 들고 싶다.

'진실한 마음'이란 '거짓 없이 순수하고 바른 마음'이다.

사람과 사람과의 관계에 있어서 가장 기본이 되어야 하는 부분으로 우리는 흔히들 '진실한 마음을 가져라' 또는 '진실한 마음으로 대하라.'라고 주문을 하기도 한다. 그러나 살다 보면 본의든 본의 아니든 상대방에게 거짓으로 다가가거나 자신조차 속이며 진실하지 못한 마음으로 다가가는 경우가 많다. 단지 시간차이일 뿐 진실하지 못한 마음으로 다가간다면 언젠가는 드러나게 된다는 참진리를 아는 듯 모르는 듯 말이다.

진실한 마음은 '생각과 말 그리고 말과 행동이 일치할 때의 마음'으로 여러 가지 복잡한 인간관계를 매끄럽게 연결해 주는 매개체요 훌륭한 통로로서 최고의 메신저 역할을 한다. 우리는 살아가면서 생각과 말과 행동이 일치하는 사람을 보면 참으로 진실한 사람이라 생각하며 일단 믿음이 생기고 가까이 하고 싶어진다. 살아가면서 무슨 어려움이나 고민거리가 생겼을 경우 진실한 친구를 찾아가 함께 얘기를 나누고 나면 마음이 편해지기도 한다.

내 마음이 편하면 상대방도 편하여 모두가 평안해지고, 반대로 내 마음 불편하면 상대방도 불편하게 느껴지는 것은 나와 상대 간에 '진실한 마음'이라는 교감과 믿음의 작용이 있기 때문이라고 생각한다.

'내가 나쁜 마음으로 다가가면 상대도 나를 악하게 대할 것이며, 선한 마음으로 다가가면 상대도 나를 착하게 대할 것'은 자명한 진리로, 곧 내가 어떤 마음을 품었는지 진실한 마음이 있는지 상대는 이미 그 마음을 고스란히 느끼고 있다고 보면 이해가 될 것이다.

'진실한 마음'은 어디든 어느 때든 누구에게나 잘 통하며, 인간 관계를 좋고 두텁게 한다. 가끔 세계 오지를 찾아다니면서 의료봉사 활동을 하는 단체나, 표교 또는 선교 활동을 하는 분들이 비록 서로 다른 문화나 언어로 소통이 여의치 않아도 오직 '진실한 마음' 하나로 봉사하며 나눔을 함께하는 것을 뉴스를 통해 접할수 있다. 모든 장애를 초월하여 서로 아름다운 모습으로 교감을 이루는 것이다. '진실한 마음' 하나만으로도 오랜 시간을 같이 의지하며 깊은 관계를 유지해 나갈 수 있기에 우리는 진실한 마음이 권하는 일을 하면서 조화롭게 잘 살기 위한 지혜가 필요하다고 생각한다.

"법화경에 즉사이진이란 말이 있지요. 모든 일에 성실하고 진실해야 합니다. 작은 일에 소홀히 하면 안 됩니다. 작은 일에 소홀히 하는 사람은 큰일도 소홀히 합니다. (…) 물은 젖는 성질을 가지고 있지요. 낙동강 물이나 양쯔 강 물이나 미시시피 강의 물이나 물의 습성은 똑같습니다. 이처럼 어제도 오늘도 내일도 또 장소를 옮겨도, 진리는 변하지 않습니다. 나고 살고 죽지만 우리 마음자리는 죽지 않아요. 이를 공부하는 게 불교입니다."라는 말씀을 하셨다.

올해 세수로 92세이신 경북 청도 운문사 회주 법계 명성스님이 평생 좌우명으로 삼아온 '즉사이진(卽事而眞), 일을 함에 있어 항상 진실되어야 한다.'이다. 부처님 인연법 따라 각별한 인연으로 운문사 회주 법계 명성 스님의 유발상좌가 된 필자는 명성 큰스님을 정신적인 지주로 삼고서 앞서 말한 그대로 매일 아침 5시부터 회주 스님의 법체 강녕하심의 축원기도를 시작으로 하루 일과를 맞이하고 있다.

필자가 지금까지 잘 살아갈 수 있는 것도 따지고 보면 큰스님께서 큰 가르침을 주시면서 매일 아침 나를 위해 특별히 기도해 주시는 그 공덕 덕분이라고 생각하며 한량없는 마음으로 감사드린다. 그리고는 더욱더 '진실한 마음으로 살아가며 정진하겠습니다.' 하고 매일 아침 다짐을 하며 살아간다. 그리고 우리 일상의 삶 가운데 오로지 생각하는 바에 사사로움이 없는 진실한 마음, 즉 사무사(思無邪)의 마음으로 세상을 바르게 보면 그 대상인 모든 사물에서도 또다시 바름을 얻게 될 것이다. 이처럼 삿됨이 없는 올바른 마음으로 청정무구(淸淨無垢)한 삶을 살아가려고 애쓰며 하는 마음공부 또한 참된 참마음 공부의 하나라고 생각한다. 이 대목에서 정순영 시인의 '마음의 눈' 詩 한 편을 음미해 본다.

마음을 바로 봅시다!
영성 / 운문사 회주

즉사이진(即事而眞), 운문사 회주 명성스님 구순기념 전집

천년의 숨결 호거산 운문사 회주 법계 명성(明星) 스님 (1930년~)

대한민국의 불교 승려

•1930년 일제 강점기 경상북도 상주에서 태어나, 1952년에 해인사에서 출가 •합천 해인사 국일암에서 선행스님을 은사로 득도 •동산 화상을 계사로 사미니계 수지(1952) •자운 화상을 계사로 비구니계 수지(1966) •대한불교조계종 제 3,4,5,8,9대 중앙종회의원 역임(1970~1989) •청도 운문사 승가학원 강사 취임(1970) •동국대학교 대학원 불교학과 박사과정 수료(1974) •청도 운문사 강원 강주 및 제 8, 9, 10, 11, 12대 운문사 주지 겸임(1977~1998) •운문승가대학 학장 역임(1987~2012) •운문승가대학 원장 역임(1997) •동국대학교 대학원 철학박사학위 취득(1998) •대한불교조계종 구족계화상 전계사 위촉(2001~2003) •대한불교조계종 전국비구니회 제 8,9대 회장 역임(2003) •대한불교조계종 명사법계 품서(2007) •UN 국제 •여성의 날'탁월한 불교여성상' 수상 •태국 마하출라롱콘라자위달라야 대학 명예박사 학위 수여(2008) •대한불교조계종 구족계화상 전계사(2012~2013) •현 운문사 회주, 운문승가대학원 원장 •현 전국 비구니회 원로의장(2016~)

마음의 눈

정순영

마음 밭을 닦는
쟁기를 잡고 뒤를 돌아보지 마라.

탐욕과 주장을 닦아 낸
티 없이 맑고 공의로운 마음의 눈으로
세상을 보면
진실들이 오순도순 보인다.

진실을 전하는 소식들은
소박하고 겸손하여
바람에 흔들리는 풀꽃처럼 향기를 뿌리고

눈부시게 해맑은 진실은
세상의 어두운 곳을 밝힌다.

진실을 밭갈이 하는
쟁기를 잡고 뒤를 돌아보지 마라.

그대 맑게 닦은 마음의 눈으로
세상을 밝히는 등불이 되어다오

정순영(鄭珣永) 시인(1949~)
경남 하동 출생, 1974년 시전문지〈풀과별〉추천완료. 봉생문화상,부산문학상,부산펜문학상 대상 세계금관왕관상, 자랑스런 시인상, 부산시인협회상, 여산문학상, 한국시학상, 현대문학100주년기념문학상 등 수상. . 동명대학교 총장, 세종대학교 석좌교수, 34대 국제Pen한국본부 부이사장 역임.〈흙과 바람〉〈4인시〉동인. 시집〈시는 꽃인가〉〈꽃이고 싶은 단장〉〈조선 징소리〉〈침묵보다 더 낮은 목소리〉〈추억의 골짝에서〉〈잡은 손을 놓으며〉〈사랑〉 등이 있음

성 안 내는 아름다운 **참마음**…
무재칠시(無財七施)

　우리는 한평생 살아가면서 자기 자신의 마음 상태를 스스로 돌아보는 일이 몇 번이나 있을까? 아마도 좋을 때, 기쁠 때 자기 자신을 돌아보는 일보다 무슨 일의 상태나 결과가 좋지 않을 때, 슬플 때 또는 후회하는 일이 생겨났을 때 자신에 대해 돌아보며 곰곰이 생각에 빠져드는 경우가 훨씬 더 많을 것이다. 어쩌면 그렇게 살아가는 게 우리의 일상사가 아닌가 싶다.

　무슨 일이 잘못되었을 때 대개는 그 원인을 내 탓 아닌 남의 탓으로 돌리면서 내 스스로에 대한 긍정도 부정도 잊은 채 결과에만 집착하고서 따지는 경우가 허다하며, 자기도 모르게 불쑥 성질부터 내는 일이 수없이 많다. 왜일까? 이 글을 쓰고 있는 필자 역시 아직도 마음 수양 덜 되어 부족하기 짝이 없는 인간인지라 이와 같은 범주를 결코 벗어날 수 없는 게 솔직한 심정이다.

　이에 대해 인생 칠십을 바라보며 살아온 필자가 이제사 조금은 알 듯 하기도 한 몇 가지 마음 상태에 대해 살펴본 바는 다음

138

과 같다.

첫째, 무슨 일을 도모함에 있어 **순수한 마음 진실한 마음 온 갖 정성을 다하는 마음으로 임했는지 돌아볼 필요가 있다.** 설사 그 결과에 대해 다소 부족한 부분이 있다 손 치더라도 진정 초심의 마음으로 최선을 다했다면 조금은 후회나 미련도 덜하며 남의 탓으로 돌리지 않을 것이다.

둘째, 어떤 일에 임함에 있어 결과에 연연하지 않고 그같이 주어진 일에 대해 오로지 감사한 마음으로 행하고 반드시 잘 이루어 모두에게 유익하노록 하겠다는 소박한 마음이 작용했는가도 매우 중요하다고 생각한다. 이런 경우 대개는 좋은 결과로 나타나기에 그저 **'덕분입니다.' '고맙습니다.'**라며 또 다른 환희심을 느낄 수 있을 것이다.

셋째, 무슨 일을 할 때 모두가 함께 동참하여 조화로운 모습으로 해내지 않고 **내 생각이나 주장을 앞세워서 생긴 나쁜 결과를 스스로 인정조차 하지 않으려는 나쁜 습성이 있는지 깊이 생각해 볼 필요가 있다.** 이 경우는 대개 독불장군 스타일로 거의 내 탓보다는 남의 탓이나 외부 탓으로 돌리게 된다. 더불어 가는 세상 함께하는 세상살이에 나 홀로보다는 너와 나 일심동체 동체대비의 마음으로 살아가면 세상사 편하고 아름다울 것이다.

넷째, 애당초 안 될 줄을 미리 짐작하면서 부정적인 마음으로 임하는 일은 결코 잘 이루어질 수 없다. 또 설사 어떻게 해서 잘 이루어졌다 싶어도 만족스럽지 못하다. 이 경우 나쁜 결과에 대해서는 "거 봐! 내가 안 될 줄 알았지?" 하면서 100% 남의 탓으로 돌리며 본인만 쏙 빠지는 아주 나쁜 습성을 가진 이가 있다.

'없으면 있게 하고, 안 되면 되게 하는 초긍정적인 마음으로' 힘들어하는 동참자나 이웃이 있다면 희망의 에너지를 불어넣어 주는 일 또한 보시행이라고 생각한다.

다섯째, 살면서 내가 하는 것은 무조건 옳고, 남이 잘되는 것을 절대로 쳐다볼 수 없는 놀부 심보 같은 마음보다는 '이 일은 나보다 당신이 훨씬 더 잘할 수 있습니다.'라며 응원해 주고 밀어주는 배려심과 양보심도 매우 중요하다.

대개 '내가 아니면 너도 안 돼.'라는 식의 놀부 심보는 여러 사람들에게 정신적인 억압과 함께 공분을 불러일으키며 일을 도모하는 데 있어서도 커다란 장애로 작용한다. 그러다 결국에는 일을 그르치게 되는 경우를 지금도 가끔 경험하며 살아가고 있다.

여섯째, 우리가 살아가는 동안 내가 무진 애쓰고 노력하여 어렵게 이루어 낸 것을 누군가 가로챘을 때 절망감과 상실감을 한두 번쯤은 경험했으리라 생각한다. 시쳇말로 '손 안 대고 코 푼다.'고, 남의 공을 가로채거나 남이 힘들게 이룬 공에 무임승차하는 마음은 절대로 갖지 않도록 스스로 경계를 하며 바르게 살아갈 필요가 있다. 그 빚과 과보는 인과응보의 법칙에 따라 반드시 자신에게 되돌아온다는 진리만큼은 마음에 새겨둘 필요가 있다고 생각한다.

일곱째, 마지막으로 우리가 살아감에 있어 앞서 말한 여섯 가지 못지않게 중요한 것으로 '성 안 내는 마음'이 있다. 이는 매우 아름다운 마음이다. 부처님 가르침 탐진치(貪瞋癡) 삼독(三毒) 중 두 번째에 해당하는 것이 바로 성내는 마음이니 새삼스럽게 아무리 강조를 해도 사족이요 더 이상 설명이 필요 없다고 생각한다. 단란한 가정에서든 생기 넘치는 교정에서든 화기애애한 직장에서든 더불어 함께 살아가는 사회에서 자기 성질에 못 이겨 누군가에게 분노를 폭발시키면 일시에 부정적인 관심을 끌게 되며, 불안정하고, 접근하기 어렵고, 위협적인 사람이라는 이미지를 얻음은 물론 순식간에 주변에 찬물을 끼얹어 분위기를 냉랭하게 만들고 말 것이다.

앞서 말한 일곱 가지를 모두 아우르며 우리가 살아가면서 한 가지라도 제대로 실천하면 도움이 될 무재칠시(無財七施) 또는 무전칠시(無錢七施) : 부처님의 전생담 인연담 비유담과 부처님 말씀 관련 설화 모음 《잡보장경 雜寶藏經》[주해서 44]권 6을 소개하고자 한다.

부처님께서 말씀하셨다.

"아무 재산이 없더라도 줄 수 있는 일곱 가지 보시가 있으니, 그것은 비록 재물의 손해가 없어도 큰 과보를 얻는다."

첫째는 **눈(편안한 눈빛)의 보시(안시 眼施)**이니, 언제나 좋은 눈으로 부모·스승·사문·바라문을 대하고, 나쁜 눈으로 대하지 않는 것이 눈의 보시라. 그는 몸을 버리더라도 몸을 받아 청정한 눈을 얻고, 미래에 부처가 되어서는 하늘눈(天眼)이나 부처눈(佛眼)을 얻을 것이니, 이것을 첫째 과보라 하느니라.

둘째는 **온화한 얼굴과 즐거운 낯빛(밝은 미소)의 보시(화안열색시 和顏悅色施)**이니, 부모·스승·사문·바라문에게 찌푸린 얼굴로 대하지 않는 것이다. 그는 몸을 버리더라도 다시 몸을 받아 단정한 얼굴을 얻고, 미래에 부처가 되어서는 순금색의 몸이 된다. 이것을 둘째 과보라 하느니라.

셋째는 **말씨(아름다운 말)의 보시(언사시 言辭施)**이니, 부모·스승·사문·바라문에 대하여 부드러운 말을 쓰고 추악한 말을 쓰지 않는 것이다. 그는 몸을 버리더라도 다시 몸을 받아 변재(辨才)를 얻고, 그가 하는 말은 남이 믿고 받아 주며 미래에 부처가 되어서는 네 가지 변재를 얻는다. 이것을 셋째 과보라 하느니라.

넷째는 **몸(공손한 태도)의 보시(신시 身施)**이니, 부모·스승·사문·바라문을 보면 일어나 맞이하여 예배하는 것이다. 이것을 몸의 보시라 한다. 그는 몸을 버리더라도 다시 단정하고 장대하며 남의 공경(恭敬)을 받는 몸을 얻고, 미래에 부처가 되어서는 몸이 니구타(尼拘陀) 나무와 같아서 그 정수리를 보는 이가 없을 것이니, 이것을 넷째 과보라 하느니라.

다섯째는 **따뜻한 마음의 보시(심시 心施)**이니, 위에 말한 바와 같은 일로써 공양하더라도 마음이 온화하고 착하지 못하면 보시라고 할 수 없다. 착하고 온화한 마음으로 정성껏 공양하는 것이 마음의 보시이다. 그는 몸을 버리더라도 다시 몸을 받아 밝고 분명한 마음을 얻어 어리석지 않고, 미래에 부처가 되어서 일체를 낱낱이 아는 지혜(일체종지 一切種智)를 얻을 것이니, 이것을 다섯째 과보라 하느니라.

여섯째는 **자리를 양보하는 보시(상좌시 床座施)**이니, 만일 부모·스승·사문·바라문을 보면 자리를 펴 앉게 하고, 나아가서는 자기가 앉은 자리에 앉게 하는 것이다. 그는 몸을 버리더라도 다시 몸을 받아 항상 일곱 가지 보배로 된 존귀한 자리를 얻을 것이요, 미래에 부처가 되어서는 사자법좌(師子法座)를 얻을 것이다. 이것을 여섯째 과보라 하느니라.

일곱째는 **쉴 수 있는 자리를 제공하는 방이나 집의 보시(방사시 房舍施)**이니, 부모·스승·사문·바라문으로 하여금 집안에서 다니고 서며 앉고 눕게 하는 것이다. 이것을 방이나 집의 보시라 한다. 그는 몸을 버리더라도 다시 몸을 받아 저절로 궁전이나 집을 얻고 미래에 부처가 되어서도 온갖 선옥택(禪屋宅)을 얻을 것이니, 이것을 일곱째 과보라 하느니라.

이와 함께 잠시 문수보살 게송을 음미하며 밝은 미소를 지어 본다.

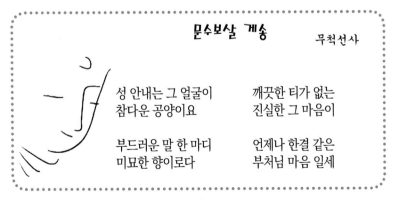

문수보살 게송   무척선사

성 안내는 그 얼굴이
참다운 공양이요

깨끗한 티가 없는
진실한 그 마음이

부드러운 말 한 마디
미묘한 향이로다

언제나 한결 같은
부처님 마음 일세

내 참마음의 주인… 수처작주(隨處作主)

우리가 살아가면서 모든 것을 내 마음 내 뜻대로 할 수만 있다면 얼마나 좋으랴! 절대 그럴 수 없기 때문에 온갖 번민과 갈등 속에서 살아가는 중생이다.

우리의 몸과 마음은 내 생각 내 뜻대로가 아니라 어떤 외물이나 상황에 따라 제 뜻대로 반응하며 움직이는 경우가 훨씬 더 많다. 우리들이 어떤 일에 화를 내거나 속상해하는 것도 외부의 자극에 먼저 반응을 하고서 그에 대한 내 마음을 걷잡을 수 없는 데에 그 까닭이 있을 것이다.

'내 몸의 주인은 참마음, 마음의 스승은 몸'이라고 했다. 이런 마음과 몸의 움직임조차도 제 스스로 움직일 때가 많고 특히 마음의 움직임은 몸보다 더 내 뜻대로 되지 않는다. 생각의 흐름, 감정, 의욕 등등 대부분이 나의 의지대로 조절할 수 있는 것이 아니다.

내가 기뻐하거나 슬퍼하거나 무엇을 좋아하거나 싫어하고 싶어

144

서 그리하는 것이 아니라 의지적으로 어떻게 해보려고 해도 제 스스로 먼저 그리한다.

내 마음도 몸도 내 뜻이 아니라 제 뜻대로 움직이는데도 나는 내 마음과 몸을 내 것이라고 생각하며 살고 있다. 과연 이것이 내 것이라는 의미는 무엇일까? 진정 내가 내 마음과 몸의 주인이기나 할까? 내가 바라는 대로 내 마음과 몸이 움직일 수 있도록 하려면 어떻게 해야 할까?

내 마음의 주인으로 주인의식을 갖고 올바르게 살아가는 길은 멀고도 험하다.

그래서 마음공부가 필요한지도 모를 일이다.

우리는 무슨 일을 할 때 '내가 주인이라 생각하고 주인의식을 가져라'라며 애정 어린 주문과 함께 그 일에 대한 책임 완수를 당부하며 독려를 하곤 한다.

진짜 주인은 어차피 주인이니 당연히 주인의식을 가질 것이다. 그럼 어느 공간이나 상황에서 진짜 주인이 아닌 사람은 어떻게 주인의식을 가질 수 있을까. 설령 주인의식을 갖는다 해도 그것이 어떤 의미가 있을까. 외물에 따라 주인이고 아니고를 따지지 말고 모든 상황에서 주인의식을 가지라고 설파한 당나라 고승 임제선사(臨濟禪師)의 설법을 정리한 《임제록臨濟錄》[주해서 45]에 나오는 유명한 문구 **'수처작주 입처개진(隨處作主 立處皆眞)'**에서 해답을 한번 찾아본다.

'언제 어느 곳이든 스스로 주체가 되어라 그러면 지금 있는 곳

이 참된 진리의 세계다'라는 뜻이다. 우리를 둘러싼 외형적인 모습(외물 外物)은 상황과 때 그리고 장소에 따라 시시각각으로 바뀐다. 이러한 외물이 바뀌면 이를 대하는 내 마음자세도 바뀌게 된다. 여태껏 해온 대로의 익숙함이 사라지니 모든 것이 생소하며, 경계심이 저절로 생겨나며, 그 과정에서 나의 주인 된 마음은 갈피를 못 잡고 흔들리기도 하고 때로는 더 위축되기도 한다.

어찌할 수 없는 운명적 상황에 처해 나약한 갈대 같은 존재가 되기도 하면서 우리는 시간과 공간이라는 삶의 조건에 따라 피동적으로 끌려가는 경우가 많다. 하지만 임제 선사는 말한다. 외물(外物)에 휘둘려 마음과 몸의 노예가 되어서는 안 되며, 스스로 마음과 몸을 부리는 주인이 되어야 한다고. 어디서든 나그네나 머슴이 아닌 주인 같은 사명감과 책임감을 갖고 살라고 말이다.

대우주 한가운데 단독권한을 쥐고 있는 당당한 주인으로서 어디에 가건 어떠한 경우에 처하든 지금 있는 그곳이 내 자신의 자리임을 깨달을 필요가 있다고 선사는 말한다. 단지 내가 하고 싶고 가고 싶은 곳에 초점을 맞추는 대신 현재 내가 처한 곳에 초점을 맞추어 거기서 내 자신 존재의 의미와 행복을 찾으라는 가르침이요, 내가 이루지 못하고 있는 것에 마음 빼앗기고 휘둘리기보다는 현재 머물고 있는 그 자리를 소중히 여기고 내 마음과 몸의 주인으로서 내면의 가치를 극대화하는 데 노력하라는 가르침일 것이다.

수처작주에서 '수처(隨處 어느 장소)'란 물리적 공간으로서의 '장소'뿐만 아니라 다양한 '상황'을 포함하는 개념으로 폭넓게 이해해야 한다. 명확한 현실 직시를 바탕으로 자기 마음과 몸의 자재한 주인 자세를 갖는 것이 수처작주의 진정한 의미이다.

온갖 고초와 모질고 고되기 그지없는 역경을 이겨 내고 절망을 극복하며 '수처작주 입체개진'의 삶을 살다간 대표적인 인물로 추사 김정희, 다산 정약용을 들 수 있다. 조선 후기 추사 김정희는 제주도 유배생활 9년의 세월을 학문과 예술을 승화하는 계기로 삼았고, 특히 말년 유배기간 중 중국의 조맹부(趙孟頫)·소동파(蘇東坡)·안진경(顔眞卿)·옹방강(翁方綱)등의 여러 서체와 한(漢)·위(魏)시대의 여러 예서체(隸書體) 등의 장점을 밑바탕으로 해서 보다 나은 독창적인 길을 창출(創出)하였다. 그것이 바로 졸박청고(拙樸淸高 필체가 서투른 듯하면서도 맑고 고아하다)한 추사체(秋史體)이다.

또한 18년간 전남 강진에서 유배생활을 한 다산 정약용은 유배기간 동안 자신의 학문을 더욱 연마해 육경사서(六經四書)에 대한 연구를 비롯해 일표이서(一表二書)·경세유표(經世遺表)·목민심서(牧民心書)·흠흠신서(欽欽新書) 등 모두 500여 권에 이르는 방대한 저술을 남겼고, 이 저술을 통해서 조선 후기 실학사상을 집대성한 인물로 평가되고 있다. 이것이야말로 '수처작주 입처개진'의 명징한 사례 아닐까 싶다. 이러한 '수처작주'의 구체적인 행동방식으로 명나라 말기 양명학자 육상객(陸湘客)의 '육연(六然)'을 우리 마음과 몸가짐에 있어 한 번쯤 새겨두면 좋을 것 같아 소개하고자 한다.

주변의 환경에 따라서 흔들리지 말고 초연하며 (자처초연, 自處超然)

사람에 따라서 감정을 달리하지 말고 초연하며 (처인초연, 處人超然)

일이 많아 바빠도 일에 쫓기지 말고 초연하게 (유사초연, 有事超然)

일이 없더라도 불안하게 생각 말고 초연하게 (무사초연, 無事超然)

뜻을 이루고 성공해도 들뜨지 않고 담담하게 (득의담연, 得意澹然)

최선을 다하였으나 실패했더라도 태연스러워라 (실의태연, 失意泰然)

한평생 한 마음의 주인으로 중생교화에 힘쓰시다 홀연히 떠나신 대행 큰스님을 생각하며 스님의 詩 한 편 '내 마음의 주인'을 조용히 음미해 본다.

내 마음의 주인
대행스님

마냥 끝없이 흐르는 참마음 이시여
삼라만상 허공중에 아니 계신 곳 없는데
참마음 당신만이 전능한 부처이시고
모든 것 당신에게 맡기니 마사가 형통자재하네
오 참마음 당신은 내 마음의 주인 주인 이시네
오 참마음 당신은 내 마음의 주인 주인 이시네

시작도 끝도 없이 흐르는 참마음 이시여
빛깔도 냄새도 형체도 없는 공허한 당신이지만
우주를 운행하시며 오생명 어버이시네
태어나고 없어지는 육신과 삼계는 당신의 화현
이니
오 참마음 당신은 내 마음의 주인 주인 이시네
오 참마음 당신은 내 마음의 주인 주인 이시네

2009년 가을 해남 미황사 템플스테이 때
금강 주지스님께서 차담 나누시며 써주심

한마음선원 대행스님(1927. 1. 2. ~ 2012. 5. 22. 음) 대한민국 불교 승려

대한민국의 불교 승려
· 법명은 대행大行 법호는 묘공妙空·1927년 서울에서 태어나 일제 강점기와 6.25 전쟁을 거치면서 오랫동안 산중에서 수행·14세 때 한암(漢巖, 1876~1951) 큰스님과 처음 인연을 맺었고, 24세 때인 1950년 청각靑覺이라는 법명 수지
· 1960년 치악산 상원사 아래 토굴에 이르러 바랑을 내려놓고 중생 제도의 뜻을 펴기 시작·1972년 안양시 만안구 석수동에 한마음선원을 건립한 이후 국내외 수십 곳에 지원이 건립·그로부터 40여 년 자신의 근본을 밝히는 생활선의 가르침을 전하며 중생교화에 전념·2012년(壬辰年) 음력 4월 초하루 입적 세수 86세, 법랍 63세

3장_참마음으로 살아가는 행복

물같이 바람 같은 참마음…
상선약수(上善若水)·청풍(淸風)

세간의 찌든 때도 씻을 겸 마음공부 삼아 필자는 가끔 강릉에 있는 조용한 암자 지암사를 찾아 1박을 하면서 새벽기도 시에 새벽종송으로 쇠를 칠 때 나옹선사(懶翁禪師)의 선시(禪詩) **'청산은 나를 보고 말없이 살라하고 창공은 나를 보고 티 없이 살라하네 사랑도 벗어놓고 미움도 벗어놓고 물같이 바람같이 살다가 가라 하네…'**를 영송(詠誦)한다. 이같이 고요한 새벽에 영송하며 종송 쇠를 치는 소리를 듣다 보면 장엄한 온 우주 법계로 잔잔히 울려 퍼져나가는 종송에 내 마음과 몸도 실려 나가는 듯 찌든 때도 먼지도 홀홀 벗겨지며 한량없이 청량한 기분에 들곤 한다.

부처님 가르침에 따르면 우리 같은 중생도 탐·진·치(貪·瞋·癡) 삼독(三毒)의 불꽃을 끌 수만 있다면 이고득락(離苦得樂)을 이루고 해탈의 경지에 이를 수 있다고 했다. 그러나 중생답게 살아가는 우리로서는 탐욕심도 성냄도 어리석은 마음도 쉽게 떨쳐버릴 수 없다.

150

그래서 우리는 끊임없이 마음공부나 심신수행이 필요하다.

나옹선사는 일찍이 청산을 통해 말없이 사는 법을, 창공을 통해 티 없이 사는 법을 배웠다. 청산은 푸른 산이고, 창공도 파란 하늘이다. 결국 나옹선사는 푸른 산과 파란 하늘을 통해 삶의 방법을 터득했다. **청산은 늘 푸르게 항상 말없이 묵묵히 그 자리에 있다. 창공은 원래 파란색으로 가끔은 흰 구름 두둥실 떠가기도 하고 또 가끔은 먹구름이 드리우기도 하지만, 어디선가 불어오는 바람에 다시 한 점 먼지도 티도 없는 창공의 본모습을 보여준다.**

그리고 청산의 어느 한 골짜기에서 생긴 물은 계곡을 타고 물줄기를 이루어 산을 넘고 재를 넘어 내와 강에 이르고 마침내는 한없이 너른 바다에 이르게 된다. 그래서 한국 현대불교의 고승 성철 스님께서도 법문에서 '산은 산이요 물은 물이다'라고 하셨는가 보다. 과연 어떻게 사는 것이 청산같이 창공같이 그리고 물같이 바람같이 사는 것일까.

하기 쉬운 말로 욕심 없이 인연 닿는 대로 사는 것일까. 파란 하늘에 구름 한 점 없이 유유히 흘러가듯 사는 것일까. 청산은 태초부터 그 자리에 있었을까. 어떻게 해서 창공은 원래부터 하늘 높이 있으면서 파란색을 보여주었을까. 구름과 바람은 어디서 생겨났다가 이내 어느 곳으로 사라지는 걸까.

대우주 자연의 순환원리대로 돌고 도는 물의 본질과 본성은, 마음자리는 그대로인 채 형상 따라 인연 따라 응하며 살아가는 우리네 삶의 모습과 같은 것일까. 필자가 평소 즐겨 애송하는 나옹선사 선시 '청산은 나를 보고…'에서 얻은 깨우침이라면, 청산은 말이 없다.

　　겨우내 폭풍 한설을 견뎌내고 새봄에는 움트고 싹 틔운 뒤 꽃피고 여름엔 푸른 잎으로 삼라만상을 덮고 가을에는 열매를 남겨두고 낙엽 따라 누구에게도 간다 온다 말없이 긴 겨울 여행을 떠나는 삶의 과정을 있는 그대로 우리에게 보여주며 많은 것들을 한없이 주기만 한다. 이렇듯 오로지 묵묵히 그 자리에 있으면서 내 주위 모든 사람에게 '말없이 덕을 베풀며 모든 것을 품어주는 삶의 지혜'를 일깨워준다. 창공이 푸름은 하늘이 맑기 때문이다. 때로는 두둥실 흰 구름이 떠가고 또 때로는 먹구름이 드리워지긴 해도 그 구름 또한 이내 곧 사라지니 '한 점 티 없이 밝고 맑은 마음으로 살아가는 지혜 충만'의 깨침이다. '물은 위에서 아래로 흐르며 다툼이 없다.' 물은 형상 따라 인연 따라 있는 그대로의 모습을 보여준다. 각기 다른 그릇의 모양과 크기 그대로 담겨진다. 작은 종지에는 종지대로 질그릇 대접에는 대접대로 양푼이에는 양푼이 대로, 크게는 호수나 강 그리고 바다의 모습 그대로를 담고 지구를 담기도 한다. 그리고 물은 그 본성과 본질 그대로를 유지한 채 인연 닿는 대로 흘러가며 만났다 헤어졌다가 또 다시 만나고 헤어지기를 수없이 반복하며 인연고리처럼 순환한다. 마치 우리네 삶처럼…

　　그래서 노자는 도덕경에서 '상선약수(上善若水), 가장 아름다운 인생은(上善) 물처럼 사는 것(若水)'이라 했다. 이번엔 바람(청풍 淸風)을 한번 살펴보자. 비록 언제 어디서 불어오는지는 몰라도 청산에서든 창공에서든 청풍(맑은 바람)은 걸림이 없다. 이 세상 어느 누가 바람을 잡을 수 있고, 잡은 바람을 엮을 수 있겠는가? 지수화풍(地水火風) 사대(四大)로 만들어진 우리 인간은 바람 없이 살 수가 없다. 우리가 숨 쉬고 있는 공기의 흐름도 바람이며, 대우주의 에너지 균형을 맞춰주는 것도 바람이다. 발 없는 말과 마음이 천리만리 날아가게 하는 것도 어쩌면 바람일지도 모를 일이다.

그래서 어디에든 걸림 없는 바람, 원융자재(圓融自在)한 바람, 자취도 흔적도 없는 바람같이 살면 한없이 편하다. 때로는 텅 빈 마음의 눈으로 청산을 바라보고, 또 때로는 밝은 마음의 창으로 창공을 우러러보게 되면 저절로 지혜의 방편이 떠오르게 된다. 내 이웃에게 부드럽고 너그러운 미소와 여유로운 마음으로 대하고 나를 내려다보면서 성냄도 벗어 놓고 탐욕도 벗어 놓다 보면 부처님 같은 마음으로 살아가는 무주상(無住相), 무아상(無我相)의 삶이 될 것이다. 요즈음같이 조금이라도 남을 배려하는 너그러움과 품어줌이 요구되는 각박하고 어려운 시절에 진정 물같이 바람같이 살아갔으면 참 좋겠다. 이 대목에서 나옹 선사가 원나라 10년 유학시절에 어느 날 스승 지공 선사에게 지어드렸다는 詩 한편과 '청산을 나를 보고…'를 조용히 영송(詠誦) 해본다.

이 마음 어두우면   산은 산, 물은 물인데
이 맘 밝아지면   티끌 티끌이 한 몸이네.
어둠이랑 밝음이랑   함께 거두어 버리니,
닭은 꼬끼오,   새벽마다 꼬끼오.

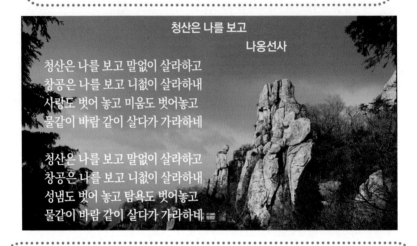

청산은 나를 보고
나옹선사

청산은 나를 보고 말없이 살라하고
창공은 나를 보고 티없이 살라하네
사랑도 벗어 놓고 미움도 벗어놓고
물같이 바람 같이 살다가 가라하네

청산은 나를 보고 말없이 살라하고
창공은 나를 보고 티없이 살라하네
성냄도 벗어 놓고 탐욕도 벗어놓고
물같이 바람 같이 살다가 가라하네

나옹선사(懶翁禪師 1320~1376)

고려 말 뛰어난 선승이자 다인(茶人). 이름은 혜근(惠勤) 법호는 나옹, 호는 강
월헌(江月軒). 선사 나이 21세 때 문경 묘적암 요연선사(了然禪師)를 찾아가 출
가. 그 뒤 5년 후 양주 회암사에서 밤낮없이 정진하다가 홀연히 깨달음 얻음.
1347년에 중국 원나라로 들어가 연도(燕都)의 법원사(法源寺)에 머물고 있던
인도 출신 지공(指空)스님을 만나 법을 들은 뒤 다시 정자사(淨慈寺)로 가서 평
산처림(平山處林 1279~1361 임제의 법맥을 이어받은 중국 고승)의 법을 전해
받고 불자(拂子) 받음.
1358년에 다시 지공을 만난 뒤 고려에 귀국. 1361년 공민왕의 부름 받고 궁중
에 들어가 내전에서 왕을 위하여 설법. 왕과 왕비로부터 가사와 불자를 받고
왕사가 됨. 우왕 2년(1376) 여주 신륵사에서 세수 57세 법랍 37세로 입적. 나
옹선사의 법맥을 무학자초(無學自超) 대사가 이어받아 이성계의 조선개국에
큰 역할을 함.

길 없는 길 걷는 무심의 참마음···
무상도(無上道)

우리는 매일 길을 걷는다. 어제도 걸었고 오늘도 걸으며, 또 내일도 어디로 가고 오든 간에 길을 걷는다. 어쩌면 우리는 어디로든 하루도 길을 걷지 않고는 살아갈 수 없을지도 모른다. 각자 나름대로 가야하는 운명의 길이든 정해진 목표로 향해 가는 등댓불 길이든 우리는 그 길 따라 걷고 또 걷는다. 이 세상에 한번 사람으로 태어나서 삶의 종착에 이르는 피안 길로 가는 인생 여정에서, 어느 길로 왔는지? 때로는 뒤돌아보며 어느 길로 가야하는지? 앞을 살펴보기도 하지만 그 길에 대해 정녕 알 길 없이 살아간다. 시방 걷고 있는 이 길에 대해서도 잘 알지 못하기도 하지만 내가 왔던 본래 자리로 돌아가는 그 길에 대해선 더더욱 알 길이 없다.

마치 부처님께서 〈금강경〉에 우리의 본래 참 마음에 대하여

'과거의 마음도 가히 얻지 못하며, 현재의 마음도 가히 얻지 못하고, 미래의 마음도 가히 얻지 못하니라.(과거심 불가득 현재심 불가득 미래심 불가득 過去心 不可得 現在心 不可得 未來心 不可得)'이라고 설하셨듯이 말이다.

그러나 분명한 것은 짧으면 짧은 대로 길면 긴 대로 생긴 그 길로 우리는 '나의 인생길'을 쉼 없이 걷고 또 걸으며 살아간다.

그 길이 땅 이건, 강 이건, 바다 이건, 그리고 하늘 우주 이건 간에 어느 한 곳에서 다른 곳으로 걸으며, 심지어 이 세상에서 저 세상으로 가기 위해선 반드시 어느 한 길을 운명적으로 택하며 살아간다.

그 길은 태고적부터 자연적으로 생긴 길일 수도 있고, 이름하여 운명적으로 정해진 길일 수도 있으며, 누군가가 세워놓은 이정표가 있는 길일 수도 있다. 또한 인간이나 동물들이 제 삶의 방편으로 닦아놓은 길일 수도 있고, 정반대로 전혀 새로운 길을 닦으며 나아가야 하는 전혀 미지의 길일 수도 있다.

이와 같이 우리는 살면서 때로는 행복의 문이 활짝 열리는 행운의 길, 꽃길을 선택하기도 하지만 때로는 반대로 험한 가시밭길, 선택기로의 갈림길, 고된 오르막길, 어려운 고부랑길 같은 인생 고빗길을 수없이 만나기도 한다.

우리는 가끔 걸어온 나의 길을 그대로 계속 가야만 할 것인가, 중간에 만나는 새로운 갈림길에서 한번 다른 길을 선택할 것인가 번민 아닌 고민도 해본다. 어떤 경우에는 앞길이 분간할 수 없을 정도로 캄캄하여 갈팡질팡 헤매기도 하고, 잠시 멈춰서서 걸어왔던 길을 뒤돌아보며 생각해볼 겨를을 가져보기도 한다. 어떠한 길로 나아가는 것이 진정 나의 올바른 길이요 행복에 이르는 길인가 고뇌하며 살아가는 게 우리 일상의 삶이 아닌가 싶다.

이럴 때면 가끔 '장기하와 얼굴들'이 부른 〈그건 니 생각이고〉라는 제

목의 노랫말이 생각난다.

"이 길이 내 길인 줄 아는 게 아니라

그냥 길이 거기 있으니까 가는 거야."

"원래부터 내 길이 있는 게 아니라

가다 보면 어찌어찌 내 길이 되는 거야."

"그냥 니 갈 길 가. 이 사람 저 사람

이러쿵 저러쿵 뭐라 해도 상관 말고

그냥 니 갈 길 가."

"이 길이 내 길인지 니 길인지 길이기는

길인지 지름길인지 돌아가는 길인지는 나도 몰라."

"그대의 머리 위로 뛰어다니는 것처럼 보이는

사람도 너처럼 아무 것도 몰라."

〈그건 니 생각이고〉 노랫말 발췌

참 마음에 오롯이 와닿는 노랫말 이다.

모름지기 '우리 인간은 살아가는 데 있어 원래부터 정해진 나의 길이라는 것이 없다'는 참 진리를 일찍이 깨우친 분이 바로 부처님이다.

필자는 부처님께서 설파하신 '제행무상(諸行無常)의 길', 즉 '위없는 보리(菩提)'라는 뜻의 불과(佛果)인 무상도(無上道)가 바로 무등정각(無等正覺) '아뇩다라삼먁삼보리(阿耨多羅三藐三菩提) 가장 높고 바른 깨달음의 길'이라고 생각한다.

부처님께서 얻은 그 최상의 무상도(無上道), 즉 무상보리(無上菩提)가 바로 심지(心地)요, 법계(法界)이며, 여여(如如)요, 진여(眞如)요, 여래(如來) 의 길이라고 보면 되겠다.

불교 상식으로 기원전 623년에 카필라국 마야데비 왕비가 당시 관습에 따라 출산을 위해 친정집으로 향하던 중 룸비니 동산에서 장래의 붓다가 될 아이를 낳으셨다. 이와 같이 부처님은 호화궁궐이나 여느 처마지붕 밑이 아닌 길에서 태어나시고 나서 일곱 걸음을 걸으신 후 '천상천하유아독존(天上天下唯我獨尊)'이라고 하셨다. 여기서 '유아독존'이라는 말은 '나만 존귀하다'는 뜻이 아니라 '너와 나의 구분이 생기기 이전 마음자리, 즉 절대 진리와 사랑이 존귀하다.'는 심오한 뜻이 담겨진 말씀이다.

부처님께서는 그 '길'을 찾아나서 평생을 그 '길' 위에서 지혜와 자비의 '길'을 가르치시다가 또한 그 '길' 사라쌍수 아래에서 고요히 열반에 드셨다.

부처님께서 열반에 드시기 전 제자 아난다에게 열반송(涅槃頌)으로 '자등명 법등명(自燈明 法燈明) 스스로 마음의 등불을 밝히고 부처님이 설하신 법의 등불을 밝혀서 수행하라'는 깨침의 길, 즉 부단한 수행자로서의 올바른 길을 일러주시고 홀연히 떠나셨다.

근현대 한국 불교계를 대표하는 선승 '삼월(三月)'로 불리는 혜월(慧月 1861년~1937년), 수월(水月 1855년~1928년), 만공(滿空 1871년~

1946년) 선사를 길러낸 한국 선불교 중흥조 성우(惺牛) 경허선사(鏡虛禪師 1849년~1912년)도 한 생애 동안 '길 없는 길'에서 원융무애(圓融無礙)한 삶을 살면서 중생을 제도하시다가 그 길로 떠나셨다.

이처럼 우리 삶 역시 길 없는 길에서 부처님 인연법으로 만나 또 어디론가 제 갈 길로 한도 끝도 없이 가야한다. 또 다시 윤회의 길로 되돌아올지도 모른 채 가야만 하는 이치가 우리의 삶이 아닌가 한다.

살다 보면 무엇인가 올바른 선택을 해야 할 때 내 삶의 주인공이 바로 '나 자신(수처작주 隨處作主)' 이기에 우리는 '내가 선택한 길로 내딛는 한 걸음 한 걸음이 모여 나의 길이 된다'고 믿으며 살아간다. 이럴 때면 참 마음대로 그냥 '나의 길'로 꿋꿋하게 살아가는 지혜와 용기가 필요하지 않을까? 그게 바로 최상의 무상도(無上道)로 올바른 길이라 생각한다.

그러나 어디 세상사 이치가 말처럼 마냥 참 마음 그대로 무상도(無上道)의 삶을 살아가는 길이 말처럼 그리 쉬우랴.

우리는 살아가면서 때로는 어떠한 어려움에 부딪치게 되면 절대자나 선지자에게 이렇게 기도를 한다. '부처님이시어, 어떤 길이 진정 나의 올바른 선택의 길인지 바르게 인도하여 주시옵소서' 라고 말이다.

이와 같이 제 갈 길에 대해 잘 모르거나 그 길이 평탄하지 않고 험한 길 일수록 우리는 간절한 마음으로 기도도 하고, 올바른 길을 찾기 위해 마음공부를 하면서 기도수행을 하기도 한다.

필자에게 이럴 때 참 마음, 맑은 마음, 향기로운 마음, 정심(淨心) 정도(淨道)의 마음으로 살아가는 최상의 길 중 하나를 들라면 사심(捨心) 또는 사리심(捨離心 역자주① : '부처님 진신사리' 같은 사리 舍利가 아닌 '버리고 떠나다'는 의미의 조어임)을 들고 싶다. '어떤 것에 집착하지 아니하고 버린다는 마음 사리심(捨離心)'의 길로 보살도행(菩薩道行)을 즐기며 살아가는 무심의 진정한 무상도(無上道)가 참 마음 길이라고 생각한다.

필자는 '버리고 떠나다'는 의미의 사리심(捨離心)과 함께 이런 자리를 빌려 특히 불자님들에게 또 다른 매우 심오한 의미가 담겨 있는 사리심(邪離心) 즉, '삿된 것을 여의는 마음'에 대하여 한 가지 제대로 알려드리고 싶은 마음이다.

'중생들의 온갖 괴로움을 덜어주며 한 가지 소원은 꼭 들어

160

주신다'고 널리 알려져, 곳곳에서 찾아오는 사람들의 발길이 끊이지 않기로 너무나 유명한 경북 청도군 운문면 호거산 운문사에 사리암(邪離庵)이 있다.(역자주② : 흔히 알고 있는 부처님 진신사리 같은 '사리 舍利'를 봉안한 암자가 아니고 '삿됨, 사특함을 여읜 마음으로 기도하면 소원 들어주신다는 독수성 獨修聖 나반존자님를 모신 암자 사리암 邪離庵 임)

석가모니 부처님 입멸 56억 7천만년 후 미륵불이 올 때까지 중생을 제도한다는 나반존자(那畔尊者)께서 '세상에 묻혀 살며 물들여진 온갖 때 묻은 삿된 것을 떨쳐버리고 일심으로 기도하면 기도의 감응으로 나반존자님이 던져주는 돌을 받아 쥘 수 있다'는 믿음으로 수행하고 발원하는 청정심행(淸淨心行)의 한 가지 좋은 본보기 예로 들고 싶다.

진정한 보살도행(菩薩道行)이요, 무상도(無上道)의 참 마음 '사리심(邪離心)의 길'을 걸어가며 살아가는 모습이 참으로 아름답게 보인다.

평소 우리의 참된 삶을 살아가면서 잠시라도 '어떤 것에 집착하지 아니하고 버리겠다'는 사리심(捨離心)이나 부단히 '삿된 것을 여의며 살아가겠다'는 서원의 사리심(邪離心) 자세로 살아가면 세상사 편하고 아름다울 것 같아 이참에 마음공부 겸 꼭 한번 권해드리고 싶다.

잠시 윤동주 시인의 시 '길'을 조용히 음미하며 '나의 길'에 잠겨본다.

길

윤동주

잃어버렸습니다.
무얼 어디다 잃었는지 몰라
두 손이 주머니를 더듬으며
길에 나아갑니다.
돌과 돌이 끝없이 연달아
길은 돌담을 끼고 갑니다.
담은 쇠문을 굳게 닫아
길 위에 긴 그림자를 드리우고
길은 아침에서 저녁으로
저녁에서 아침으로 통했습니다.
돌담을 더듬어 눈물짓다 쳐다보면
하늘은 부끄럽게 푸릅니다.
풀 한 포기 없는 이 길을 걷는 것은
담 저쪽에 내가 남아 있는 까닭이요
내가 사는 것은 다만,
잃은 것을 찾는 까닭입니다.

윤동주(尹東柱)
(1917.12.30.~1945.2.16.)
일제 강점기의 독립운동가, 시인이자 작가이다. 본관은 파평(坡平), 아호는 해환(海煥). 명동학교에서 수학하였고, 평양 숭실중학교와 서울 연희전문학교를 졸업. 연희전문학교 2학년 재학 중 소년(少年)지에 시를 발표하며 정식으로 문단에 등단. 일본에 건너가 1942년 교토 도시샤 대학(同志社大學)에 입학 1943년 항일운동을 했다는 혐의로 일본 경찰에 체포되어 후쿠오카 형무소(福岡刑務所)에 투옥. 100여 편의 시를 남기고 27세의 나이에 옥중에서 요절. 그의 시집《하늘과 바람과 별과 시》가 사후에 출간.

4장

참마음으로 살아가는 아름다움

기도하는 참마음…
기도성취발원(祈禱成就發願)

필자는 **'오늘도 하루를 뜻있게 살게 하여 주시기를 부처님께 발원'**하며, 이렇게 하루를 활기차게 맞이한다. 태생이 철저히 아침형 인간이라서인지 지난 50여 년 동안 단 한 번도 늦잠이란 것을 모르는 몸에 밴 건강 덕분에 끊임없이 생겨나는 신심을 바탕으로 기도하고 난 후엔 환희심 외에 조금도 '힘들다.' '피로하다.'는 생각을 느끼지 못하고 있다.

가끔 '기도를 왜 하는지?' '기도해서 무엇을 얻는지?' '기도는 어떻게 해야 하는지?'등과 같은 질문을 많이 받곤 한다.

이럴 때 나는 '기도는 꼭 필요하다.' 그리고 '기도는 반드시 성취된다.'고 힘주어 말하며 일단 '관음보살기도'든 '지장보살기도'든 한번 기도를 시작하면 끝까지 간절한 참마음으로 지극정성 다해서 기도성취발원을 해보라고 강력히 권한다.

우리 주위에서 수험생을 둔 가정의 부모들이 절에 가서든 성당이나 교회에 가서든 자녀들의 학업성취 수험합격 기도는 물론 직장 취업, 승진, 좋은 배필 인연상봉을 빌고 환자가 있을 경우

병고액난 소멸, 빠른 쾌유, 심신건강 발원을 빌며 선망 조상님 천도, 하다못해 집 잘 팔리게 해달라는 부동산 속득매매, 복권 맞게 해달라는 재물재수대통 등 아주 다양한 형태로 기도를 하고 있는 것을 보면 금세 이해가 될 것이다. 이처럼 우리는 대개 무슨 어려움에 부딪쳐 도저히 스스로 해결해 나갈 수 없을 때 절대자를 찾아가 의지하며 마냥 빌기도 한다. 어떻게든 '시방의 어려움과 고통을 해결해 주십사' 하고 말이다.

그러한 분들을 대하고 볼 때마다 비록 필자 자신도 크게 다를 바 없지만 **'평소에 좋은 마음으로 살면서 자기 업장 소멸과 함께 지성기도를 해왔으면 얼마나 좋았을까?'** '그렇게 기도를 지극정성으로 해왔더라면 그 같은 어려움이나 고초를 피할 수도 있거나 당해도 지혜롭게 능히 잘 극복할 수 있을 텐데' 하며 많은 생각을 해본다. 그렇게 기도라도 해서 어떻게 어려움이 해결되면 대개는 그렇게 간절하게 기도하는 그 마음은 오간 데 없고 다시 제자리로 돌아가 버리는 경우를 지금도 흔히 볼 수 있다. 이 또한 일반적인 세태로 보이긴 하지만 어느 종교든 간에 일관된 믿음이 필요하지 않나 싶다. 기도는 글자 그대로 '빌다·구하다·고하다'라는 기(祈)와 '빌다·신명에게 일을 고하고 그 일이 성취되기를 기원한다.'라는 도(禱)가 합쳐진 단어이다. 그러므로 기도는 빌거나 구하는 구체적인 대상, 즉 부처님이나 창조주 같은 절대자가 있어야 가능하므로 이런 점에서 기도는 유신론적 종교의 전형적인 의례라고 말할 수 있다. 불가에서의 기도는 부처님 가르침대로 올바로 살아가고자 하는 바람(발원發願)을 반드시 이루어 내기 위하여 자신의 업장을 소멸시키고 아수라장과 같은 속세의 삶을 극복해 나가는 힘과 지혜를 갖추는 것이라고 할 수 있다. 그래서 부처님처럼 올바르게 살려는 의지와 믿음으로 부처님의 가피력을 입어 업장소멸 후 새로운 삶을 얻으려는 간절한 표현이기에 평상시와 같은 마음가짐만으로는 절대 성취할 수 없다.

'원하옵건대 4생(生) 6도(道)와 온 세상 법계에 사는 유정들의 여러 생에 지은 업장 제가 지금 참회하고자 머리 숙여 절하오니, 죄로 인한 많은 업장 모두 함께 소멸되어 날 적마다 빠짐없이 보살도를 행하여지이다. 원멸사생육도 법계유정 다겁생래죄업장 아금참회계수례 원제죄장실소제 세세상행보살도 (願滅四生六道 法界有情 多劫生來罪業障 我今懺悔稽首禮 願諸罪障悉消除 世世常行菩薩道)'하며, 다겁생래로 지어온 자신의 업장이 잘못되었음을 뼈저리게 느끼고, 결코 그 죄업을 되풀이하지 않겠다는 간절한 다짐과 참회가 있어야 한다. 이처럼 기도는 단순히 빌거나 의지하는 데 그치는 것이 아니라 철저한 자기 내면 성찰을 이루는 간절한 몸부림이자 수행으로 곧 자신의 마음공부인 것이다.

'내 기도는 반드시 이루어질 것'이라는 철저한 자기 확신과 간절한 마음으로 해야 한다. '기도를 하면 부처님이 꼭 들어 주실 것'이라는 굳건한 믿음과 근본적인 자기 내면의 깊은 성찰 속에 부처님이 이미 내 기도를 들어주셨다는 완료형의 감사함이 가득 차 있어야 한다. 다시 말해서 **자기 자신과 부처님에 대한 아주**

166

작은 의심도 없는 금강과 같은 확신이어야 한다. 이 같은 확신은 부처님과 부처님의 가르침에 대한 철저한 믿음에서 나온다고 볼 수 있는데 부처님과 부처님의 가르침에 대한 확고한 믿음이 없으면 기도는 불완전할 수밖에 없고 그 어떤 업장도 소멸될 수 없다고 보면 된다. 이러한 확고한 믿음에서 나오는 간절한 기도는 우리를 일념(一念)으로 접어들게 하며, 삿된 욕망이나 번뇌를 물리치고 일념으로 하는 기도는 어떠한 장애도 이겨낼 수 있고 어떠한 바람도 성취할 수 있다. 때로는 죽음을 각오하고 모든 탐욕과 분노와 어리석음의 업장을 소멸하고 신명을 다하는 수행 이것이 바로 참다운 기도라고 생각한다. 이와 같이 기도에는 보이지 않는 힘이 있으며 기도하는 마음으로 일을 하면 대체로 실수가 적다. 기도하는 마음으로 사람을 대하면 호감을 사게 한다. 사람을 대할 때 무심코든 습관적으로든 합장하는 자세와 마음으로 상대를 대해보면 금세 느낄 수 있다. 기도하는 마음은 부처님 같은 절대자에 대한 순종과 소망뿐 아니라 내가 일상생활에서 대하는 상대적 약자에게도 한결같은 평등심을 담고 있어야 한다. 그것이 곧 부처님 마음, 불이(不二)의 마음일 것이다.

기도하는 마음 가운데에는 항상 감사하는 마음이 따른다.

감사하는 마음은 자신에게 주어진 축복과 은혜를 알게 되었을 때 일어나는데 우리가 시방 한량없는 은혜의 바다에서 살고 있다고 생각하면 마냥 범사 만사에 감사할 따름이다. 그 은혜를 깨달아 늘 감사하고 기도하는 마음으로 사는 사람에게는 언제나 마음의 평온이라는 무량 복덕이 주어진다. 기도하는 마음은 티 없이 맑고 깨끗하며 시기 질투와 같은 잡념이 없는 고요하고 원융무애한 마음이기에 그 모습은 항상 아름답다.

　기도의 가피나 원력이 나타나려면 '그 기도의 바람이 순수하고 간절하여야 한다.' 순수하고 간절한 바람이 없는 기도는 여러 날 계속하여도 아무런 영험이나 위덕을 얻을 수 없다. 모든 잡념을 제거하고 심혼을 기울여 오직 기도에만 전념하게 될 때 참된 진리와 기도인의 관계가 확실해지고 기도인과 진리 또는 바람이 하나가 된다. 그게 바로 기도의 성취요 깨달음의 경지로 견성성불에 이르는 길이 아닌가 싶다. 기도하는 마음에는 무엇인가를 이루어내겠다는 간절한 서원이 있어야 한다고 했다. 그 서원이 정당하여야 하고 다른 사람을 해롭게 하는 일이 없어야 진정한 기도의 위력이 나타난다. 이에 더하여 기도하는 마음에 다른 사람을 위하는 마음 즉, 자리이타(自利利他)의 마음이 있으면 그 같은 선근 공덕 쌓기가 어디에 있으랴 싶다. 다른 사람을 위하여 기도하는 마음은 다른 사람으로부터 받은 은혜를 알았을 때 일어나기에 가치가 있다. 이에 필자는 더 나아가서 지금의 나를 괴롭히며 아주 어렵고 힘들게 하는 대상이나 상대, 이를테면 자신을 무지 속 썩이는 가족, 자녀나 남편 또는 아내 친지 친구 심지어 자기 돈을 떼어먹은 빚쟁이 같은 속칭 못돼먹은 그 사람을 위한 기도를 한번 권하고 싶다. 처음에는 말같이 마음같이 결코 쉽지는 않을 것이다. 그러나 지속적, 반복적으로 그 같은 기도를 자기 수행삼아 꾸준히 해나가다 보면 자신도 모르게 자신을 괴롭히는 그 원인이 정말로 믿기지 않을 정도로 어느새 녹아 없어지게 되어 한없이 편안한 마음을 얻을 수 있을 것이다. 아마도 부처님께서 지극정성으로 하는 기도와 갸륵함에 감응하셔서 원력과 가피로 해결해 주실지도 모른다. 나태주 시인의 '기도'를 조용히 낭송해 본다.

기 도

나태주

내가 외로운 사람이라면
나보다 더 외로운 사람을
생각하게 하여 주옵소서

내가 추운 사람이라면
나보다 더 추운 사람을
생각하게 하여 주옵소서

내가 가난한 사람이라면
나보다 더 가난한 사람을
생각하게 하여 주옵소서

더욱이나 내가 비천한 사람이라면
나보다 더 비천한 사람을
생각하게 하여 주옵소서

그리하여 때때로
스스로 묻고
스스로 대답하게 하여 주옵소서

나는 지금 어디에 와 있는가?
나는 지금 어디로 향해 가고 있는가?
나는 지금 무엇을 보고 있는가?
나는 지금 무엇을 꿈꾸고 있는가?

나태주 시인(1945~)
충남 서천 출생. 공주사범학교졸업. 43년 동안 초등학교 교직 2007년 정년퇴임. 1971년 〈서울신문〉 신춘문예에 시 「대숲 아래서」 당선 문단에 등단. 〈대숲 아래서〉, 〈시인들 나라〉등 29권의 시집과 〈빈손의 노래〉, 〈추억의 묶음〉, 〈지상에서의 며칠〉등 선시집 냈음. 동화집으로 〈외톨이〉와 산문집으로 〈시골사람 시골선생님〉, 〈풀꽃과 놀다〉 등을 냈음. 흙의문학상, 충청남도문화상, 현대불교문학상, 박용래문학상, 시와시학상, 편운문학상, 황조근정훈장, 한국시인협회상 수상. 공주문화원장 역임.

참마음의 소를 찾아서… 심우도(尋牛圖)

세상사 마음먹은 대로만 된다면 정말 살맛나는 세상일 것이다. 그러나 세상사의 이치는 반드시 그렇지 않은 것 같다. 설사 세상사가 내 마음대로 뜻대로 된다고 해서 나를 포함해서 모두가 행복하다고 쉽게 단언을 할 수가 없기 때문이다.

어떤 경우에는 내가 마음먹은 대로 바라는 대로 되어 나는 만족스럽고 행복감을 느끼게 되지만 나의 상대가 받아들이는 느낌은 정반대일 수도 있는 경우를 우리는 흔하게 본다.

마치 나의 행복과 상대의 행복이 같다는 항등식보다는 나의 행운과 행복은 상대의 불행이라는 부등식이 더 적절한 표현일 때가 많다.

필자는 '세상사 모든 것은 오로지 마음이 지어낸다(일체유심조 一切唯心造)'에서 도대체 마음이란 어디에 있고 어떻게 생겼는지 불교의 선화(禪畫)를 통해서 한번 찾아보고자 한다.

절에 가면 맨 먼저 큰 법당(대웅전 大雄殿)이나 주불로 모신 본전각(本殿閣)에 참배 후 법당의 좌우 후면을 돌아 벽화를 둘러보면서 벽화 속에서 부처님을 만나기도 하고 화상이나 고승들을 만나기도 한다. 이처럼 불교 벽화는 매우 다양하지만 그중 많은 사찰에서 심우도의 벽화를 그리고 있다.

심우도(尋牛圖)는 불가(佛家)에서 대중을 일깨우기 위해 그린 하나의 선화(禪畫)로, 깨달음을 찾아가는 과정을 10단계로 나누어 그려 십우도(十牛圖) 또는 목우도(牧牛圖)라고도 한다. 불가(佛家)에서 마음 이야기하면 빠트릴 수 없는 이야기가 바로 심우도 이야기이다. 인간의 본래 자리(참나) 발견을 목동이 소를 찾아 길들이는 것에 비유해 그린 심우도는 흔히 법당 외벽 장식 벽화로 그려진 선화로 그 어떠한 언어와 이론에 의존하지 않으면서도 부처님이 가르친 언어 밖의 의미가 잘 담겨져 있다.

인간 마음의 실상을 찾아 바로 부처가 되는 것을 이상과 원리로 삼는 선(禪)의 종지(宗旨)가 담겨 있는 이 그림에는 목동이 소를 찾는 심우(尋牛)의 장면으로부터 시작해 점수(漸修)의 과정을 거쳐 서서히 깨달음의 경지 즉 인간 '본래의 나'를 찾기에 이르는 과정이 단계별로 잘 묘사돼 있다.

심우도에 등장하는 소는 '선(禪) 수행' 내지는 '깨달음'의 상징으로 그것은 법성 진여(法性 眞如)로 묘사되는 '마음의 소(心牛)'를 표상하고 있다. 왜 심우도에 소를 등장시켰을까? 이 같은 물음을 한 번쯤은 해볼 만하다.

아마도 소가 주는 이미지가 이리저리 마구 날뛰는 말(馬)이나 다른 동물과 대조적이며, 우둔한 것 같지만 한군데로 쏠리지 않는 깨끗한 심성이 엿보이고 본체를 잃지 않는 마음과 생명력이 인간과 유사한 데에서 비롯된 것이 아닌가 싶다.

여기서 목동은 수행자를 일컫고 소는 인간의 본성(本性)으로, 이를테면 진정한 참나(眞我), 망념과 집착을 버린 청정심(淸淨心)을 가리킨다고 보면 된다. 소는 곧 마음이요 마음은 곧 소이기에 마음을 찾는 것을 소를 찾는 것에 비유한 것이라고 할 수 있겠다. 소를 길들이는 것이 곧 내 마음 찾는 수행에 비유한 예는 경전 여기저기에서 찾아볼 수 있다.

"우거진 수풀 헤치며 아득히 찾아 헤매니, 물은 넓고 산은 멀고 길은 더욱 아득하다. 힘이 다하고 마음도 지쳐 갈 곳 찾을 수 없는데, 다만 늦가을 단풍 숲에 매미 소리만 들리네.(곽암 郭庵의 심우도송 尋牛圖頌)**"**

잃어버린 소를 찾아 길을 나선 목동이 깊은 숲속에서 헤매는 상황 표현이다. 이른바 '소 찾아 나서기'(심우 尋牛)를 주제로 그린 '심우도(尋牛圖)'의 첫 장면이다.

이렇게 막막한 숲속에서 헤매다가 그 자취를 처음 보고(見跡), 소를 발견해(見牛) 집으로 돌아온다. 결국에는 내 마음속의 참나인 소를 얻어 아무런 집착이 없는 깨달음의 세계로 들어선다는 얘기다.

무구청정(無垢淸淨) 즉, 티 없이 깨끗한 마음의 세계 본래의 참나를 발견해 깨치는 일이 진리의 요체에 이르는 지름길이라는 뜻이다.

심우도를 소재로 한 가장 대표적인 작품으로 만해(萬海) 한용운(韓龍雲)스님의 '십우송'을 들 수 있다. 조국독립의 뜻을 항상 가슴에 품고 뜨거운 민족의식으로 일관했던 만해 한용운 스님이 서울에 머물렀던 곳의 당호(堂號)도 '심우장(尋牛莊)'이다.

스님의 삶 그 자체가 중심을 놓지 않고 우뚝 서 있는 소와 닮아있다. 스님은 **"잃은 소 없건마는 찾을 손 우습도다. 만일 잃을 시 분명하다면 찾은들 지닐 소냐. 차라리 찾지 말면 또 잃지나 않으리라**(심우장, 한용운)"라며 詩를 읊으셨다. 만해스님이 말년에 기거했던 심우장은 실재 "스님 삶의 공간이면서 구도를 얻고 버린 공간"으로 깊은 산속이며, 한때 소를 키웠던 외양간이자, 당신이 "깨달음을 얻고 버린 공간"이 아닌가 싶다.

만해스님은 심우장에서 "마음의 소가 외부에 있는 것이 아니라 내부에 있음을 표현했다"고 할 수 있겠다. 인간의 본래 자리를 찾아가는 곽암의 심우도를 간략히 살펴보면 다음과 같다.'심우(尋牛)'는 동자가 소를 찾기 위해 고삐를 들고 산속을 헤매는 장면을 묘사하고 있다. 이것은 처음 발심(發心)한 수행자가 아직은 선이 무엇이고 본성이 무엇인지 알지 못하지만 그것을 찾겠다는 열의로 공부를 시작하는 단계를 의미한다.

'견적(見跡)'은 동자가 소 발자국을 찾은 상황을 묘사한 것으로서, 순수한 열의를 가지고 꾸준히 공부를 하다 보면 본성의 자취를 어렴풋이나마 느끼게 된다는 것을 상징화한 것이다.

'견우(見牛)'는 동자가 멀리 있는 소를 발견하는 장면을 그리고 있다. 이는 본성을 보는 것이 눈앞에 다다랐음을 상징한다.

'득우(得牛)'는 동자가 소를 막 붙잡아서 고삐를 끼고 끌고 가려는 모습을 묘사하고 있다. 이 경지를 선종에서는 견성(見性)이라고도 하는데, 이것을 땅 속에서 아직 다듬어지지 않은 금강석을 찾아낸 것에 비유하기도 한다. 이때의 소는 검은 색을 띤 모습으로 그려지는데, 아직 삼독(三毒)에 물들어 있는 거친 상태에 있다는 것을 상징적으로 표현한 것이다.

'목우(牧牛)'는 거친 소를 자연스럽게 놓아두더라도 저절로 가야 할 길을 갈 수 있게끔 길들이는 장면이다. 삼독(三毒)의 때를 지우는 단계로 선에서는 이 목우의 과정을 가장 중요시하고 있는데, 이 상황의 소는 길들이는 정도에 따라서 차츰 검은 색이 흰색으로 바꿔어 가는 모습으로 묘사된다.

'기우귀가(騎牛歸家)'는 동자가 소를 타고 구멍 없는 피리를 불면서 본래의 고향으로 돌아오는 모습을 그리고 있다. 이때의 소는 전체가 완전한 흰색을 띄고 있다.

이것은 소가 동자와 일체가 되어 피안의 세계로 나아가는 것을 뜻하며, 구멍 없는 피리에서 흘러나오는 소리는 깊은 마음자리에서 흘러나오는 본성의 소리를 의미한다.

'망우존인(忘牛存人)'은 집에 돌아와 보니 애써 찾은 소는 간

데없고 자기만 남은 상태를 표현하고 있다. 결국 소는 본성을 찾기 위한 방편이었으므로 이제 고향집으로 돌아오게 됐으니 방편은 잊어야 한다는 것을 암시하고 있다.

'인우구망(人牛俱忘)'은 소 다음에 자기 자신도 잊어버린 상태를 묘사한 것으로 텅 빈 원상(圓相)만을 그리고 있다. 객관이었던 소를 잊었으면 주관인 동자 또한 성립되지 않는다는 주관과 객관의 혼융 상태를 상징화한 것으로서 이 경지에 이르러야 비로소 완전한 깨달음을 얻은 것으로 간주된다.

'반본환원(返本還源)'은 이제 주객의 구별이 없는 경지에 속에 자연의 모습이 있는 그대로 비치는 경지를 표현하고 있다. 산은 산이요, 물은 물 그대로의 모습을 꿰뚫어 볼 수 있는 지혜를 터득한 경지를 상징화한 것이다.

'입전수수(入廛垂手)'는 동자가 지팡이에 큰 포대를 메고 사람들이 많은 곳을 향해 가는 모습을 묘사하고 있다. 이때의 큰 포대는 중생들에게 베풀어 줄 복과 덕을 담은 포대로서, 불교의 궁극적인 뜻이 중생 제도에 있음을 상징화한 것이다. 심우도에 내포된 내용을 다시 정리하면 '심우'는 발보리심(發菩提心), '견적'에서부터 '기우귀가'까지는 수행, '망우존인'과 '인우구망'은 보리심의 성취, '반본환원'은 열반의 경지 진입, '입전수수'는 득의(得意)후에 중생을 제도하는 단계를 잘 잘나타낸 것으로 나의 본성 내지 본래자리(참나)를 찾아가는 마음공부의 선방편으로 활용했으면 참 좋겠다.

175

심우 →   견적 →   견우 →   득우 →   목우 ↓

입전수수 ← 반본환원 ← 인우구망 ← 망우존인 ← 기우귀가

한용운(韓龍雲. 1879~1944) 스님 대한민국 승려 시인

충남 홍성군 결성면 성곡리 출생, 속명은 貞玉, 법명은 용운, 법호는 만해(萬海). 1905 백담사 김연곡 스님에게서 득도. 김영제 스님에 의하여 수계. 이후 이학암 스님으로부터 〈기신론〉, 〈능엄경〉, 〈원각경〉 등을 사사받음. 1910 〈조선불교유신론〉 탈고 (1913년 불교서관에서 간행). 1912 불교경전 대중화의 일환으로 〈불교대전〉을 편찬하기 위해 양산 통도사의 고려 대장경 열람. 1913 불교강연회 총재에 취임. 박한영 등과 함께 불교 종무원을 창설. 통도사 불교강사에 취임. 〈불교대전〉을 국한문으로 편찬(1914, 홍법원). 1918 월간 교양지 〈惟心〉을 발간하여 편집인 겸 발행인이 됨. 1919 1월경 최린, 현상윤 등과 조선독립에 대해 의논함. 최남선이 작성한 〈독립선언서〉의 자구 수정을 하였으며 〈공약 3장〉을 추가함. 3월 1일 명월관 지점에서 33인을 대표하여 독립선언 연설을 하고 투옥됨. 7월 10일 〈조선독립의 개요〉 제출. 1926 시집 〈님의 침묵〉 회동서관에서 발행.

1927 신간회 중앙집행위원 겸 서울지부장에 피선됨. 1931 김법린, 최범술 등이 조직한 승려비밀결사인 卍黨의 영수로 추대됨. 1933 벽산 스님, 방응모, 박광 등의 도움으로 성북동에 尋牛莊을 짓고, 여기에서 소설 〈흑풍〉, 〈죽음〉 등을 조선일보에 연재. 1944 6월 29일 심우장에서 입적. 미아리에서 화장하여 망우리 공동묘지에 묻힘. 1962 대한민국 건국공로훈장 수여.

처음처럼 참마음… 초발심(初發心)

　인간은 살아가면서 그 수를 헤아릴 수도 없을 정도로 수없이 시행착오를 겪는다. 어쩌면 그 과정에서 지혜를 터득하며 살아가는 게 자연스런 우리 인간의 삶이 아닌가 싶다. 일부 동물들이 미로에서 헤매다가 반복적인 시행착오라는 학습효과 덕에 스스로 생존을 위한 먹이를 찾아내는 사례를 여러 실험연구를 통해서 종종 보게 된다.

　우리 인간은 직립보행 영장동물로서 다른 동물과는 차별되는 부분이 있고, 또한 식물과는 전혀 다른 점이 있음을 발견할 수 있다. 인간이 다른 동물과 다른 것이라면 반복적인 시행착오 학습 과정에서 실마리를 찾지 못할 때 '원점으로 돌아가기'와 '초심으로 돌아가기'를 할 수 있다는 것이다. 어떤 동물에게 '원점'이라는 단어와 '초심'이라는 단어가 어울리겠는가?

　창조주가 인간을 만들 때부터 '태초(太初)'라는 용어를 주어 무슨 일을 하다가 안 되면 **'처음으로' '원점으로'** 돌아가서 다시

시도해 보도록 하는 지혜를 주었는지도 모를 일이다. 그러나 대자연 속의 식물은 우리 인간과 전혀 다르다. 우리가 아는 상식으로는 식물에게는 '시행착오의 학습이나 법칙'이 절대 따로 필요치 않다. 어떤 식물이 겨우내 잠자고 이른 봄에 움트고서 꽃 피우고 신록의 푸름을 보였다가 가을엔 열매를 맺고 나서 낙엽 따라 가버리는 과정을 시행착오를 겪어가면서 누구한테서 배우기라도 하는가 말이다. 모든 식물은 태초에 하늘이 열릴 때부터 그 식물에게 주어진 자연의 섭리대로 어느 누구에게도 배움이나 가르침 없이 **처음처럼** 스스로 싹 틔우고 꽃을 피우고 열매를 맺고선 때가 되면 스스로 본래 자리 자연으로 다시 돌아간다. 아주 평범한 진리 같아 보이지만 자세히 들여다보면 볼수록 경이로운 일이 아닐 수 없다. 우리 인간도 자연의 순리와 섭리대로 살아가는 식물처럼 처음 이 세상에 태어날 때 먹은 선한 그 마음대로만 살아갈 수만 있다면 얼마나 좋을까 싶다. 다행인지 불행인지는 몰라도 인간은 감정의 동물이기에 그렇지는 못한 것 같다. 분명한 것은 태어날 때부터 탐·진·치(貪·瞋·癡) 삼독심(三毒心)과 오욕칠정(五慾七情)에 얽혀 있지는 않았을 것이다. 살아가는 과정에서 어느 것이 더 승하고 감할 뿐 문제는 내 근본 본성의 처음 마음이 아닌가 싶다.

우리는 주위에서 어떤 사람의 성공 비결이 '초심을 잃지 않고 꾸준하게 잘했기 때문'이라고 하고, 반대로 실패한 사람에게는 잘나가다가 '초심을 잃고 과한 욕심을 부려서 결국 그렇게 되었다'는 소리를 하는 것을 종종 듣게 된다. 사람이 살면서 일평생 **'초심'** 즉, **'처음처럼 먹었던 마음'** 그대로 살아가기가 어디 쉬우랴 싶다. 새해 정초에 세운 원대한 일 년 계획, 매달 세운 월간 계획은 물론 주간 계획도 마치 작심삼일처럼 흐지부지되다가 또다시 마음 다지며 고쳐먹어 보기를 수없이 반복하면서 대개 그렇게 살아가는 것 같다. 그래도 우리는 무슨 일이든 어떠한 경우든 그 무엇을 이루고자 할 때 초심을 잃지 않으려고 노력하며 살아간다.

처음 마음먹고 처음에 하기로 작심한 뜻을 끝까지 견지하면서 밀고 나가는 것을 우리는 '초지일관(初志一貫)'이라고 한다.

초심은 처음 품는 마음으로 아주 순수하며 겸손한 마음이 곁들여 있다. 처음 품은 마음으로 사랑하는 마음 즉, 첫사랑의 마음을 생각해 보라. 얼마나 아름답고 순수한 마음인가. 그 같은 첫사랑이 이루어지지 않을 때 실연의 아픔을 겪어본 사람은 누구나 할 것 없이 처음 품었던 마음을 떠올리며 달래기도 한다.

사랑이든 무슨 일이든 초심을 잃지 않고 그대로 끝까지 유지하면서 살아가기란 여간 쉽지 않다. 이러한 우리 인간의 '처음처럼' '초심(初心)' 또는 '초발심(初發心)'에 대해 불가에서는 일찍이 3,000여 년 전에 부처님께서 〈화엄경 華嚴經〉에 **'처음에 올바로 마음을 일으키면 바로 정각(깨달음)을 성취하게 된다. 초발심시변정각 初發心時便正覺'**이라고 설하셨다(화엄경약찬게 華嚴經略纂偈 770자 110구 중 108구 및 의상조사 법성게 法性偈

제 15구). 이는 '처음 시작할 때 가진 마음가짐이 곧 부처의 마음이다.'라는 의미로 초심은 순수하며, 순수한 마음이 지켜져야 마음공부가 되고 깨달음에 당도할 수 있다는 뜻이다. 초심은 '최초의 마음이며 최후까지 지켜야 할 마음'이라고 할 수 있겠다. 따라서 불가에서 출가수행자들은 불교입문 필독서로 《초발심자경문初發心自警文》^(주해서 46)을 제대로 익히고 공부해야 한다.

가장 순수한 초심 그 순수한 신심을 일으키는 경전인 《초발심자경문》은 《계초심학입문》^(주해서 47), 《발심수행장》^(주해서 48), 《자경문》^(주해서 49)을 합친 본으로 불교입문의 필독서로 승가에서는 사미과(沙彌科)의 기본교재이다. 수행에 임하는 기본자세와 정신을 이 책으로 가르치고 있다.

조계종 승가대학장 은해사 승가대학원장을 역임하신 지안(志安)스님은 2009년에 〈초발심자경문〉(조계종 출판사)을 쉽게 풀어놓은 『처음처럼(初心)』을 펴내고 초심을 지켜야 불교공부도 꾸준히 할 수 있다고 강조했다.

『처음처럼』은 지안 스님이 지은 순수한 마음에 대한 강설서로 부처님의 가르침을 전하는 강주로서 〈초발심자경문〉을 후학들에게 현대적인 단어와 문장으로 우리의 눈높이에 맞춰 강설하고 있다.

지안 스님은 〈자경문〉의 백미를 '주인공아, 내 말을 들어라!'란 대목으로 꼽았는데 이 말은 '자기 영혼을 들여다보는 가장 진실한 말'로 '내가 나에게 전하는 메시지'라고 강조한다.

자기 본성을 확인하기 위한 **'내가 누구냐?'**라는 말과 상통하

는 것으로 내 마음의 주인을 찾는 일이 곧 깨달음을 얻는 일이
다. 내가 누구인가 아는 것은 스스로에 대한 자각이자 관찰이
다. '나의 본성을 보면 곧 부처를 본다.'는 말이 있을 만큼 내 마
음의 주인을 찾는 일은 불교의 모든 것이라 할 수 있겠다.

우리말 법성게

법의 성품 원융하여 두모습이 원래없고	모든법은 부동하여 본래부터 고요하며
이름없고 모습없어 모든 것이 끊어졌고	증지소지 깨달음은 다른경계 아니로다
참된성품 깊고깊어 미묘하고 지극하여	자기성품 지키잖고 연을따라 이루었네
하나속에 일체이고 일체속에 하나이네	하나바로 일체이고 일체바로 하나이네
작은티끌 하나속에 시방세계 머금었고	일체모든 티끌속에 하나하나 그러하네
한량없는 오랜시간 찰나생각 다름없고	찰나순간 한생각이 한량없는 시간이니
구세십세 서로겹쳐 어우러져 돌아가도	혼란하지 아니하고 따로따로 이뤄졌네
초발심의 그순간에 바른깨침 바로얻고	생각죽음 열반세계 항상서로 함께하네
이치현상 명연하여 분별할수 없음이나	열부처님 보현보살 대성인의 경계일세
부처님의 해인삼매 자재하게 들어가서	불가사의 여의주를 마음대로 드러내니
중생위한 보배비가 온허공에 가득하여	중생들은 그릇대로 모두이익 얻게되네
그러므로 수행자가 본래자리 돌아갈제	망상심을 쉬잖으면 그자리에 못가리니
분별없는 좋은방편 마음대로 구사하고	본래집에 돌아갈제 분수따라 자량얻네
신령스런 다라니의 한량없는 보배로써	온법계를 장엄하여 보배궁전 이루어져
진여실상 중도자리 오롯하게 앉았으니	옛적부터 통함없이 부처라고 이름하네

통도사 반야암 회주 요산 지안(樂山 志安) 스님(1947년~   )

경남 하동에서 출생. 1970년 통도사에서 벽안 스님을 은사로 출가. 1974년 통도사승가대학 졸업 통도사승가대학에서 중강(부교수)을 시작으로 후학 양성에 나섬. 1978~88년 통도사 강주를 역임 등 30여 년간 제방 강원에서 수많은 후학을 길러냄. 2001년 조계종립 승가대학원 제3대 원장 은해사 승가대학장 조계종 교육원 고시위원장 역임. 저서 〈우리는 지금 어디쯤 가고 있는가〉 〈신심명 강의〉 〈기초경전 해설〉 〈금강경 이야기-머무름 없이 살라〉 〈학의 다리는 길고 오리 다리는 짧다〉등. 〈대반니원경〉, 〈대승기신론강해〉 등 번역.

연꽃같이 맑은 참마음… 처염상정(處染常淨)

해마다 오월은 5월 1일 '근로자의 날'로부터 시작해서 5월 5일 '어린이 날' 5월 8일 '어버이 날' 5월 15일 '스승의 날' 5월 21일 '부부의 날'을 포함해서 음력으로 사월 초파일(2021년 올해는 5월 19일) '부처님 오신 날'까지 그야말로 '가정의 달'이다.

삼라만상 신록의 푸르름과 함께 싱그러운 오월은 우리 모두에게 생명의 힘을 충만시켜 주는 '축제의 달' '축복의 달'이 아닌가 싶다.

매년 어김없이 찾아오는 사월 초파일 '부처님 오신 날'을 맞이하면서 사찰마다 경내에 형형색색 오색 연등을 달아 장관을 이루며 축제의 분위기를 자아낸다. 이날만큼은 불자 관계를 떠나 모두가 하나 된 마음으로 어느 절에 가서든 연등 하나 달기도 하고 촛불 켜고 향 올리며 경건한 마음으로 참배를 하곤 한다. 비교적 규모가 큰 불교 종단이나 사찰에서는 부처님 오신 날 즈음해서 성대하게 '연등 축제'를 거행하면서 부처님 최후의 가르침인

'**자등명 법등명(自燈明 法燈 자기를 등불로 삼고 법을 등불로 삼으라)**'의 말씀대로 사바세계의 '무명을 밝히는 장엄한 연등행렬이 장관을 이룬다.

'**연등축제'는 자신을 태워서 불을 밝힌다**는 의미의 연등(燃燈)에다 연꽃 모양으로 부처님의 지혜를 받든다는 의미를 더한 연등(蓮燈)을 밝히는 축제라는 복합된 의미로 보면 별 틀림이 없겠다. 필자는 이 자리를 빌어 '연꽃 모양으로 부처님의 지혜를 받들고 밝힌다.'는 말에서 연꽃에 담긴 깊은 의미를 한번 살펴보며 연꽃 같은 마음에 대해서 공부삼아 알아보고자 한다.

연꽃은 6, 7, 8월에 피는 수련과 여러해살이 수초며 원산지가 불분명하나 대개 아시아(인도, 중국 등)와 오스트레일리아라고만 알려져 있다. 연꽃의 종류는 색에 따라 황련 홍련 백련 청련 등이 있고, 종자에 따라 연 수련 어리연 대개연 가시연 등이 있다. 꽃말은 '결백, 청정, 신성'이다. 매화와 함께 벚꽃이 봄을 알리는 화신이라면 연꽃은 접시꽃 수국 수련과 함께 여름을 알리는 화신이다. 여러 가지 꽃 가운데 6, 7월에 피는 백련 청련 홍련 등의 연꽃은 단연 우아한 자태와 맑은 향기가 으뜸이면서도 연꽃이 갖추고 있는 불교의 진리를 품은 듯한 덕성이 있어 다른 꽃들이 감히 따라올 수 없는 특색을 가지고 있다 하겠다.

연꽃은 불교에서 '깨달음'을 상징하는 꽃으로 유교에서는 순결, 세속을 초월한 결백을 의미하기도 한다. 불교에서 부처님의 좌대를 연꽃모양으로 만들거나 연꽃을 조각해 넣어 '연화좌(蓮

花座)' 또는 '연좌대(蓮座臺)'라고 부른다. 경전에는 아기 부처님이 룸비니 동산에서 태어나자마자 일곱 걸음을 걸을 때 발길이 닿는 곳마다 연꽃이 피어났다고 전하며 신성시하고 있다.

부처님 40년 설법을 집약한 경전인 〈법화경 法華經〉을 〈묘법연화경 妙法蓮華經〉으로 부르는 것도 부처님의 가르침인 신묘한 마음이요 불법(妙法)이 바로 **'흰 연꽃과 같은 올바른 가르침'**이라는 법화사상을 담고 있기 때문이다.

불가에서는 청정법신(淸淨法身) 비로자나불(毘盧遮那佛)이 있는 세계로 한량없는 공덕(功德)과 광대장엄(廣大莊嚴)을 갖춘 불국토를 '화장세계(華藏世界)·연화장장엄세계해(蓮華藏莊嚴世界海)'라고도 부른다. 이 세계에는 큰 연화가 있고 그 가운데 일체의 국토와 일체의 사물을 모두 간직하고 있기 때문에 연화장세계(蓮華藏莊世界)라고 하는 것이다.

연꽃은 **'만유의 주인공이며 자신의 주인인 본성(本性)'**에 비유하고 있으며, 또한 중생을 구제하는 보살(菩薩)에 비유하고 있다. 부처님께서 여러 경전에서 불국토의 장엄함과 깨달음을 연꽃에 비유하여 설하셨듯 불교와 연꽃은 떼어놓을 수 없다. 이와 같이 긴밀한 관계에 있는 연꽃이 지닌 세 가지 진리적 덕성(德性)을 살펴보면 다음과 같다.

처염상정(處染常淨)

진흙땅 물이 고여 있는 깨끗하지 않은 연못에 뿌리를 두고 피어나는 연꽃은 더러운 연못에서 피어오르면서도 결코 더러움에 물들지 않고 수수하지도 화려하지도 않으면서 고운 자태와 맑은 향기를 지니고 있다. 마치 생사관을 벗어난 보살이 사바세계 오탁악세 중생을 구제하기 위하여 탐진치 삼독과 오욕칠정의 생사가 있는 중생계로 다시 돌아와 살면서도 욕망과 번뇌에 물들지 않는 것처럼, 항상 더러움에 물들지 않는 연꽃을 욕망에 물들지 않는 보살에 비유할 수 있는 이유다. 비록 더럽고 지저분한 곳에 처해 있어도 더러움에 물들지 않고 맑고 향기로운 꽃을 피워내는 연꽃은 진흙과 같은 사바세계에 몸담고 있지만 깨달음으로 나아가는 불자들의 삶이 응축돼 있다고 하겠다.

온갖 슬픔과 괴로움 그리고 번뇌가 가득한 세상이지만 결코 이에 물들지 않고 맑고 향기로운 세상을 서원하는 보살도행과도 같은 마음이 닿아 있다. 사바세계 중생들과 같이 오탁악세에 태어나 그 속에 살면서도 그것에 조금도 물들지 않고 해탈 열반한 부처님과 꼭 같다는 의미로 해석할 수도 있다. 다른 모든 부처님들이 예토(穢土) 대신 정토(淨土)를 즐겨하는 까닭에 극락정토에 나는 데 비해, 부처님은 중생들도 사바세계를 버리고 극락정토에 날 수 있도록 스스로 예토를 지원(처염 處染)하여 참고 견디기 어려운 모든 일을 능히 참고 오탁악세를 벗어나 극락정토(상정정토 常淨淨土)로 만들도록 원력을 세웠으니 이 어찌 처염상정(處染常淨)의 마음이 아니겠는가.

요즘같이 어지럽고 혼탁한 세상에서 우리에게 참으로 필요한 올바른 마음 자세가 아닐까 하는 생각을 잠시 해본다. '세속에 물들지 않고 항상 맑고 깨끗하게 살아가는 삶'이란 결코 쉽지 않다. 그것은 연꽃이 더러운 진흙땅에 살면서도 아름답고 향기로운 꽃을 피우기까지 인고의 고통을 겪는 것을 생각해 보면 어느 정도 짐작을 할 수 있을 것이다. 비록 더러운 곳에 처해 있을지라도 항상 맑은 본성을 잃지 않고 살아가는 '처염상정(處染常淨)'의 삶은 우리가 지향해야하는 궁극적 목표라고 생각한다. 혹자는 이제염오(離諸染汚)라 표현하기도 한다.

화과동시(花果同時)

'꽃과 열매가 동시에 맺힌다.' 모든 식물은 먼저 꽃을 피우고 난 뒤에 열매를 맺는데 연꽃은 화과(花果)가 동시(同時)이다.

이것은 곧 불교에서 이르는 **인과동시(因果同時)**의 사상과 일치되므로 불교에서는 이 꽃을 부처님 가르침의 상징으로 일컫기도 한다.

즉, **어떤 원인이 만들어질 때는 이 원인이 가져올 결과가 함께 있다**는 말이다. 물론 어떤 일이든 시간의 흐름을 따르는 진행의 과정이 있고 다음에 그 결과가 나타나는 것이 보편적이라고 생각할 수 있겠으나, 시공을 뛰어넘고 보면 선후가 없이 원인이 언제나 결과와 함께 있으면서 결국 결과와 원인이 동시 공존하고 있다고 보면 된다는 뜻이다. 다시 말해 시작과 끝, 원인과 결과가 함께 같이 있다는 것이다. 심지어 중생이 나고 죽는 생사를 두고도 생사가 동시라는 표현을 쓰기도 한다. 앞서 신라시대 의

상조사가 지은 〈법성계〉에서 '초발심시변정각(初發心時便正覺) 생사열반상공화(生死涅槃常共和) 처음 발심할 때가 정각을 이루는 순간이요, 생사와 열반이 항상 같이 어우러져 있다'고 설했듯이 연꽃은 어쩌면 지구상에서 유일하게 꽃과 열매가 동시에 맺어지면서 또다시 자라서 꽃피고 맺을 열매를 가지고 순환 반복한다고 할 수 있겠다. 우리는 항상 원인과 결과를 동시에 파악하는 지혜를 가지고 살아가야 할 필요가 있다고 생각한다. 그릇된 행위를 했는데도 좋은 결과가 주어지는 요행은 결코 없다. 그릇된 탐욕과 망심보다는 오로지 연꽃 같은 청정한 마음을 지니는 것이 현명하게 살아가는 지혜로운 삶이 아닐까 싶다. 자신의 본래 자성인 연꽃 같은 마음은 누구에게나 다 있다. 아무리 불우한 환경에 처한 사람이라도 아무리 못된 사람일지라도 어느 마음 한 구석에는 연꽃 같은 마음이 누구에게나 똑같이 있다는 것이다. 거기에는 높고 낮음 선과 악 그리고 빈부귀천이 따로 없는 한 마음이 있으며, 본래 자기의 참마음이 있다. 일체 차별을 떠난 절대적 지고의 가치를 가지고 있는 참마음 속에서 세상은 하나가 되고 조화를 이루며 아름답게 빛난다.

대개 부처님 전에 올리는 축원문 대미부분에 〈화엄경〉에서 설하신 대로 '원하옵고 원하옵니다. 세간 생활하되 허공같이 비워서 걸림 없게 하고, 연꽃이 더럽고 깨끗한 물에 젖지 않는 것같이 하겠나이다.

연후원 처세간 여허공 여련화 불착수 심청정 초어피 계수례 무상존 구호걸상 마하반야바라밀 (然後願 處世間 如虛空 如蓮花 不着水 心淸淨 超於彼 稽首禮 無上尊 俱護吉祥 摩訶般若波羅蜜)’하고 마무리 발원을 한다. 이는 곧 ‘마음은 언제 어디서나 장애되거나 구애받지 않으니 자기의 부처에게 의지하라.’는 깊은 뜻이 담겨 있다. 이 대목에서 우리는 비록 시시각각으로 오탁악세와 다를 바 없는 혼탁한 세상에 살아가지만 청정심으로 바르게 살아가도록 노력하며 살아갈 필요가 있음을 배울 수 있다.

종자부실(種子不失)

연꽃의 씨앗(연실 蓮實)은 생명력이 강하여 아무리 오랜 세월이 지나도 썩지 않고 있다가 촉이 트일 기연(機緣)을 만나면 싹이 난다고 한다. 그래서 연실의 생명은 영원하여 끝이 없는 것과 같이 부처님의 가르침도 ‘불생불멸의 지고 무상한 참된 진리요 영원한 생명’이라고 보면 올바른 이해일 것이다.

부처님께서 인간의 본성은 본래 맑고 청정하여 생사가 없는 영원한 생명이라 하셨다. 다만 우리의 마음이 미혹하여 탐진치 삼독심과 온갖 번뇌 망상에 의해 욕망에 물들어 업(業)을 짓는 까닭에 그 업장에 의해 생사윤회하고 있을 뿐 자기 수행과 마음 공부를 통하여 청정한 본성을 회복하면 업이 끊어지고 생사가 단절되어 영원한 생명을 이룰 수 있다고 하셨다. 불가에서 끝이 없는 영원한 생명의 연꽃을 본래 생사가 없는 우리의 본성에 비유한 것이라고 하겠다. 우리 인간 마음속에 깊이 내재해 있는 영원한 생명의 불꽃, 자기 본성(본래 모습) 내지 참나의 자리를 찾는 마음공부가 진정한 참마음 공부이다. '연꽃 같은 마음', 청정함을 지키며 부드럽고 지혜로운 참마음으로 자기 자신을 돌아보면 굳이 불자가 아니더라도 진흙물 속에서 솟아서 아름답게 피는 연꽃처럼 본인의 마음 또한 맑아지리라 굳게 믿고 싶다.

연꽃의 의미를 새기며 박우복 시인의 詩 '연꽃은 이슬도 머금지 않는다.' 한 편을 음미해 본다.

연꽃은 이슬도 머금지 않는다
박우복

혹시 보셨나요
이슬을 머금고 피어나는 연꽃을
아픔도 없이
평온함이 깃든 미소를 안고
피어나는 꽃이기에
연꽃은 이슬도 머금지 않는다
어떤 유혹도 거부하고
자신의 빛깔을 고집하지만
가식에 물들지 않았기에
연꽃은 이슬도 머금지 않는다
고운 향기로 세상을 넓히고
스스로 자신을 지키면서도
나눔의 의미를 너무도 잘 알기에
연꽃은 이슬도 머금지 않는다
오염된 세상에서
순수함을 그대로 지키며
바라보는 사람의
마음을 다스릴 줄 알기에
연꽃은 이슬도 머금지 않는다

박우복 시인
전남 보성 출생.
[문학세계] 등단. 〈시마을〉
동인. 현재 대한생명 근무. 시마을 작품선집
〈가을이 있는 풍경〉 동인시집 〈시와 그리움
이 있는 마을〉 등

참마음 한가운데…
중도(中道) 그리고 중용(中庸)

지금까지 참마음 공부에 대해서 두루 살펴보면서 부처님의 가르침을 통하여 참마음 공부를 어떻게 하는 것이 좋을지 어느 정도 알아보았다. 그런 가운데 이즈음에서 나의 참마음 한가운데는 도대체 어디이며 그 참마음 가운데 일어나는 괴로움을 어떻게 없애며 살아가야 하는지에 대해서 한번 살펴보고자 한다.

인간의 참마음이라고 하는 **'본성(本性)'**을 자세히 살펴보면 근본 또는 본래자리를 뜻하는 **'근본 본(本)과 마음(心)이 살아있다(生)'**라는 의미가 절묘하게 잘 어우러져 있음을 알 수 있다. 이는 곧 근본으로 자리 잡고 살아있는 이 마음 본성이 바로 나의 주인인 참마음이요 우주와도 같다는 것을 의미하는 것이 아닌가 싶다.

앞서 한두 차례 언급한 바 있는 그대로 우리는 '내 몸의 주인인 참마음과 참마음의 스승인 몸'이 혼연일체가 되어 움직일 때 너무나 자연스럽고 편안하다. 나의 몸과 마음이 따로 움직이거나 내 마음이 하나가 아니고 둘이나 셋이 될 때부터는 생각 밖으로 괴로운 일들이 생긴다. 우리 인간은 온갖 번뇌 망상이 파도처럼 일어나는 가운데 고통과 괴로움으로 번민하며 살아가고 있다.

이는 나(我)를 중심으로 하는 마음(我相)에서 비롯하여 너(사람 人)의 마음(人相) 너와 나를 포함한 우리(중생 衆生)의 마음(衆生相) 그리고 목숨(壽者)이라는 마음(壽者相)이 나도 모르는 순간에 불현듯 끊임없이 생겨나기 때문이다. 이와 같은 마음을 어떻게 다스려야 하며, 상(相)을 어떻게 내어 괴로움을 벗어나야 하는지에 대해 부처님께서 〈금강경〉에 잘 설해주셨는데 문제는 우리 인간이 아직 깨우침 덜한 중생이라서 그런지 막상 부처님 가르침대로 잘되지 않는다.

중도(中道)의 삶

우리 인간은 항시 탐욕과 버림, 분노와 용서, 어리석음과 지혜로움, 고통과 쾌락, 행복과 불행, 나와 남, 남과 여, 부와 빈, 내 편과 네 편, 여와 야, 진보와 보수, 아군과 적군, 이익과 손해, 당김과 놓음… 등등과 같은 어찌 보면 날카롭게 대치하고 있는 현실에서 어느 한 쪽을 선택해야 하는 '경계(境界)'가운데 괴로워하며 고통과 번민 속에 살아가고 있다고 할 수 있겠다.

두 극단인 고통과 쾌락을 여의고 욕망과 집착을 벗어난 치우침 없는 중도(中道)의 삶이란 어떠한 삶일까? 이에 대해 부처님께서는 크게 두 가지로 깨우침을 주셨다. 그 하나가 《잡아함경 雜阿含經》[주해서 50]에 있는, **'네가 만일 그르다 하면 저도 또한 너**

를 그르다 할 것이니 중도를 취하지 않으면 그것이 바로 괴로움이다.'라는 가르침으로서 '괴로움에서 벗어나는 삶이란 중도를 취함에 있다'고 하신 말씀이다.

우리 인간의 삶을 자세히 들여다보면 서로 자기의 생각이 옳다고 주장하는 가운데 끊임없이 다툼과 원망이 쌓여 괴로움을 만들어가며 살아가고 있는 것이 실상이 아닐까 싶다.

이 같은 실상의 진리를 안다면 지금 살고 있는 것에 대해 어떻게 마음을 내어야 하는지 한번 깊이 생각해 볼 필요가 있다고 생각한다.

괴로움에서 벗어나 보다 좋은 생활의 장을 만들려고 노력하며 중도의 삶을 살아가는 것이 올바른 이치가 아니겠는가. 서로의 입장을 내세우며 자신의 주장을 합리화시키는 데에만 열중해 스스로 더욱더 괴로운 삶을 만들어가기보다는 중도적인 한마음으로 현실을 자각하면서 서로의 입장을 떠나 상호 간 이해와 포용으로 감사한 마음과 함께 보은의 행위를 실천하며 지혜롭게 살아가는 것이 훨씬 더 가치 있는 행복한 삶이 아닐까 싶다.

이와 함께 부처님께서 45년 동안 전도를 마치시고 쿠시나가라의 사라쌍수 나무 아래에서 열반에 드시기 전에 자신의 삶을 돌아보시면서 읊은 유훈 게송에서 《사성제 四聖諦》와 《팔정도 八正道》[주해서 51]에 대해 이르시며 중도(中道)를 통해 열반(해탈)에 이르는 길을 일깨워주셨다.

부처님께서는 인간의 삶에 있어서 누구도 피할 수 없는 생·

노·병·사(生老病死)의 4고(苦)와 애별리고(愛別離苦)·원증회고(怨憎會苦)·구부득고(求不得苦)·오온성고(五蘊盛苦)의 네 가지를 합한 8고(苦)를, 고제(苦諦), 집제(集諦), 멸제(滅諦), 도제(道諦)의 사성제를 통해 극복하고 해탈(열반)에 이르는 수행법을 일러주셨으며, 구체적인 실천방법으로 '바르게 보고(正見), 바르게 생각하고(正思惟), 바르게 말하고(正語), 바르게 행동하고(正業), 바른 수단으로 목숨을 유지하고(正命), 바르게 노력하고(正精進), 바른 신념을 가지며(正念), 바르게 마음을 안정시키는(正定)' 팔정도를 일러주셨다.

《소나경》(주해서 52)에 나오는 소나존자의 깨달음 이야기이다. 출세간의 수행자로 치열하게 정진을 하다 집착을 없애지 못하고 번뇌에서 해탈하지도 못한 소나존자에게 부처님께서 이렇게 한 수 가르침을 주셨다고 한다. "소나여, 그대가 잘 타는 류트(우리의 아쟁 牙箏에 가까운 현악기)의 **활줄이 지나치게 팽팽하지도 느슨하지도 않게 음(音)이 적당하게 잘 맞추어져 있을 때 선율이 아름답고 연주하기에 적합하게 된다.** 그와 같이 지나치게 정진하면 마음이 들뜨고, 지나치게 느슨한 정진은 나태함을 일으키게 된다."고 말씀하셨다.

여기에서 우리는 '어느 한 쪽으로 치우침이나 기댐 없이 지나치거나 모자람이 없는 바른 마음'으로 살아가는 것이 중도(中道)적인 삶의 한 요체임을 알 수 있다.

중도의 삶을 여법하게 산다는 것은 출세간 수행자들이 주로 하는 수행이긴 하지만 불자 아닌 일반인들에게도 필요한 덕목이라고 하겠다.

중용(中庸)[주해서 53]의 도(道)

앞서 불교에서 말하는 중도(中道)의 삶과 유사한 부분이 있긴 하지만 그 실행이나 실천방법이 다른 유교 교리로 '극단 혹은 충돌하는 모든 결정에서 중간의 도(道)'를 택하는 《중용 中庸》이 있다.

중용은 동양고전 사서오경(四書五經 논어 論語, 맹자 孟子, 대학 大學, 중용 中庸, 시경 詩經, 서경 書經, 역경 易經, 춘추 春秋, 예기 禮記) 중의 하나로 공자의 손자인 자사(子思)가 저작한 동양철학서이자 **'어느 한쪽으로 치우치지 않는 평상(平常)의 도(道)'**를 말한다. 여기서 중용(中庸)의 중(中)은 '어느 한쪽으로 치우치거나 기대어 있지 않아 지나치거나 모자람이 없는 것'으로 인간의 본성(本性)인 진(眞)을 나타내는 말이라 할 수 있으며, 용(庸)은 인간의 인성본연(人性本然), 즉 '본성(本性)을 쫓아 행동하는 평상(平常)의 도(道) 내지 이치(理致)'의 이(理)를 나타내는 말로 결국 중용(中庸)의 삶이란 '도(道)를 구하며 나의 본래자리를 찾는 진리(眞理)에 이르는 길'이라고 풀이할 수 있겠다.

'중(中)'이 공간적으로 양쪽 끝 어느 곳에도 편향하지 않는 것이라면 '용(庸)'은 시간적으로 언제나 변하지도 바뀌지도 않는 것을 의미하며 시공간 한가운데 변함없이 여일하게 있는 진리 그 자체라 할 수 있겠다.

중용의 참된 의미와 그 실현은 중과 용, 즉 알맞음과 꾸준함이 서로 하나가 된 관계를 유지하면서 치우침이나 기대임도 없이 지나침이나 모자람도 없는 한가운데 중의 덕(中德)뿐만 아니라 꾸준히 변함이 없는 용의 덕(庸德)을 조화롭게 겸비하여야만 비로소 이루어질 수 있다고 하겠다.

위와 같은 내용을 종합하여 살펴볼 때 '중도(中道)의 삶' 또는 '중용(中庸)의 삶'으로 살아가는 것을 한 마디로 표현하자면 **나의 한마음 한가운데에 있는 천부적인 본성에 따라 행동하는 인간 근본의 도(道)를 행함**'이 아닐까 싶다.

이와 같이 결코 쉽지만은 않지만 나의 근본을 찾아가며 도(道)에 이르기 위해서는 평소에 평상심을 바탕으로 한 깊은 생각, 즉 한마음 공부를 꾸준히 하면서 살아가는 것이 진정 아름답고 행복한 삶을 추구하는 현대인의 지혜로운 삶이라고 할 수 있겠다.

이 대목에서 필자의 얕은 지식으로 지극히 심오하기 그지없고 방대하기 이를 데 없는 중도(中道)에 대한 어설픈 논리전개나 중용(中庸)의 도(道)에 대해 감히 가볍게 표현한 것에 대해 심히 부끄럽게 생각하고 있다는 것을 꼭 밝혀두고 싶다.

석가모니 부처님의 유훈 게송을 통하여 팔정도의 깊은 의미를 새겨본다.

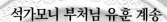

석가모니 부처님 유훈 계송

내 나이 스물아홉에 집을 떠나

유익함을 찾기 어언 51년

계율과 선정과 지혜를 닦고

조용히 사색하며 살아왔네

이제 가르침의 요점을 말하나니

이 길을 떠나 사문의 삶이란 없네

길은 팔정도가 최고

진리는 사성체가 최고

욕망을 다스림에는 법이 최고

두발 가진 생명체 중에는

눈을 뜬 부처가 최고

수밧다여, 이 길뿐 다른 길은 없네

소소영영(昭昭靈靈)한 참마음…
적멸심(寂滅心)

　인생 칠십을 바라보며 필자 나름대로 50년 넘게 신행생활을 해오고 있는 요즈음 들어 문득 분주한 일상에서 잠시 벗어나 조용히 나 자신을 돌아보며 내 본래 모습을 찾는 시간을 갖고 싶은 생각이 자주 들기도 한다.

　지금 살아가고 있는 이 삶이 진짜 나의 삶인지 가짜 삶인지 분간하기 어려운 혼돈상태에서 어쩌면 내 자신 스스로 만든 삶의 틀에 갇혀 인생을 운명처럼 받아들이며 살아가고 있는지도 모른다는 생각이 문득 문득 들기도 한다. 그럴 때마다 나는 내 앞에 펼쳐져 보이는 바깥세상보다도 내 안으로 시선을 돌려 '본래 내 한마음 가운데 있는 마음알기' 공부가 절절히도 필요하다는 것을 느끼며 조용한 산사를 찾아 나 자신을 돌아보는 시간을 갖기도 한다. 종종 혼자서든 서로 마음 통하는 몇몇 도반들과 함께이든 강원도 강릉 성산면 지암산 지암사에서 1박2일 새벽기도와 참선수행을 하는 것은 내게는 참으로 의미 있는 시간이요 무한한 축복과 감사의 시간이다.

우선 잠시 잠깐만이라도 한순간 나 자신을 일체 밝고 또렷하게 돌아보면서 '참 좋은 삶의 인연'으로 이 땅에 와서 이 같은 소중한 인연과 진실한 마음이 통하는 사람들과 함께 기쁨과 행복으로 충만한 참 좋은 삶을 살아갈 수 있게 해주신 부처님과 선망조상님께 한량없는 마음으로 감사드린다. 영롱한 아침 이슬처럼 맑고 밝은 신령스럽기 그지없는 그 한마음이 비로 소소영영(昭昭靈靈)한 참마음으로 이같이 '늘 깨어있는 마음'이면 참 좋겠다는 생각을 깊이 해본다.

　새벽녘 산사에서 조용히 울려 퍼지는 종송에 내 마음에 켜켜이 쌓인 찌든 때를 날려 보내고, 이따금씩 들려오는 풍경소리에 내 마음을 정화시키며 마음의 창을 닦아 보는 환희의 열락을 어디에 비유할 수 있을 텐가. 적적성성(寂寂惺惺)하기 그지없는 산사 법당에 앉아 **'깨어있되 고요하고, 고요하되 깨어있는 나의 참마음'**을 느끼며 소소영영(昭昭靈靈)한 참마음인 적멸심(寂滅心)을 찾아 떠나는 명상여행을 통해서 우주 만물은 오직 한 마음에서 비롯되니(一切唯心造), 이것을 있는 그대로 법답게(眞如) 받아들이며 살아갈 수만 있다면 더 이상 무엇을 바라겠는가. 이에 부처님께서 〈연기법송〉으로 가르침을 주셨듯이 '늘 깨어있는 참마음'으로 '이 세상에 참 좋은 인연으로 만난 사람들과 서로 위로하고 배려하는 마음으로 맑고 향기로운 삶의 향 내음 가득한 아름다운 삶의 인연으로 살아가겠습니다.'하고 발원을 해본다. 그리고 '늘 함께할 수 없지만 마음 깊이 흐르는 정으로 말을 하지 않아도 느낌만으로 삶의 기쁨과 아픔을 내 이웃과 함께 나누며 웃음과 눈물도 함께 하는 참 따뜻한 삶의 인연으로 살아가겠습니다.' 하고 서원을 해본다. 우리는 소소영영한 참마음으로 〈화엄경〉 사구게 '일체유심조(一切唯心造)'와 부처님 가르침인 〈연기법송(緣起法頌)〉과 함께 조화롭게 이루어진 아름답고 행복한 삶의 인연을 소중히 여기며 살아가고자 노력할 필요가 있겠다.

　　원래 **소소영영이란** 말은 휴정 서산대사께서 지으신 《선가귀감 禪家龜鑑》[(주해서 54)]의 첫 구절에 나오는 말로서 **'한없이 밝고 신령스럽다'**는 뜻이다.

　　"여기 한 물건이 있으니 본래부터 한없이 밝고 신령스러워 일찍이 나지도 죽지도 않았고 이름 지을 수도 모양을 그릴 수도 없다. 유일물어차(有一物於此) 종본이래(從本以來) 소소영영(昭昭靈靈) 부증생불증멸(不曾生不曾滅) 명불득상불득(名不得狀不得)" 이에 대한 부연설명을 드리자면 '한 물건(一物)'이란 '우주 만유의 본원인 법성(法性) 자체'를 가리키는 말로 '이름도 없고 모양도 없는 것(名不得狀不得)이면서도 만유를 생성케 하는 무한한 능력을 가진 것으로 모든 능동적인 역할을 다 할 수 있는 나의 본래 주인공'이라 하겠다. 이는 곧 사람의 본성, 즉 참마음을 두고 한 물건이라 일컬은 것으로 《금강경오가해 金剛經五家解》[(주해서 55)]에는 일착자(一着子)라고 표현했으며, 이 한 물건을 찾는 것이 바로 부처를 찾는 것이며 마음공부라고 할 수 있겠다. 이 한 물건이 밝고 신령스러워 인간 본성의 주인으로 세상의 모든 이치가 이것에 의해 통해지므로 밝다는 것이고, 신비스러운 능력이 갖추어져 있으므로 신령스럽다 한 것이다. 이것은 시공을 초월하며, 천지보다 먼저 생겼고 또한 천지보다 나중까지 남아 있다 하여 선천지후천지(先天地後天地)라고 묘사해 놓은 곳도 있다.

매일 분주하게 살아가고 있는 우리로서는 잠시든 정해놓은 시간이든 가쁜 일상에서 벗어나 자기 자신을 돌아보며 소소영영한 참마음인 적멸심(寂滅心)을 찾아보며 우선 나 자신부터 밝고 향기 나는 삶을 구가하며, 나아가서는 가깝든 멀리든 이웃과 함께 따뜻한 마음을 나누며 아름답고 행복한 삶을 살아가도록 노력할 필요가 있겠다.

청담스님의 송시 '참마음'을 몇 번이라도 되풀이하여 읊조리며 한없이 청정한 마음으로 참마음 공부를 되돌아본다.

참마음

청담스님

사람이 본래 가지고 있는 참마음을 일깨우지 않는다면
아무리 애써봐도 참사람이 되지 못한다
남을 위해 좋은 일을 한 것 같아도 곰곰이 자신을 살펴
보면 스스로 욕망을 채우기 위해서인 경우가 많다

이 마음을 깨달은 자는
본래 지니고 있는 성품에 눈뜨기 시작한 증거다
너 나 없이 부처님의 진리를 알고자 하거든
스스로의 마음에 물을 지어다

대종사 청담(靑潭) 스님
1902년 10월 20일 경상남도 진주에서 출생. 성은 이씨(李氏) 속명은 순호(淳浩). 진주제일보통학교와 진주고등농림학교를 졸업 후 25세에 일본으로 건너가 불법을 배우고 이듬해 귀국하여 1927년 고성 옥천사(玉泉寺)에서 남규영 스님을 은사로 모시고 득도. 1955년에 조계종 초대 총무원장 역임. 1956년에 조계종 종회의장. 1966년에 조계종 통합종단 2대 종정 역임. 1971년 11월 15일, 세수 70세, 법랍 45세로 도선사에서 입적.

보시행(布施行)으로 행복한 참마음…
육바라밀행(六波羅密行)

삼라만상으로 신록이 푸르른 가정의 달 5월은 '부처님 오신 날'이 있어서 특히 불가에서는 더없이 기쁨으로 충만된 축제의 달이기도 하다. 해마다 이맘때면 큰 사찰은 큰 사찰대로 작은 절은 작은 절대로 사찰 입구서부터 길거리까지 형형색색 오색 연등을 달며 부처님 오신 날을 기쁘게 맞이한다.

연등을 다는 의미와 연등을 다는 마음에 대해서 앞장 '연꽃 같은 마음'에서 간략하게 언급은 했지만 연등은 부처님께 올리는 《육법공양 六法供養》^(주해서 56)의 하나로 **'부처님의 지혜를 받들고 무명을 밝힌다.'**는 깊은 의미를 담고 있다.

오늘은 《육바라밀 六波羅密》^(주해서 57) 중 보시행에 대한 얘기와 함께 오늘날 우리가 흔히 쉽게 말하는 '베풂', '나눔'과 일맥상통 하지만 이 같은 의미를 포함하여 무량공덕이 더해지는 '보시행'으로 얻게 되는 기쁨과 행복한 마음에 대해서 몇 가지 말하고 자 한다.

이 자리를 빌어 요즈음 같은 신세대 문화에서는 잘 쓰이지 않고 있지만 불과 30, 40년 전만 해도 어렵게 살던 시절에 자주 쓰는 말 중 '적선(積善)'에 대한 오해와 진실에 대해서 소회하고자 한다. '적선(積善)', 즉 '선을 쌓는 것'은 분명 아름다운 행위이지만 '적선을 하다'라든가 '적선을 베풀다'라고 하면 '단순히 동정하여 돈 몇 푼을 구걸하는 이에게 건네는 모습'으로 보이기 십상이다. 그러나 '적선을 쌓다'고 하면 그 의미와 느낌이 확연히 다르다.

'적선을 하다'에서 '적선하는 마음으로…'와 같이 마음이 들어가면 그 느낌이 완전히 다름을 알 수 있을 것이다.

여기에다 우리가 매순간 공덕을 쌓아가며 살아간다고 생각을 지어보면 더욱더 실감이 난다.

흔히 '있을 때 인색하게 굴지 말고 베풀어라'라는 말처럼 재산이 풍족하다고 해서 남에게 베풀 수 있는 것만은 아니다. 나를 내세우지 않고 내려놓을 수 있는 그 마음이 바탕에 깔려 있어야 그야말로 **공덕 쌓는 마음으로** 참된 의미의 선근을 쌓을 수 있다. 수고하고 애쓴 것을 내세우는 베풂은 상대를 오히려 욕되게 하며 따뜻한 마음으로 생각하는 베풂이 진정한 베풂일 것이다. 힘들게 살면서도 더 어려운 사람을 위해 베푸는 사람이 있는가 하면 그렇지 않은 사람도 우리 주변에서 많이 본다. 진정 베푸는 자는 남들이 나서지 않을 때 조용히 소리 소문 없이 무주상보시의 지혜와 용기를 내는 사람이다.

이 대목에서 '남에게 베풂'을 '적선(積善) 쌓기'라고 치고, 부처님과 어느 가난한 사람과 나눈 대화록을 살펴보면서 또 다른 의미의 전정한 베풂을 알아보자.

가난한 사람이 부처님에게 물었다.
"나는 왜 성공하지 못합니까?"
"베푸는 법을 배우지 못했기 때문이다."
가난한 사람이 다시 물었다.
"저에게는 아무것도 없는데 어떻게 베풀란 말입니까?"
그러자 부처님이 웃으며 말했다.
"아무것도 없어도 베풀 수 있는 것이 많다. 첫째는 화안시(和顏施)라 하여 웃는 얼굴을 베푸는 것이다. 둘째는 언시(言施)로 칭찬하고 격려하는 말을 많이 하는 것을 가리킨다. 셋째는 심시(心施)로 마음 문을 열고 남에게 진실함을 베푸는 것이고, 넷째는 안시(眼施)로 선의 어린 눈빛을 보내는 것이다. 다섯째는 신시(身施)로 남을 돕는 행동을 하는 것이고, 여섯째는 좌시(座施)로 남에게 양보하는 것이다. 마지막은 방사시(房舍施)다. 이는 다른 사람을 품는 마음가짐을 갖는 것(또는 쉴 수 있는 자리를 제공하는 방이나 집의 보시)를 말한다."
이것이 바로 '무재칠시(無財七施)'이다.
베풀고 나눌 줄 아는 사람은 어딜 가나 사랑과 환영을 받는다. 그리고 자신이 베푼 것보다 더 많은 것을 보답으로 얻는다.

남을 사랑하고 돌보는 것은 자신의 인생길을 넓게 여는 것과 같으며, 그렇게 쌓은 적선 공덕은 그 어느 누구도 훔쳐갈 수도 빼앗아 갈 수도 없는 것으로 대대손손 자손에게 물려주기도 한다. 우리가 흔히 주위에서 성공한 사람들을 보고 저 사람은 '아마도 조상들이 살아생전에 적선을 많이 해서 그런가 보다'라고 하듯이 말이다. 그래서 나누고 베풀수록 우리의 삶은 더욱 풍요롭고 행복해진다고 하겠다.

베풀고 나누어 줄 때는 주저하지 말고 아낌없이 주라. 주면 줄수록 마음의 창고는 커진다. 또 다른 누군가에 의해, 하다못해 부처님께서도 기쁨으로 가득 채워줄 것이다.

이왕 베풀고 나누어 줄 때는 주었다는 생각마저 버린 채 남김없이 주고 나면 기쁨의 부피가 더없이 커질 것이다. 그게 바로 부처님이 말하는 무주상보시다. 남김없이 베푸는 한마음 일으키는 바로 그 순간 텅 비워진 마음의 곳간에 무량한 기쁨과 행복의 보석이 또다시 가득 채워질 것이다.

이제부터는 **'베풂과 적선'을 불가에서 말하는 보시행, 즉 '나눔의 공덕'**이라는 관점에서 한번 살펴보고자 한다.

육바라밀 가운데 제일 바라밀인 보시(布施)에는 재시(財施)와 법시(法施)와 무외시(無畏施)가 있다. 그리고 앞서 한두 차례 언급한 남에게 베풀어 주는 일에 재물을 들이지 않고도 가능한 무재칠시(無財七施)가 있다.

재시(財施)는 물질적인 나눔, 베풂을 의미하는 것으로, 돈이나 음식 등, 물질적인 것을 필요한 사람에게 자신의 능력에 따라 베푸는 것을 말한다. 본래부터 나의 것이 아니며 모두의 것이기에 필요로 하는 이에게 나누어 주는 것을 말한다. 법시(法施)는 정신적인 베풂이라고 할 수 있는데, 부처님 진리의 말씀을 다른 이에게 전해서 많은 사람들이 미혹으로부터 벗어나도록 도와주는 것으로 다시 말해 전법 또는 포교를 법시라고 할 수 있다. 무외시(無畏施)는 말뜻 그대로 두려움을 없게 하는 것. 상대방의 마음을 편하게 해 주는 것을 말한다. 혹 나는 가난해서 나누어 줄 물건도, 돈도 없으며, 머리에 든 것이 없으니 법시도 할 수 없어 보시를 못 한다고 생각하는 사람이 있을지 모르겠으나, 그것은 매우 잘못된 생각이라 하였다. 가진 것, 아는 것 하나 없이도 할 수 있는 것이 바로 무외시다.

얼굴 표정을 밝게 하는 것, 따뜻한 말 한마디, 칭찬 한마디 등 남을 대할 때 항상 밝은 모습을 보여주는 것이 바로 훌륭한 무외시가 될 수 있는 것이다.

어떤 면에서 보면 불교처럼 '나눔의 공덕', 즉 보시행(布施行)을 강조하는 종교도 드물다고 하겠다. 부처님은 재가자의 보시행에 대해 최고의 수사를 붙여 찬탄하며, 출가자처럼 전문적인 수행이 어렵다면 선행을 베풀고 공덕을 쌓는 것, 즉 보시행도 훌륭한 수행이 된다고 하셨다.

부처님께서 이러한 보시에는 다섯 가지 공덕이 있다고 하셨는데, "첫째는 보시하는 시주의 이름이 사방에 퍼져 사람들의

206

칭찬을 받을 것이다. 둘째는 수행자, 바라문, 부자들 속에 들어가더라도 부끄러움도 두려움도 없을 것이다. 마치 짐승의 왕 사자가 사슴 떼 속에 들어가도 아무 부끄러움이 없는 것과 같다. 셋째는 사람들이 공경하고 우러러 본다. 비유하면 마치 자식이 부모를 우러러 보되 싫어하지 않는 것과 같다. 넷째는 목숨을 마친 뒤에 반드시 천상에 오르거나 인간으로 태어난다. 천상에서는 하늘의 존경을 받고 인간세상에서는 사람들의 존경을 받는다. 다섯째는 지혜가 뛰어나 현세의 몸으로 번뇌를 없애고 후세까지 가지 않게 된다." 부처님은 이어서 보시의 공덕을 찬탄하고 더욱 보시를 행하라고 권했다 한다.

이와 같이 부처님은 보시의 공덕을 강조함으로써 베풂과 나눔을 장려하고 사회적 불평등 문제를 종교적으로 해결하려는 노력을 기울였다고 하겠다. 보시에 대한 이러한 의미부여는 적선과 기부에 대한 사회적 종교적 인식을 바꾸는 계기를 만들어 냈으며, 인도의 아쇼카왕은 불교의 이런 권고를 받아들여 국가적 차원에서 복지시설을 확충하고 '나눔 정신의 사회화'를 실현해 간 대표적 인물로 널리 인식되고 있다. 오늘날 우리에게 절실히 필요한 것도 '가진 자의 나눔 정신' 실천을 보다 확대하는 것이다. 나와 너 그리고 이웃 나아가서 지구상 온 인류와 함께 나누는 한마음의 행복 보시는, 나 한 사람 개인적인 차원에서는 공덕을 쌓기 위해서이지만 우리 모두 함께하는 사회적 차원에서는 나를 이 세상에 있게 해준 데 대한 감사의 의미이자 나의 개인적인 부를 사회로 환원하고자 하는 실천으로 아무리 강조해도 부족함이 없는 아름다운 가치관이 아닐까 싶다. 어느 선지자가 말했던가 '보시공덕만큼 든든한 재산이 없다.'라고….

이 대목에서 춘원 이광수님의 〈애인 육바라밀〉을 낭송해 보며 보시 공덕의 의미를 다시 한번 새겨본다.

애인 육바라밀
이광수

님에게는 아까운 것 없이
무엇이나 바치고 싶은 이 마음
거기서 나는 보시(布施)를 배웠노라
님께 보이고자
애써 깨끗이 단장하는 이 마음
거기서 나는 지계(持戒)를 배웠노라
님이 주시는 것이라면
때림이나 꾸지람이나 기쁘게 받는 이 마음
거기서 나는 인욕(忍辱)을 배웠노라
자나 깨나 쉴 사이 없이
님을 그리워하고 님 곁으로만 도는 이 마음
거기서 나는 정진(精進)을 배웠노라
천하 하고 많은 사람 중에
오직 님만 사모하는 이 마음
거기서 나는 선정(禪定)을 배웠노라
내가 님의 품에 안길 때
기쁨도 슬픔도 님과 나의 존재도 잊을 때에
나는 거기에 지혜(智慧)를 배웠노라
이제 알았노라
임은 이 몸께 바라밀(波羅蜜)을 가르치려고
짐짓 애인의 몸으로 나툰 부처시라고…

이광수(李光洙)
1892.3.4. ~ 1950.10.25)
언론인·문학가·시인·평론가·번역가. 자는 보경(寶鏡),호는 춘원(春園). 영미권 작품 한국어로 번안하여 국내에 소개. 순한글체 소설을 쓰는 등 소설문학의 새로운 역사를 개척하기도 함. 1909년 첫 작품《사랑인가》를 발표한 이후 일본 유학 중 소설과 시, 논설 등 발표. 1922년 5월 개벽지에《민족개조론》발표. 1923년《동아일보》입사 편집국장 역임 1933년《조선일보》부사장 역임 등 언론계에서 활약.《재생 再生》,《마의태자 麻衣太子》,《단종애사 端宗哀史》,《흙》등 많은 작품 씀. 1950년 6월 한국 전쟁 때 서울에 있다가 북한 인민군에 의해 납북. 그간 생사불명이다가 1950년 만포에서 병사한 것으로 확인됨.

받듦으로 아름다운 참마음…
보살도행(菩薩道行) 사섭법(四攝法)

　우리 인간은 태생적으로 사회적인 동물로 살아가면서 그 대상이 가장 가까운 가족 친지든 친구든 직장과 같은 조직사회든 그냥 상대방으로부터 무조건 대우(待遇)나 대접(待接)받기를 바라기도 한다. 또한 경우에 따라서는 내가 상대방에게 해준 만큼 또는 내가 대가를 지불한 만큼 마땅히 그에 상응하는 대우를 받고 싶어 하는 게 인간의 속성이 아닌가 싶다.

　특히 오늘날과 같은 고도 산업 문명사회에서의 삶은 더더욱 그렇다고 하겠다.

　대우받고 싶어 하는 사람과 대우해 주어야 하는 사람 간에는 어떻게 표현할 수 없는 미묘한 차이가 있다. 마음 쓰임의 차이에 따라 나타나는 현상은 천차만별이다. 왜? 대우를 받고 싶어 하며, 반대로 왜? 대우를 해주어야 하는가.

　문제는 그 '대우(待遇)'라는 것이 무조건적이든 소망하며 바라는 것이든 간에 그것이 이루어지지 않음으로써 그만큼 또는 그 이상으로 반드시 괴로움과 번민과 고통에 시달린다는 것이다.

내가 응당히 받아야 한다고 생각하는 대우가 이루어지지 않음에 따른 괴로움과 고통, 그리고 '내가 너에게 어떻게 해주었는데…' 하면서, 상대에 대해 발생하는 서운함과 원망, 밀려드는 고통은 이루 헤아릴 수조차 없이 많다. 심지어 그로 인한 서로 간의 다툼으로 극단적 선택을 하게 되는 참으로 마음 아픈 현상을 우리는 시시때때로 보고 듣기도 한다.

이러한 인간의 수만 가지 다양한 괴로움과 고통, 그 원인과 소멸에 대해 진즉부터 익히 알고 계셨던 부처님께서는, 〈금강경〉에서 '덕을 베풀되 상을 내지마라.(무주상보시 無住相布施)', 〈보왕삼매론〉에서는 '덕을 베풀되 과보를 바라지 마라.'라고 설하시며 '그 공덕은 가히 생각으로 헤아릴 수 없다(불가사량 不可思量)'고 하셨다. 이는 곧 애시당초 조금도 대우나 대접을 바라지 않는 마음으로 가능한 한 상대방에게 베풀고 받들면서 살아가면 그야말로 만사가 편하므로 만사가 형통이라는 뜻이다. 그리고 선지자 하나님께서도 '너희가 다른 사람에게서 대접을 받고자 하는 대로 다른 사람에게도 대접하라.(마태복음 7:12)'고 하셨다. 또한 공자도 '자기가 서고자 하면 먼저 남을 세우고 이루고자 하면 남을 먼저 이루도록 하라.(기욕입이입인 己欲立而立人, 達而達人) 자기를 미루어(받듦이) 남에게 이르게 하라.(추기급인 推己及人)'고 하셨다.

필자는 이 같은 대선지식 성현의 가르침에 대해 곰곰이 살펴면서 나름대로 깊은 깨우침을 얻은 것이 있다. 인간은 태생적으로 '받듦의 몸'으로 태어난 만큼 그 또한 반드시 **'받듦의 참마음으로' 되갚으며 살아가는 것이 지혜로운 자의 아름다운 삶이요 행복한 삶이 아닐까 하고 깊이 생각해 본다.**

대우주에서 수천수만 수억 가지의 여러 피조물들 중 동물세계 그중에서도 영장동물 인간세계에서의 나고 죽음, 즉 생사의 과정은 어찌 보면 처음부터 끝까지 받들며 살아가는 삶의 구조가 아닌가 싶다.

아무것도 모른 채 축복의 환호를 받으며 이 세상에 태어난 갓난아기는 태어난 순간부터 떠받들다시피 하는 그 부모의 따스한 손길 아래 무럭무럭 커간다. 부모는 아기가 때가 되어 배고파 울기라도 하면 허리까지 굽혀가며 다가가 보듬어 주며 우유를 먹이고, 또 응가라도 해서 불편해하면 금세 진자리 마른자리 갈아 뉘며 밤낮으로 받들며 그 이상으로 잘도 보살펴준다. 특히 요즈음 같은 세간에서는 어린이서부터 청소년에 이르기까지 행여나 다칠세라 졸졸 따라다니면서 앞뒤를 살펴주기도 하며 심지어는 도시락과 밥숟갈까지 들고 다니면서 떠받들다시피 하는 것을 그냥 당연시로 여기며 살아간다. 수험생을 둔 부모는 공부를 어떻게라도 시킬 양으로 허리가 휘청거려도 아무런 내색 않고 상전을 모시듯 자식을 아낌없이 공부시켜 주는 모습들은 상상 그 이상으로 눈물겨울 정도이다. 세상에 이보다 더한 받들어 모심이 또 어디 있고, 거룩하다시피 한 희생과 무한 사랑이 어디에 있으랴 싶다. 이렇게 한평생 나를 위해 오직 한마음으로 받들며 살아온 부모가 이승을 하직하고 천상으로 떠날 때 우리는 한없는 마음으로 슬프게 운다.

진정 누구를 위한 슬픔의 눈물일까? 한 번쯤 묻지 않을 수 없다. 그 같은 슬픔의 눈물이 더 이상 나를 받들어주지 않고 막상 떠남에 대한 커다란 아쉬움과 상심의 눈물인가? 아니면 진정으로 그간의 한없는 고마움에 대한 감사의 마음과 이를 일찍이 알아차리지 못한 회한의 눈물인가? 그 의미를 쉽게 헤아리기 어려운 경우를 실제로 종종 보기도 하고 겪기도 한다.

이 대목에서 필자는 우선 필자 자신부터 되돌아보며 이렇게 말하고 싶다. 그렇게 한없는 슬픔의 눈물이요 회한의 눈물의 의미를 진정 조금이라도 안다면 그리고 내가 처음 이 세상에 태어난 순간부터 지금까지 받듦의 호사를 누리며 살아온 데 대한 한량없는 고마움과 되갚아야 하는 책무를 조금이라도 느낀다면, 이제부터라도 우선 나에게 가장 가까운 부모님을 비롯한 가족 친지 이웃 친구 나아가서는 사회에서 만나는 모든 사람들에게 **'있을 때 후회 없이 좀 더 잘하고', '있을 때 미련 없이 좀 더 사랑하고', '있을 때 공경하는 마음으로 좀 더 존경하며'** 이 시각부터라도 당장 그 상대가 누구든 간에 우선 가장 내 가까이에 있는 사람 가족부터 바라는 바 없이 머무는 바 없이 받들며 사는 마음으로, 그리고 낮은 대로 임하며 섬기는 마음으로 살아가야 하지 않나 싶다. 그보다 아름다운 삶과 행복한 참 삶이 어디에 있겠는가?

베풀어 받들고 낮추어 섬기는 삶의 마음으로 살아가면 '가난에 찌들어 힘든 삶보다는 마음이 풍요롭고 부자인 삶', '미움 원망으로 한 서린 삶보다는 사랑과 행복이 가득한 삶', '나쁜 감정으로 적이 많은 삶보다는 선한 마음의 귀인이 많은 삶', '몹시도 아쉬움 큰 삶보다는 밝은 희망으로 찬란한 삶', '후회막급으로 몸서리치는 삶보다는 보람과 용기가 넘치는 삶', '그저 남 부러워하는 삶보다는 존귀와 존경받아 마땅한 삶'이 될 것으로 믿어 의심치 않는다.

이와 같이 베풀어 받들며 살아가는 참마음의 실천행 중 하나가 바로 보살도행(菩薩道行)인 사섭법(四攝法)이다. 이에 대해선 〈주해서 32〉를 참조 바라며, 앞에 '참마음 공부하기' '올바른 마음씀'에서도 말했듯이 남을 이롭게 하는 사섭법은 보살이 범부중생을 제도할 때 취하는 네 가지 기본적인 태도로서 보시(布施)·애어(愛語)·이행(利行)·동사(同事)로 나누어진다. 보시는 진리를 가르쳐 주고 **재물을 기꺼이 베풀어 주는 일**이고, 애어는 사람들에게 항상 따뜻한 얼굴로 부드러운 말을 하는 일이며, 이행은 몸과 말과 생각으로 사람들에게 이익을 주는 일이다. 동사는 **남과 일심동체가 되어 함께 하는** 일로서, 언제나 중생과 같이 일하고 같이 생활하며 그들을 깨우치고 올바른 길로 인도하는 적극적인 참마음의 실천행이다.

이쯤에서 보살도행과 함께 베풀어 받듦의 참마음 실천의지를 다지며 박영숙영 시 한편을 음미하며 나를 받들어 키우신 어머님 사랑을 떠올려 본다.

아~ 내 영혼에 피 묻은 그리움이여
박영숙영

아~ 어머니 나의 어머니
피 흘리는 고통 속에 날 낳으시고
얼마나 많은 날을 애쓰셨기에
저리도 하늘이 멍이 들었나요
정성으로 길러주고 입혀주시며
얼마나 많은 날을 한숨 쉬셨기에
저리도 산은 높이 솟아있나요
한 밤에도 촛불 밝혀 기도하시며
얼마나 많은 눈물 흘리셨기에
저 바다 눈물로 출렁이고 있나요
가난했어도 부자 가슴이었던
어머니의 가슴이 다 헤지도록
사랑을 받고, 사랑을 받고서도
아~ 어머니 ~나의 어머니 ~
천상에 계셔도 자식 걱정에
밤하늘에 별이 되어 지켜보고 계시나요
아~ 내 영혼에 피 묻은 그리움이여!..

박영숙영이 걸어온 길

본명 박영숙
2001 휴스턴 코저널 시 발표. 작품활동 시작
2018~현재까지-Houston Korea World신문 시 발표
2002 현대시문학 1회 추천
2003 한맥문학 신인상 수상.등단
2004 한국 국제펜클럽 재외동포 문학상
2006 시집 영혼의 입맞춤 출판
2008 시집 사막에 뜨는 달 출판
2010 시집 어제의 사랑은 죽지를 않고 출판
2011 재미현역시인101인 등재
2014 우리의 국악소리] 시비— 충북영동 국악박물관
        (난계박연 경란제 앞)
2016 한국문학신문 재외동포문학상 '시'부분 대상
        (12월)

당신을 사랑하는 참마음… 사무량심(四無量心)

　푸르름이 한껏 싱그러운 오월은 '가정의 달'로서 정말 행복과 축복이 가득한 달이다. 이런 오월의 한가운데 '부처님 오신 날'이 있기도 해서 더욱더 그렇다. 그러나 올해 불기 2565년 사월초파일 '부처님 오신 날'은 예년과 사뭇 다른 분위기에서 맞이하게 되었다.

　지구상의 온 인류가 단 한 번도 경험해 보지 못했던 사상초유의 '코로나19 바이러스'사태로 사찰마다 극히 제한된 십여 분의 불자들만 참석하여 조용하고 차분한 분위기로 봉축행사가 봉행되었다.

　참으로 익숙지 않으며 다시는 돌이켜 생각해 보고 싶지 않은 추억거리도 어김없이 굴러가는 세월의 윤회바퀴와 함께 또 이렇게 흘러가는가 보다.

부처님의 말씀대로 '인연법'따라 오고감이 자연스러운 우리네 삶이긴 하지만 막상 요즈음 같은 사바세계 중생들의 현실적인 삶의 질곡에 부딪히는 순간에는 많은 생각에 잠겨들기도 한다.

지난 십여 년 동안 해마다 '부처님 오신 날' 즈음에 필자가 소임처럼 맡아 해온 몇 가지 성스러운 일 중에 하나가 집사람과 함께 20여 년 동안 다니고 있는 서울 노원구 공릉동 '벽운사'에 모셔진 열한 분의 부처님 불상을 경건하고 정결한 마음으로 정성 다해 닦는 일이요 또 다른 하나는 큼지막한 수박에 불(佛)자를 양각으로 새겨서 부처님 전에 공양 올리는 일이다.

해마다 그렇게 해왔듯이 올해도 부처님 존상의 육계(肉髻), 백호(白毫), 법의(法衣), 약함(藥函), 앙련(仰蓮), 보관(寶冠) 등 사이사이에 켜켜이 쌓여있는 먼지를 부드러운 솔로 조심스럽게 털어내면서 부처님 바로 가까이에서 마음속으로 조용히 이렇게 발원을 해본다.

'부처님이시여, 바라옵건대 세세생생토록 알게 모르게 지은 저의 죄업(罪業)과 저와 함께하는 모든 사람들 또한 그 업장(業障)을 모두 소멸케 하시고, 부처님 마음으로 서로 사랑하며 살아가기를 지극한 마음으로 발원하오니 부디 굽어 살펴 주시옵소서…'

'거룩하신 부처님, 당신께서 내려주신 가피와 원력으로 저와 함께하는 모든 사람들에게 대자대비심의 사랑을 베풀며 살아갈 수 있도록 힘과 지혜와 용기를 주시옵소서…'

자비로운 참사랑의 마음이 꽃피는 세상에 부처님의 지혜와 대자대비 광명이 온 누리에 가득하길 기원하며, 부처님의 대자비심이 우리 모두의 마음속에 꽃피워 사랑과 나눔과 행복과 평화가 이 땅에 피어나기를 발원해 본다.

삼라만상에 생명의 존귀함을 심어준 부처님께서는 '코로나19' 바이러스와 같은 무서운 질병과 끝없이 피비린내 나는 전쟁, 하루에도 수천 명씩 기아로 사망하는 고해 아래의 무명 중생들과 언제나 함께하고 계시며 사바세계의 중생구제를 위해 이 순간에도 대승보살행과 감로수 같은 법비를 한없이 뿌리고 계신다.

오로지 중생구제와 행복을 위해 이 땅에 오신 부처님은 우리 모두가 대자비심이라는 참사랑의 보물을 하나씩 가지고 있는 주인으로 신분의 높낮이도 빈부의 귀천도 가진 재물의 많고 적음도 없는 평등하고 존귀한 존재임을 가르쳐 주셨다. 서로 존중하고 사랑하며 상생하는 삶이 진정한 진리라고 일깨워 주시면서 말이다.

오늘날과 같이 우리나라는 물론 온 세계를 온통 공포의 도가니로 몰아넣고 있는 '코로나19'라는 바이러스는 어찌 보면 우리 인간들의 욕심과 어리석음으로 인해 비롯된 무서운 재앙이라고 할 수 있다. 이러한 사태는 역설적으로 뒤집어 생각해 보면 얼마나 이 우주 삼라만상을 서로 존중하며 사랑하며 살아야 하는지를 여실히 보여주는 실증이다. 무명과 탐욕, 갈등과 대립, 우주자연의 질서 파괴와 같은 인간사회의 모순된 일상들이 인과응보라는 대자연의 순리와 법칙대로 '코로나19'바이러스와 같은 무서운 질병을 발생시켰다고 볼 수 있으니 말이다.

싱그럽고 향기로운 숲과 나무 그리고 꽃, 맑은 물과 청정한 공기… 대자연 속에 공존하는 지구상의 모든 것은 그 무엇 하나도 소홀히 할 수 없는 존귀하고 귀중한 유산이다. 그들과 함께 우리 인간은 더불어 살아간다. 사소한 경쟁이나 소모적인 대립이 아닌 서로가 배려하고 사랑하는 길이 자비의 구현이자 부처님 세상, 즉 불국토(佛國土)를 이루는 일이 아닐까 싶다. 요즈음같이 어렵고 힘든 고통의 시기일수록 부처님께서 이 땅에 오신 참뜻을 되새기며 부처님께서 중생의 고통을 섭수하셨듯이 우리도 모두 가까이에 있는 이웃들의 아픔과 고통을 살피며 대자대비의 참마음을 가지는 것이 그 뜻을 헤아리는 일이라고 생각한다.

어둠의 밤이 깊을수록 내일의 찬란한 빛은 더욱 강렬하듯 비록 '코로나19'로 모두가 어려운 공포의 시간을 보내고 있지만 지금의 이 시련이 결코 오래 가지는 않을 것이라 믿으며 부처님의 지혜와 대자대비 참사랑의 광명이 모든 이들에게 닿아 아픔이 치유되고 절망을 희망으로 변화시켜 나가기를 발원해 본다.

부처님께서는 인간이 살아가면서 겪는 희로애락을 마치 **당신 자신의 몸이 겪는 것처럼 똑같이 느낀다는 말씀으로 '동체대비 (同體大悲)'**를 가르치셨다. 우리 또한 동체대비의 큰 원력으로 소외당하고 고통받는 이웃의 어려움을 함께 나누고 사랑하면 모두가 행복해지는 아름다운 세상이 만들어질 것이라 생각한다.

서로가 존경하고 사랑하며 살아가는 것이 부처님 가르침의 본바탕이다. 나눔의 대자비심과 참사랑의 실천으로 이 사회의 어두운 곳을 비춰주는 큰 빛이 생겨 상생과 포용으로 아름답고 행복한 세상을 열어가기를 두 손 모아 발원해 본다.

이와 같은 사랑하며 살아가는 참마음의 실천행 중 하나가 바로 보살도행(菩薩道行) 사무량심(四無量心)이다. 즉 자(慈)·비(悲)·희(喜)·사(捨)의 이 네 가지 무량심(無量心)은 우리 같은 범부중생에게 한없는 즐거움을 주고 미혹과 고통을 제거하여 주는 보살의 실천적 참마음 가짐이라 할 수 있겠다. 구체적으로 살펴보면 **첫째, 자(慈)무량심**은 선한 중생을 대상으로 한 참마음 가짐으로, 고통만 있고 즐거움이 없는 중생으로 하여금 즐거움을 얻도록 하는 것과, 복은 있지만 지혜가 없는 중생으로 하여금 지혜를 갖추도록 하려는 것이다. 둘째, 비(悲)무량심은 악한 중생을 보고 슬퍼하여 그들의 고통을 구하려는 참마음 가짐으로, 욕심과 분노와 산란한 마음으로 가지가지 나쁜 과보를 짓는 중생들을 측은히 여겨 그와 같은 고통의 원인을 제거시키고자 노력하는 것이다.

셋째, 희(喜)무량심은 정업(淨業)을 닦는 중생을 보고 기뻐하고 격려하는 보살행으로서, 정업을 닦되 몸으로 입으로 마음으로 아무런 죄를 짓지 않고 맑게 살아가는 것을 끊임없이 지켜보고 인도하는 참마음 가짐이다. **마지막으로 사(捨)무량심**은 자리행(自利行)·이타행(利他行)을 원만히 성취해 가는 최고의 지혜(智慧)로 자기의 욕구를 버림으로써 모든 사람에 대한 자비의 이타행이 나타나게 하는 참마음 가짐이다. 이는 곧 모든 중생이 주객과 친분 등에 따라 차별을 두는 이원화(二元化)된 마음을 버리고 오로지 불이(不二)의 경지로 들어갈 수 있도록 인도하는 진실된 참마음이기도 하다. 필자의 애송 詩 인도 시성 타고르의 〈기탄잘리〉한 편과 함께 당신을 사랑하는 참마음을 그려본다.

기탄잘리(신에게 바치는 노래 중 일부)

라빈드라나트 타고르

당신은 나를 영원하게 하셨으니 그것이 당신의 기쁨입니다.
이 연약한 배를 당신은 끊임없이 비우시고 신선한 생명으로 영원히 채우고 있습니다.

이 가냘픈 갈대의 피리를 당신은 언덕과 골짜기 너머로 지니고 다니셨으며, 이 피리로 영원히 새로운 노래를 부르고 있습니다.당신의 영원히 사라지지 않는 손길에 나의 작은 가슴은 즐거움에 젖어 들어서 말로 표현할 수 없는 소리를 외칩니다.

그칠 줄 모르는 당신의 선물을 나는 이처럼 작은 두 손으로 받아들고 있습니다.
오랜 세월은 지나가도 당신은 여전히 채우고 있습니다.
그러나 아직도 채울 수 있는 자리는 나에게 남아 있습니다.

당신이 나에게 노래를 부르라고 명령하실 때 나의 가슴은 자랑스러움으로 인하여 터질 것만 같았습니다.나는 당신의 얼굴을 바라보면서 뜨거운 눈물을 흘립니다.나의 생명 속에 깃들여 있는 거칠고 어긋난 모든 것들이 한 줄기의 아름다운 화음으로 녹아들고 있습니다.나의 찬미는 바다를 날아가는 새처럼 즐겁게 날개를 펼칩니다.

나는 당신이 나의 노래를 듣고 있다는 사실을 알고 있습니다.나는 오직 노래를 부르는 사람으로 내가 당신 앞에 나갈 수 있다는 것을 알고 있습니다.

활짝 펼친 내 노래의 날개 끝으로 나는 감히 닿을 수 없는 당신의 발을 어루만집니다.

노래를 부르는 즐거움에 젖어서, 나는 자아를 잃어버리고 나의 주인 당신을 친구라고 부릅니다.

라빈드라나트 타고르(Rabindranath Tagore 1861.5.7.~1941.8.7.) 인도 시인

1913년 노벨 문학상 수상. 성자 데벤드라나트 타고르의 아들로서 일찍이 시를 짓기 시작. 1880년대에 몇 권의 시집을 낸 뒤 시가집 〈아침의 노래〉(1883)로 그의 예술 기초 확립. 1890년 성숙된 천재성을 보여주는 〈마나시 Mānasī〉라는 시모음집을 펴냄. 갠지스 강을 사랑하여 그의 문학의 중심 이미지로 삼고 이곳에 머무는 여러 해 동안 그는 〈황금 조각배(1893), 〈경이〉(1896), 〈늦은 추수〉(1896), 〈꿈〉(1900), 〈찰나〉(1900), 〈희생〉(1901) 등의 작품집과 함께 〈Chitrāṅgadā〉(1892), 〈Chitra〉라는 제목으로 1913년에 재출간 및 〈정원사의 아내〉(1895)라는 서정적 희극 출간.

1902~07년 사이에 처자식과 사별 후 울적한 심경을 훌륭한 시로 형상화. 1913년 널리 알려진 작품집 〈기탄잘리 Gītāñjali〉('찬송을 헌정함'이라는 뜻, 1910)의 영역본으로 노벨상을 수상. 1915년 영국으로부터 기사 작위를 수여받았으나, 1919년 암리차르에서의 대학살에 대한 항거의 표시로 그 작위를 반납. 1920년 〈동아일보〉창간에 즈음하여 〈동방의 등불〉이라는 시를 기고하여 일제에 나라를 빼앗긴 한국민에게 큰 감동을 안겨주기도 했음.

참마음에 등불을 밝히고…
자등명 법등명(自燈明 法燈明)

날이 갈수록 실록의 푸르름이 더해가는 5월의 마지막을 보내는 주말에 필자가 다니는 절에서 올해 '부처님 오신 날' 절 주변 도로변에 내달았던 연등을 다시 내리는 울력을 하면서 '연등(燃燈)을 다는 의미'를 새삼 되새겨보게 되었다.

사시예불 후 따사로운 오월 햇살로 비지땀을 흘리며 효경스님과 초파일 열흘 전에 절 입구서부터 주변 도로 가로수에 내달았던 형형색색 오색 연등을 내리고 내년 초파일에 다시 내달 수 있도록 잘 정리해서 차곡차곡 박스에 담는 울력을 했다. 크게 힘들지는 않았지만 오가는 사람들에게 방해되지 않게 조심스레 박스에 담으며, 순간 내년에도 이렇게 연등을 달며 '부처님 오신 날'을 맞이하는 봉축행사가 축복스럽게 이루어지기를 염원해 본다.

이참에 이런 자리를 빌어 '연등(燃燈)을 다는 의미'와 함께 불자라면 올바르게 알아두면 좋을 것 같은 법당 내 사찰예절 중 향(香)과 초(燈과 같은 의미) 공양 올리는 법에 대해서 잠시 살펴보고자 한다. 절에서 부처님 전에 올리는 향(香)·초(燈)·차(茶)·과(果)·꽃(花)·미(米) 육법공양의 의미는 순서대로 각각 아주 심오한 의미를 담고 있지만 특히 향공양과 초(등)공양은 특별한 의미가 몇 가지 더 있다고 하겠다.

먼저 향을 올리는 것에는 부처님께 아름다운 향기를 올려 찬탄하는 것과, 부처님의 법음을 중생계는 물론 천상계를 포함한 육도윤회계까지 소리 없이 무언의 향기로 두루 퍼지게 하고 또 여러 개의 향이 타더라도 연기는 하나로 뭉쳐 합해지듯이 개개인의 이기심을 버리고 모두와 상생 화합하는 마음을 갖겠다는 부처님과의 약속의 의미가 담겨있다고 하겠다. 또한 향(香)공양은 번뇌하는 자신을 태워 주위를 맑게 하며 속박으로부터 벗어나 자유자재한 경계에 이르는 해탈을 상징하여 공양하므로 해탈향(解脫香)이라고 한다.

내 마음을 상쾌하게 해주고 청량감을 주는 향으로 부처님께 최상의 공양을 올리며 그 향연처럼 우리 모두가 화합하겠다고 약속드리는 것은 참으로 아름다운 모습이라고 생각한다.

그리고 부처님 전에 촛불을 밝히는 의미는 스스로 자기의 몸을 태워 밝은 빛을 발산함으로써 무명의 어둠을 밝히고 남을 이롭게 하는 아름다운 역할을 하는 마음이 담겨있다고 하겠다. 또한 초(燈)공양은 모든 사물의 도리를 분명히 밝게 꿰뚫어 보는 깊은 지혜인 반야와 희생, 광명, 찬탄을 상징하며 공양하므로 반야등(般若燈)이라고도 한다.

이와 같이 초(燈) 공양은 곧 내 마음의 등불을 켜서 세상을 밝히며, 모든 것을 고요히 비추는 대로 집어 삼키기도 하고 녹여버려 우리의 영혼을 몰입하게 하는 신비스런 영적인 힘도 가지고 있다고 하겠다. 촛불을 바라보며 하는 참선이나 명상, 또는 한때 혼동기에 대중의 촛불집회가 가지는 어마어마한 힘을 보면 잘 알고도 남을 것이다.

오로지 부처님 전에 경건한 마음으로 촛불 공양을 올리는 행위도 나 자신을 희생시켜 남에게 봉사할 수 있도록 하겠다는 서원, 즉 부처님과 약속을 하는 의미이므로 또 다른 무량한 공덕을 짓는 일이 될 것이라고 생각한다.

자기 자신을 태우며 온 우주 법계에 향기를 두루 퍼지게 하는 일심향(一心香)이나, 무명세계를 밝히는 한 자루의 초가 아는 듯 모르는 듯 시공을 넘어 **'스스로 자신을 낮추고 낮추고 또 낮추다가 어느 샌가 한 줌의 재로 사그라지곤 흔적조차 남기지 않고 사라졌다가 우주 법계 어느 한 모퉁이에서 또다시 일심의 향연을 피우고 광명의 등불을 밝힌다.'**는 깊고도 깊은 만고불변의 진리를 아는 사람은 아마도 그리 많지는 않으리라 생각한다.

여기에 참된 공양의 아름다운 미덕 하나를 더한다면 향, 초 공양을 올리기 위한 마음 준비를 갖추었다 하더라도 이미 다른 불자들이 부처님 전에 향이나 초 공양을 올렸다면 다음 기회로 공양을 미루는 선행의 미덕이겠다.

특히 개방된 법당이 아닌 좁은 법당 내 향로에 향이 빼곡히 꽂혀 뿌연 향연을 뿜어내면 아무리 좋은 의미의 향 공양이라고 하더라도 앞에서 독경과 염불을 하는 스님들의 건강은 물론 다른 불자들에게도 해를 끼치게 될지도 모른다는 생각을 해야 한다. 반드시 내 향, 내 초를 올려야 한다는 이기심을 버림으로써 동시에 또 다른 선근 공덕을 짓는 아름다운 미덕이 생기지 않을까 싶다. 이런 자리를 빌어 향(香)·초(燈)공양의 의미에 대해선 여기까지만 말하고 이제부터 참마음의 등불을 밝히는 '연등(燃燈) 공양'에 대해 좀 더 자세히 살펴보기로 하자.

앞서 부처님 전에 올리는 향공양과 함께 자신을 태우며 무명을 밝히는 초공양, 즉 촛불(燈) 공양과 같으면서도 또 다른 차원과 깊은 의미를 담고 있는 '연등(燃燈) 공양'에 대해 설명을 하자면 다음과 같다.

《근본설일체유부비나야약사 根本說一切有部毘奈耶藥事》(주해서 58)일명 《비나야약사(毘奈耶藥事)》 경전에 나오는 **부처님 당시 가난한 여인의 등불**'이라는 일화와 부처님께서 열반직전에 아난다에게 남긴 유훈인 **'자등명 법등명(自燈明 法燈明)'**에 대한 아름다운 얘기이다.

옛날 인도의 사위국 프라세나짓 왕은 석 달 동안 부처님과 여러 스님들에게 공양하였으며, 또 수만 개의 등을 켜서 연등회를 베풀었다. 그때 밥을 빌어 겨우 목숨을 이어가는 한 여인이 프라세나짓 왕의 연등회를 구경하고 다음과 같이 말하였다.

"내가 가난하여 아무것도 공양할 것이 없지만 등불 하나라도 켜서 부처님께 공양하리라." 떨어진 누더기를 팔아 동전 두 닢을 얻어 기름을 마련하고 불을 켜 올리면서 또 말하였다. "보잘것없는 등불이오나 이 공덕으로 오는 세상에 저도 부처님이 되게 하옵소서"라고 기원하였다 한다.

밤이 깊어지자 다른 등불은 모두 꺼졌으나 오직 하나의 등불만이 밝게 빛나고 있었다. 등불이 다 꺼지기 전에는 부처님께서 주무시지 않으실 것이므로 아난다는 그 불을 끄려고 부채를 들고 바람을 일으켰으나 종내 꺼지지 않았다. 입으로 불고 손으로 문지르고 가사자락으로 휘둘러 보아도 끝내 불이 꺼지지 않았다. 부처님께서 그것을 보시고 말씀하셨다.

"아난다여, 부질없이 애쓰지 말라. 그것은 가난하지만 마음이 착한 여인이 넓고 큰 서원과 정성으로 켠 등불이다. 그러니 결코 꺼지지 않을 것이다. **그 등불의 공덕으로 그 여인은 다시 오는 세상에서 반드시 부처님이 되어 밝은 법등으로 어두운 세상을 밝힐 것이다.**"라고 하였다.

또 하나는 석가모니 부처님께서 열반 직전에 제자 아난다가 '부처님이 떠나시면 누구를 믿고 의지해야 합니까?'라고 묻자 '자등명 법등명(自燈明 法燈明) 자귀의 법귀의(自歸依 法歸依), 재행무상(諸行無常) 불방일정진(不放逸精進) 자신의 등불을 밝혀 자신에게 돌아가 의지하고 진리의 등불을 밝혀 진리에게 돌아가 의지하라. 이 세상 모든 것은 끊임없이 변하는 것이라 덧없고 허망하다. 그러니 게으름 피우지 말고 정진하라.'는 말씀을 남기셨다고 한다.

이와 같이 연등(燃燈)은 연등 자체가 중요한 게 아니라 연등을 통해서 '참마음의 등불을 밝히는 것'이 정요요 핵심이라고 할 수 있겠다. 그래서 사실 이 핵심을 놓친다면 그냥 연등을 켜고 연등을 다는 봉축행사가 아무 의미가 없다고 할 수 있겠다.

불가에서 등불은 곧 불교의 자비, 지혜, 해탈, 선정, 재생을 포함한 정각심이라고 밀할 수 있다. 또한 '등불은 지혜를 밝게 하는 것에 비유한 것이니 항상 이와 같이 깨달음의 등불로서 마침내 끝이 없을 것이다'고 하였다. 가난한 여인의 등불처럼 거기에는 우리들의 간절한 소망과 지극한 정성이 깃들어 있다. 그래서 '참마음의 등불'은 부처님을 향한 가식 없는 찬미의 등불이어야 할 것이며, 또 우리 자신들의 각등(覺燈)을 스스로 밝혀 중생의 어두움을 사르는 지혜의 등불이어야만 하겠다.

이와 같이 '참마음의 등불'을 밝히는 것은 부처님의 출현으로 어둡고 컴컴한 이 세계를 항상 비추게 됨을 기림과 동시에 3,000년 전 부처님이 이 땅에 오심을 되새겨 보고 오늘 우리 인류의 밝은 생활을 염원하는 뜻이 담겨있다고 하겠다.

나도 참답게 되고 남도 참답게 되어 온 세계 인류가 참다워져 보람 있는 우리의 삶 아름답고 행복한 우리의 삶이되도록 각자 '참마음의 등불'을 하나씩 밝혀 보기를 간절한 참마음으

227

로 염원해 본다.

　잠시 향공양 연등공양 발원문을 영송하며 나의 참마음의 등
불을 밝혀본다.

향공양 발원문

해탈의 향을 지극한 정성으로
예경하여 올립니다.
계정(戒定)의 참다운 향기
하늘까지 피어올라
삼천대천세계까지 맑게 퍼져 가옵소서.
시주의 경건한 정성, 향로에 서리어서
사르는 이 순간,
온 우주에 널리 퍼져 성스러운
이 향기로 이 세상을 맑히옵고,
중생들의 악업이 소멸되어 해탈의
선정에 어서 올라지이다.
오직 바라옵건대 여러 부처님이시여,
이 공양을 받으소서.

등공양 발원문

반야의 등을 지극한 정성으로
예경하여 올립니다.
등불이 자신을 녹이면서 어둠을
밝혀주듯이
부처님의 지혜광명 시방세계
무명 중생 두루 밝혀
지혜의 마음등불 저절로 얻어지이다.
제가 이제 스스로 등잔이 되어
온 누리를 두루 밝게 비추오니
중생들의 어두운 마음에 빛이 되어
악업은 멸하고 복덕이 무량하여
반야의 대지혜에 어서 올라지이다.
오직 바라옵건대 여러 부처님이시여,
이 공양을 받으소서.

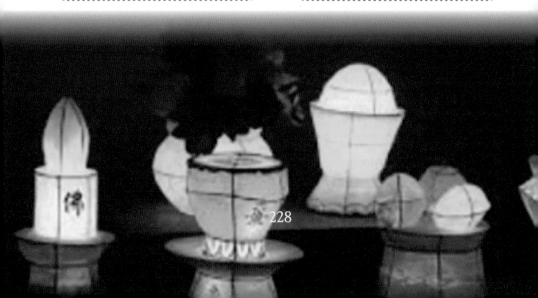

은혜의 빛 갚는 참마음…
이입사행론(二入四行論)·도리(道理) 다하기

우리 인간은 태생적으로 이 세상에 나고 또 다른 세상으로 떠날 때까지 살아가면서 이래저래 또 알게 모르게 많은 빚을 지고 산다. 태어날 때 맨 몸 빈손으로 왔다가 죽을 때 입고 가는 주머니조차 없는 수의도 어쩌면 빚일 것이다.

아주 크게 두 가지의 빚이 있다면 우선 부모님 몸 빌어서 태어나는 순간부터 죽을 때까지도 도저히 갚을 수 없는 '부모님 은혜(父母恩)의 빚'이다. 둘째는 이 세상에 나와서 지금까지 나를 있게 해준 공기며, 물이며, 나무와 숲이며, 하늘과 땅 이 모든 '천지 자연 은혜(天地恩)의 빚'이라고 생각한다. 그 밖에 부모 자식 간의 인연에서 비롯된 형제간의 빚, 부부간의 빚, 친구간의 빚, 나아가서는 사회구성원 간의 빚, 국가와 사회 간 그리고 세계 간의 빚 등 수만 가지의 온갖 빚은 한도 끝도 없다고 하겠다. 종류로는 우리가 살아가는 데 꼭 필요악인 금전의 빚, 그리고 말빚과 약속의 빚 등 여러 가지가 있지만 이 모든 빚을 하나로 정리하면 결국은 '마음의 빚'으로 귀결된다고 하겠다.

이와 같이 따져보면 물질적이든 정신적이든 빚이 없는 사람은 세상에 아무도 없을 것이다.

어쩌면 역설적으로 오히려 빚 없는 사람은 아무 쓸모없는 존재일지도 모른다. 그러나 오늘날의 현실적인 삶에서는 불행하게도 어떻게든 단 한순간만이라도 빚 걱정 없이 살아보는 것이 꿈같은 일로 여겨진다.

그래서 필자는 어차피 우리는 타고난 그날부터 빚을 지고 태어난 존재이기 때문에 '빚 없기'를, '빚 걱정 안 하기'를 바라기보다는 차라리 '어떻게 하면 지혜롭게 그 빚을 갚을까'를 걱정하는 편이 오히려 마음 편하지 않을까 생각해 본다.

참으로 안타까운 일은 오늘날과 같이 팍팍하고 각박한 세상살이에서는 당장 먹고 사는 데 필요한 주거생활고를 겪으면서 물질적인 금적인 빚이 전부인 양 고통을 느끼며 살아가고 있다는 것이다.

우리는 그 같은 소소한 빚보다는 앞서 말한 부모님 은혜에 대한 빚, 숭고한 천지 자연 은혜에 대한 빚을 비롯해서 지금의 내가 있기까지 알게 모르게 신세나 도움을 받으며 사는 '참마음의 빚'을 가장 우선시 하고 소중하게 여겨야한다고 생각한다.

이 같은 참마음의 빚을 갚는 좋은 방법으로 어떤 것이 있을까?

그 한 가지는 불가에서 말하는 달마(達磨) 대사가 지은 《이입사행론 二入四行論》^(주해서 59)에서 말하는 참마음의 빚을 갚는 고등적인 방법이고, 다른 하나는 필자지인의 산 경험을 바탕으로 한 '도리(道理) 다하기'의 실질적인 방법이다.

달마대사의 〈이입사행론〉에서는 "만일 수행자가 수행을 하다가 어렵고 괴로운 일을 당하면 '이는 내가 전생에 알게 모르게 지은 악업의 과보를 받는 것이다' 이렇게 생각하여 빚을 갚으니 마음이 홀가분하다."라고 갈파했다.

세상을 살다 보면 작건 크건 간에 억울한 일이 누군들 없겠는가? 이런 일은 수행의 문에 들어온 사람이라 해서 예외는 아닐 것이다.

그러나 달마대사의 말처럼 생각한다면 아무리 억울하고 괴로운 일을 당했다 하더라도 내가 짓고 내가 받는다고 생각되니 덜 억울하고 괴로움도 덜할 것이 아닌가 생각한다. 그게 우리가 흔히 말하는 자업자득(自業自得)이요 인과응보(因果應報)인 셈이다.

반면에 이유 없이 괴로움을 당한다고 생각하면 아무리 조그만 괴로움이라도 견디기가 쉽지 않을 것이다. 모든 괴로움을 이렇게 달게 받는다면 문제는 없는데, 그러나 한편으로는 이런 의문도 들 것이다. '세상사 모든 일이 다 빚을 갚는 일이 전부인가?' 물론 그런 의문을 갖고 생각할 수도 있지만 꼭 그렇지만은 않다. 세상에 빚만 지고 사는 사람도 없고, 보시만 하며 사는 사람도 없다. 내가 지금 하는 말과 행동이 빚을 갚는 것일 수도 있고 베푸는 것일 수도 있다.

막간에 좋은 본보기로 필자는 필자와 절친한 지인 중 한 두 분이 여태껏 살아오는 동안에 생생하게 몸소 체득하고서 오랜 세월 전부터 '도리(道理) 다하기'로서 실천해 오고 있는 미담을 이 자리를 빌어 한번 소개해 볼까 한다. 물론 필자도 배우고 따라 할 점이 참 많아 그렇게 하려고 많은 노력을 하고 있다.

앞서 우리는 일평생 살아가는 동안 어떤 형태로든 빚 안지고 살아갈 수 없다는 것을 잘 알게 되었다. 그 대상이 부모형제서부터 가족 친지간 친구 간 사회구성원 간 국가 간 등 천차만별로 누구이든 간에 은혜든 신세든 도움이든 금전의 빚이든 마음의 빚이든 약속의 빚이든 말빚이든… 그 빚들을 갚는 방법의 하나로 각각의 대상에 따라 **'도리(道理) 다하기'**하는 방법으로 선근공덕을 쌓아나갈 수 있다는 것을 말하고 싶다.

이러한 **'도리 다하기'** 방법 중의 하나로 우선 부모님을 비롯하여 선망조상님께 **'자식도리 다하기'**이다.

이에 대해서는 구구절절 긴 설명 조금도 필요 없이 아주 명쾌하고 간단하다.

자식 된 도리로 **'부모님 걱정 덜하게 해드리고, 부모님께 욕 듣게 하는 짓을 안 하면 된다.'**는 것을 항상 유념하고 실천하는 것이다. '효(孝)야 말로 백행의 근본이다'라는 명언을 알 것이다. 지인이 세살 젖먹이서부터 귀에 못이 박힐 정도로 들어온 금과

옥조 같은 말씀으로 '자손을 잘못 두면 조상님을 욕되게 한다. 불출자손 욕급선조(不出子孫 辱及先祖)'가 지금도 뼛속 깊이 기억에 생생하다는 말씀을 종종 되새겨 듣곤 한다고 한다.

둘째는 이 세상에서 가장 가까이에 있는 소중한 사람으로 아내에게 '남편도리 다하기' 본보기 미담이다. 지인은 언제든 편하게 이렇게 말한다. '오늘에 있기까지 묵묵히 말없이 내조를 잘 해주고 있는 참으로 소중한 당신에게 남은 생 동안 당신으로부터 받은 은혜의 빚을 조금 이라도 갚는 마음으로 살아가겠습니다.'라며 아름다움 맹세를 했다.

그리하여 지인은 상당히 오래전서부터 '아내에게 진 은혜의 빚'을 조금이라도 갚겠노라고 서원한 바로 그대로 지인이 집 안에 있는 한 가급적 '부엌 설거지며 빨래, 청소'를 거의 스스로 도맡아서 하고 있다. 늘 즐거운 마음과 환희심으로….

이러한 지인의 솔선수범적인 선행과 함께 은혜의 빚을 갚는 모습을 보고서 배우고 느낀 바가 참으로 많다.

필자는 매일 아침 일찍 출근 전송하는 아내에게 '오늘도 절에 가서 절일을 도우시건, 장모님 병수발을 하시건 은혜의 빚을 갚는 마음으로 공덕을 쌓으시고 보시하는 마음으로 하세요.'라고 한다.

위 두 가지 '은혜의 빚 갚는 참마음 내기' 방법이 어려워 보일 것 같으면서도 쉬워 보이고, 쉬울 것 같으면서도 어려워 보이는 것 또한 말같이 마음대로 되지 않기 때문이라고 생각한다.

진여자성 참마음을 가진 자라면 누구나 할 수 있다고 생각하며, 꼭 한번 권해드리고 싶다. 너무나 확실한 건 이렇게 하면 '집안이 평안하고 화목해진다.'는 것이다.

암튼 '빚을 갚는 것이냐 아니면 공덕을 쌓는 것이냐' 하는 것은 근본적인 입장에서 보면 별 의미가 없다고 생각한다.

은혜의 빚 갚는 참 마음에 대해서 총정리를 하자면 **달마대사의 〈이입사행론〉**으로든 **'도리 다하기'** 방법이든, 은혜의 빚을 갚는 한두 가지 경로나 방편이 있으나 어느 하나가 누구에게나 적용되는 보편적인 것은 아니라는 점을 밝혀둔다.

경우에 따라서는 〈이입사행론〉이나 위의 한두 가지 방법보다도 '은혜의 빚'을 갚는 훨씬 더 좋은 수승한 방법도 있을 수 있고, 또 그렇게 참되게 실행하는 분들도 많이 있을 수 있다는 것을 말해두고 싶다. 그만큼 '은혜의 빚'을 갚겠다는 실천적인 의지가 무엇보다도 중요하다는 의미도 있다.

〈이입사행론〉만 보더라도 '전생에 지은 과보'를 갚기 위해서는 그 과보와 업장을 소멸하기 위한 기도와 수행 정진 그리고 공부를 얼마나 해야 하며, 나아가서 선업 쌓기 위한 노력 또한 얼마나 해야 하겠는가?에 대해 말하지 않을 수 없다.

그리고 '도리 다하기'도 그렇다. 앞서 실례로 든 몇 가지 '도리 다하기'로 은혜의 빚을 어찌 다 갚을 수가 있다고 생각하는가. 천만의 말씀이다.

그 '도리 다하기' 앞에 수식어를 한번 갖다 붙여보면 금세 알 수가 있다.

'(..............) **도리 다하기**' 여기 몇 가지 예를 더 들어보자면 부모 노릇에 자식도리 다하기, 스승 노릇에 제자 도리 다하기, 사장 노릇에 직원 도리 다하기, 상사 노릇에 부하 도리 다하기, 선배 노릇에 후배 도리 다하기, 제왕 노릇에 신하 도리 다하기, 그리고 수평적으로 부부간, 형제자매 간, 연인 간, 친구 간, 동기 간… 각각의 상대에 따라 제 할 도리를 다하기가 어디 말처럼 그리 쉽겠는가?

이 같은 '도리 다하기'에 빼놓을 수 없는 것이 있다면 **'도리 다하기의 완성은 그에 대한 그 어떠한 것도 바라는 마음이 없어야 한다.'**는 것이다.

조금이라도 바라는 바 마음이 생기는 순간 '은혜의 빚 갚는 도리 다하기'는커녕 오히려 새로운 빚만 더 늘어난다고 보면 틀림이 없을 것이다.

우리 주위에서 화목한 가정, 자식이 잘되는 가정, 늘 행복의 웃음소리가 넘치는 가정, 훈훈하게 사람 사는 향기가 솔솔 나는 가정들을 면면히 살펴보면 거기에는 하나같이 각자 제 할 도리를 다 잘하고 있거나 그러한 가운데 누군가의 거룩한 희생과 봉사가 깃들여 있음을 알 수 있다.

이와 같이 은혜의 빚 갚는 것이건 공덕을 쌓는 것이건 모두가 다 인과(因果)의 법칙에 따르기에 받는 것도 베푸는 것도 내가 받고 내가 베푸는 것이라고 보면 별로 틀림이 없을 것이다. 갚는 것이라 생각하건 공덕을 쌓는 보시행이라 생각하건 인과의 법에 따라서 자동적으로 갚는 것이면 갚아지는 것일 것이고, 보시한 것이면 공덕이 쌓일 것이기 때문이다. 다 갚으면 더 갚을 일이 없을 것이며, 그다음부터는 내 후손을 위한 내생의 공덕 쌓기일 것이다.

이 대목에서 철들 때까지 해마다 '어버이 날'에 즐겨 부르던 추억의 동요 '어머님 은혜를' 부르며, 그 거룩한 은혜의 빚을 잊지 않고 현생에서 살아 있는 날까지 무주상보시하는 마음으로 얼마라도 갚겠다고 다짐을 해본다.

어머님 은혜

양주동

나실 제 괴로움 다 잊으시고
기르실 제 밤낮으로 애쓰는 마음

진자리 마른자리 갈아 뉘시며
손발이 다 닳도록 고생하시네
하늘아래 그무엇이 높다하리오
어머님의 희생은 가이없어라

어려선 안고업고 얼러주시고
자라선 문기대어 기다리는 맘
앓을 사 그릇될사 자식생각에

고우시던 이마위에 주름이 가득
땅위에 그 무엇이 넓다하리오
어머님의 정성은 그지없어라

사람의 마음속엔 온갖 소원
어머님의 마음속엔 오직 한가지
아낌없이 일생을 자식 위하여
살과 뼈를 깎아서 바치는 마음
인간의 그 무엇이 거룩하리오
어머님의 사랑은 지극하여라

변하지 않는 참마음… 평상심(平常心)의 도(道)

우리는 부처님의 가르침을 통한 '참마음 공부'를 해오면서 다시 한번 일체가 제행무상(諸行無常)이요 제법무아(諸法無我)라는 부처님의 참말씀을 여실하게 실감하고도 남음이 있다고 하겠다. 대우주 천지자연 삼라만상이 변하지 않는 것이 없고 그 가운데 나도 너도 우리도 변하고 나와 너 우리의 마음 또한 시시각각으로 변한다. 그러나 변하지 않고 항상 여여(如如)한 것이 있다면 오로지 **진여자성(眞如自性)인 참마음**뿐이라는 것도 앞서 공부한 그대로이다.

세상사 살아가면서 온 천지 세상만사 다 변해도 오직 변하지 말아야 할 것이 하나 있다면 '참마음'뿐이라고 생각한다.

우리는 사람다운 삶을 살아가면서 마음의 변화, 즉 '변심(變心)'으로 생겨나는 무수한 일들을 직접 보기도 겪기도 경험하기도 한다. 어떻게 하면 이러한 '마음'이 변하지 않고 근심 걱정

237

덜하며 좀 편안하게 살아갈 수 있을까?

시시때때로 '이랬다 저랬다' 하는 그 마음이 변하는 성질을 어떻게 다스려야 좋을까? 이것이 끊임없는 탐구의 대상이요 궁극적으로 내가 편하고 행복하게 살아가기 위한 필사적인 참마음 공부라고 생각한다.

'마음이 변하지 않게 부동의 마음을 찾는 방법'을 묻는 것은 어찌 보면 불가능한 것을 가능한 것으로 추구하고 있다는 역설적 반증일지도 모르겠다.

마음의 변화, 즉 **'변심(變心)'**으로 생겨나는 아주 비근한 예를 한번 들어보면서 다 함께 참마음 공부를 다시 해보기로 하자.

여기 사랑하는 두 부부 또는 두 연인이 있어 '죽을 때까지 변치 않는 사랑을 하자.', '검은 머리 파뿌리 될 때까지 사랑하겠노라.'고 굳게 맹세(盟誓)를 했다.

그 맹세는 바로 마음의 단적인 표현으로 서로 간 굳은 신념(信念), 즉 믿음이 바탕에 깔려 있기에 다이아몬드처럼 영원히 깨지지 않을 것같이 매우 굳건했다.

그러한 굳은 맹세의 바탕인 믿음, 즉 신념(信念)을 이루고 있는 글자를 면면히 살펴보면 믿을 신(信)은 사람(人)이 마음을 통해서 한 말(言)과 합쳐져서 이루어져 있다는 것을 잘 알 수 있다. 그래서 신념(信念)을 본심으로 한 그 말, 즉 맹세는 그만큼 신에게 맹세한 것과 같이 신성하다고 하겠다.

오늘날의 참으로 불행한 현 사태를 보라. 그렇게 굳게 맹세한 두 부부와 두 연인이 어느 한순간의 변심으로 인해 서로 갈라서서 싸우고, 법정에서 이혼 소송을 하고, 심지어는 사생결단의 지경까지 이르고 마는 참으로 안타까운 모습을 이제 우리는 다반사로 내 일도 남 일도 아닌 것처럼 그저 목도하고 있다.

왜? 이러한 불행한 일이 생겨날까? 하는 무수한 의문 뒤에는 결국 그 한 마음의 변화 때문임을 알 수 있다. 분명 서로 알콩달콩 사랑하는 그 당시에는 사탕발림 같은 거짓말로 맹세를 한 건 아니었을 것이다. 그때는 그런 마음이었는데 지금은 상황이 바뀌니까 마음도 변한 것일까? 이 대목에서 이처럼 마음이 변하는 성질은 상황에 따라 이럴 때는 이렇게 되고, 저런 상황이 되면 저렇게 되고, 금방 좋아졌다가 금방 미워졌다가 하는 것에 대해 제대로 공부해 둘 필요가 있겠다.

'진여자성인 참마음' 외 흔히 우리가 말하는 사람의 마음이란 원래 바뀌는 성질이 있다는 것은 어느 정도 알게 되었다고 생각한다. 우리가 '똥 누러 갈 때 마음과 똥 누고 나올 때 마음이 다르다'는 식의 표현을 종종 쓰고 있듯이 사람의 마음은 시시각각으로 상황과 대상에 따라 변하기도 하여 경우에 따라서는 '간사하기 그지없다'라는 별로 고상하지 못한 표현까지 쓰기도 한다.

이 같은 표현이 잘못된 것이 아니라 마음이란 요상하게 본래 그렇다고 생각하는 것이 오히려 마음 편하다고 생각한다. 그래서 이러한 마음을 두고 앞서 '참마음이란' 공부에서 언급했듯이 부처님께서 〈사념처관 四念處觀〉(주해서 2 참조)에서 이렇게 말씀하셨다.

'마음을 있는 그대로 관해 보면 이랬다가 저랬다가 늘 변한다. 그러므로 마음이란 믿을 게 못 된다.' 그래서 마음이 변하는 걸 자꾸 문제 삼을 게 아니라 그때그때 일어나는 마음에 집착하지 않아야 된다는 것이다. 상대가 좋았다가도 금방 미워지는 것을 보면서 좋아하고 미워하는 게 별 의미가 없다는 걸 알면 금방 공부가 된 셈이나 다름없을 것이다.

마음이 변하지 않아야 하는 것이 아니라 마음이라는 게 잠시 후에 또 바뀔 것이란 것을 참나의 **진여자성 참마음이 알아차리고 있다면** 좋아한다고 너무 들뜨지도 않고, 싫어한다고 너무 배척하지도 않게 되는 평상심(平常心)의 도(道)에 이르는 입문에 들어서게 되었다고나 할까? 싶다.

우리가 쓰고 있는 평상심은 평소에 어떻게 마음을 먹고 행동하는가에 따라서 자신의 인격이 결정되는 그런 마음이다. 따라서 그 사람의 마음 씀씀이나 언행이 그 사람의 수행 정도를 나타내기도 하는 마음을 두고 평상심이라고 표현한다.

여기서 말하는 평상심이란 앞에서 우리가 가볍게 늘 쓰고 있는 일상적인 마음이 아니다.

불가에서 마조선사(주해서 43)의 말씀 중에 **'평상심이 도다'** 라는 말은 매우 유명하다. 평상심이 도라는 말은 사람마다 그 해석이 구구하다. 평상심이 도라는 말의 뜻을 마조선사가 스스로 해석한 내용을 여기에 다음과 같이 소개한다.

평상심이란 "조작이 없고 시비가 없고 취사가 없고 단견과 상견이 없고 범부와 성인이 없는 것이다"라고 하였다. 즉 성인이니 범부니 옳은 것이니 그른 것이니 하는 양변에 치우치지 않고 그 양변으로부터 멀리 벗어난 것이 곧 평상심이라는 뜻이다. 양변을 벗어나면 양변에 집착하지 않고 양변을 자유자재로 잘 활용할 수 있게 된다. 그와 같은 평상심은 곧 중도(中道, 참마음 한가운데 참조)이다. 그러므로 평상심은 중도요 중도는 곧 평상심이다. 중도라는 말도 무엇이라고 표현을 하자니 부득이해서 중도라고 할 뿐이다. 실은 이름이 없다. 모두가 거짓 이름이다. 그러므로 경전에서 "범부의 행동도 아니며 성현의 행동도 아닌 것이 보살의 행'이라고 하였다." 참다운 보살의 행이란 이름도 없고 형상도 없어서 일체의 명상을 초월하여 일체에 걸리지 않고 일체를 자유자재로 활용하는 삶이다.

"어떻게 하면 이러한 '**마음**'이 변하지 않고 근심 걱정 덜하며 좀 편안하게 살아갈 수 있을까?"에 대한 올바른 방법을 요점으로 정리하자면 시시각각으로 변하는 마음에 끄달려 집착하지 말고, **오로지 진여자성인 나의 참마음이 이러한 모든 것을 관하여 보면서** 일체 호불호(好不好), 조작(造作) 시비(是非), 단견(斷見) 상견(常見), 범부(凡夫) 성인(聖人) 구분 없는 그야말로 평상심으로 살아가도록 노력하고 공부하면 우선 내 마음이 편하고 이웃도 세상도 편하다.

이 대목에서 서산대사(西山大師)의 청허가(淸虛歌)를 조용히 영송하면서 '변하지 않는 참마음'을 한번 다스려본다.

청허가(淸虛歌)

서산대사

거문고 안고 큰 소나무에 기댔나니	君抱琴兮倚長松
큰 소나무는 변하지 않는 마음이로다.	長松兮不改心 .
나는 긴 노래 부르며 푸른 물가에 앉았으니	我長歌兮坐綠水
푸른 물은 맑고 빈 마음이로다.	綠水兮淸虛心
마음이여 마음이여	心兮心兮

〈청허가〉는 태고(太古) 화상이 삼각산(三角山) 중흥사(重興寺) 동쪽에 태고암을 짓고 수도하면서 태고(太古)라 자호(自號)하고 〈태고암가(太古庵歌)〉를 지었듯이 서산휴정스님이 지리산 화개 신흥암뒤 내은적암(內隱寂庵)에 청허당(淸虛堂)을 짓고 청허(淸虛)라 자호하고 지은 시이다.

아름다운 그대 눈동자(瞳子)에
비친 나 … 눈부처

일상생활 가운데에서 우리는 눈 감고 자는 시간 외에는 거의 눈을 뜨고 산다. 눈은 신체의 한 부분이면서도 그 이상의 의미를 지닌다. "몸이 천 냥이면 눈은 구백 냥"이라는 속담은 눈이 얼마나 중요한가를 알려주고 있다. '눈은 마음의 창'이라는 말처럼 마음의 내밀한 부분을 드러내 보여주며, 말을 안 해도 눈빛으로 뜻을 전할 수 있다.

이렇듯 사람은 눈을 뜨고 살면서 그 대상이 무엇이든간 눈에 비치는 모습대로 보고서 그 인식을 통해서 느끼고 판단을 하게 된다.

사람의 육근(六根)중 하나인 안근(眼根)이 분별심 여의고 사물을 있는 그대로 바로 볼 때 '정견(正見)'이 열리며, 바른 깨달음에 이르는 팔정도(八正道)의 실천은 곧 '바로 봄', 즉 정견에서 시작된다고 하겠다.

혹시 '눈부처'를 아는가? '눈동자에 비치어 나타나는 형상' 또는 '상대의 눈동자에 비춰진 나의 모습'이라는 뜻의 순우리말이다. 이제 갓 태어난 '갓난아기의 해맑은 눈동자에 오롯이 비춰진 어머니 자신의 모습'이 좀 더 생생한 표현이라 할 수 있겠다.

필자는 불자로서 평소 이러한 '눈부처'를 생각할 때마다 몇 가지 떠오르는 것이 있다. 그 하나가 〈금강경〉 '제18분 일체동관분(분별없이 관찰함)'에 나오는 '불안(佛眼)'이며, 그 두 번째가 목어(목탁)에 관한 얘기이다. 그 세 번째가 '눈부처'로 '눈 마주치기 Eye Contact'로 세상 살아가기 이며, 마지막으로 정호승 시인의 詩 '눈부처' 이다.

〈금강경〉 '제18분 일체동관분(분별없이 관찰함)'에서 부처님과 수보리존자와 문답형식의 대화 가운데 깊고도 심오한 오안(五眼)과 그 중 마지막 '불안(佛眼)'에 관한 얘기이다.

『"수보리여! 그대 생각은 어떠한가? 여래에게 육안(肉眼)이 있는가?"
"그렇습니다, 세존이시여! 여래에게는 육안(肉眼)이 있습니다."
"수보리여! 그대 생각은 어떠한가? 여래에게 천안(天眼)이 있는가?"
"그렇습니다, 세존이시여! 여래에게는 천안(天眼)이 있습니다."
"수보리여! 그대 생각은 어떠한가? 여래에게 혜안(慧眼)이 있는가?"
"그렇습니다, 세존이시여! 여래에게는 혜안(慧眼)이 있습니다."
"수보리여! 그대 생각은 어떠한가? 여래에게 법안(法眼)이 있는가?"
"그렇습니다, 세존이시여! 여래에게는 법안(法眼)이 있습니다."
"수보리여! 그대 생각은 어떠한가? 여래에게 불안(佛眼)이 있는가?"
"그렇습니다, 세존이시여! 여래에게는 불안(佛眼)이 있습니다."』

이상에서 석가여래 부처님께서 세상을 바라보는 다섯 가지 눈(眼), 즉 육안(肉眼), 천안(天眼), 혜안(慧眼), 법안(法眼), 불안(佛眼)은 불교의 수행을 통해서 얻어가는 마음이라고 하셨다.

육안(肉眼)은 가시적인 현상만을 볼 수 있는 범부의 눈을 이르는 것이다. 천안(天眼)은 인연·인과의 원리에 의해서 이루어진 가상적이고 현상적인 차별적인 것만을 볼 뿐 그 실상은 보지 못하는 것을 말한다. 혜안(慧眼)은 모든 집착과 차별을 떠나 진리를 밝히는 것이다. 성문과 연각의 눈이라고 말한다. 일체의 현상이 공상(空相)임을 알고 일체 세간은 정하는 법이 없어 열반만이 상주불변이라는 통찰의 눈을 말한다. 법안(法眼)은 현상의 모든 이사(理事)를 분명히 비추어 아는 지혜로 보살이 일체중생을 제도하기 위해 일체 법문을 비추어 보는 눈을 말한다. 모든 중생을 깨달음의 세계에 이르게 하는 것이다. 앞의 네 가지 눈을 다 갖추고 궁극에 이르는 '불안(佛眼 부처님 눈)'은 '깨달음의 눈'으로 다 보고 다 아는 실견실지(悉見悉知)의 눈이며, 부처님과 더불어 부처님만이 아시는 지혜에 이르는 '일체종지(一切種智)의 눈'이라 하겠다.

이와 같이 부처님께서 밝고 맑은 눈 '불안(佛眼)'으로 시방세계를 두루 살피셨듯이 우리도 부처님 눈 '눈부처' 같이 시방 가까운 내 주변 내 이웃부터 두루 살피며 살아가다보면 분명코 머지않아 정토(淨土) 세상이 펼쳐지리라고 굳게 믿고 싶다.

다음은 사람들이 익히 잘 알고 있는 사실로 '수중 생물 물고기는 밤낮으로 살아서도 죽어서도 절대로 눈을 감지 않는다.'는 물고기와 관련된 목어(木魚)와 목탁(木鐸)에 관한 얘기이다.

절에 가면, 곳곳에서 물고기 문양을 보게 된다. 범종각에는 나무로 조각한 목어(木魚)가, 추녀 밑에는 풍경끝에 금속제 물고기가, 건물 기둥에는 용이나 봉황이 물고기를 물고 있고, 외벽이나 천장에도 물고기가 그려져 있는 것을 흔히 볼 수 있다. 염불 독경을 하는 스님 손에도 물고기형상인 목탁(木鐸)이 반드시 들려 있다. 목탁이 바로 물고기에서 유래한 것이다.

언제부터인지는 모르지만, 우리나라 사찰에서 여러 가지 형태로 받아들여져 왔으며, 단순한 장식이 아닌 의미를 지닌 상징물로서 지금까지 존재해 오고 있다. 선종(禪宗 선을 구도의 방편으로 삼는 불교의 한 종파로 우리나라의 조계종이 그 예이다)에서 사찰 규범 지침서로 삼고 있는 〈백장청규(百丈淸規)〉에 '물고기는 밤낮으로 눈을 감지 않으므로 수행자로 하여금 자지 않고 도를 닦으라는 뜻으로 목어를 만들었으며 또한 이것을 두드려 수행자의 잠을 쫓고 정신 차리도록 꾸짖는다.'라고 실려 있다.

이것은 물고기의 속성으로 잠을 자지 않고 공부에 열중하는 이른바 '불면면학(不眠勉學)'하는 수도자의 자세에 비유한 것으로서 수행자들에게 '항상 깨어 있으라', 즉 '잠시도 마음을 나태하게 가지지 말고 유혹에도 빠지지 말고, 깨달음을 얻는 일에만 모든 생각을 집중하라'는 경계의 심오한 의미로 물고기 문양을 사용하고 있는 것이다.

그래서 불가에서 수행경로의 하나인 참선이나 명상 수행 시에 지긋이 실눈 감고 화두삼매 경지에 들어 자신을 돌아보는 마음의 눈은 그 어느 때보다도 맑고 지혜로운 '명경(明鏡)의 눈' '명안(明眼)'이라 하겠다. 모름지기 범부인 우리도 '단 한번 단 한순간 깨우침의 생각이 무량겁(무량원겁즉일념 일념즉시무량겁 無量遠劫卽一念一念卽是無量劫)'이라는 마음으로 오늘도 '눈부처' 되어 '깨임의 삶'을 지향하며 열심히 살아가길 권하고 싶다.

셋째는 '불안돈목(佛眼豚目 부처의 눈과 돼지의 눈)'과 '눈 마주치기 Eye Contact'이다

부처님 눈(佛眼)과 돼지의 눈(豚目)이란 비유는 무학대사와 조선 태조 이성계 사이에 있었던 이야기에서 나왔다. 부처의 눈으로 보면 모든 것이 부처로 보이고, 돼지의 눈으로 보면 모든 것이 추하게 보인다는 말이다. 마치 개의 눈에는 똥만 보이듯이 말이다. 여기에서 사물은 보는 사람의 시각에 따라 평가가 다를 수도 있으니 만물을 자기 척도로 보아서는 안 된다고 가르친다.

태조가 한양으로 천도하고 시국이 안정됐을 때 흉허물 없이 지내자며 무학대사에게 돼지를 닮았다고 농을 던졌다. 그러나 무학은 태조에게 부처를 닮았다고 했다. 왕이 불평하자 '부처님 눈으로 보면 부처로 보이고, 돼지의 눈으로 보면 돼지로 보일 뿐입니다'고 대답했다. 경을 칠 말이지만 태조는 너털웃음을 터뜨렸다'고 한다.

태조 이성계의 눈에는 무학이 돼지로 보이고, 무학의 눈에는

이성계가 부처로 보였다면 무학이 본 것은 '눈부처'였을 것이다. 그러나 불가의 가르침에 따르면, 온갖 욕망과 세속에 찌든 나에게도 부처가 있다고 하니 어쩌면 내 안에 혹은 우리 안에 발톱만큼의 부처가 있는지도 모른다. 이처럼 우리 눈에 비치는 형상인 '눈부처'에 대한 실화 두 가지를 더 소개하며 다 같이 음미해 보고자 한다.

프랑스의 인상주의 서양화가 모딜리아니(Amedeo Modigliani 1884~1920)가 그린 초상화를 보면 특이한 공통점을 볼 수 있다. 거의 대부분 눈동자가 그려져 있지 않다. 한번은 모델이 질문을 하였다고 한다. "왜 눈동자를 그리지 않았나요?" 그러자 모딜리아니는 "내가 당신의 영혼을 알게 될 때, 나는 당신의 눈동자를 그릴 거에요"라고 말했다고 한다. 모딜리아니가 화룡점정을 알았던 것일까? 화가들만 눈동자를 중요하게 보는 것은 아니다. 이는 바로 세상사 살면서 '상대의 눈동자에 비취진 나의 모습이 어떠할까?'에 대한 강한 메시지와 시사점을 던져준다고 하겠다.

혹시 '눈부처'를 잘 해서 대통령까지 역임했던 인물을 아는가? 미국 제42대 대통령 빌 클린턴(Bill Clinton, William Jefferson Blythe IV 1964.8.19.~ 현재)이다. 심지어 'Bill Clinton's Eyes' 라는 신조어도 있다. "이 세상에 오직 한 사람만 존재하듯이 바라보는 눈"이라는 뜻이다. 클린턴이 대통령 선거운동을 한참 할 때 있었던 일이다. 한 어린 소년이 말을 걸자 클린턴은 발걸음을 멈추고 그 아이에게 눈을 맞추고 미소 지으며 경청하였다. 그 때 그 모습을 본 기자가 카메라 셔터를 눌렀고 그 사진은 퓰리처상을 받았다. 필자가 퓰리처상 사진전을 관람했을 때 그 사진 아래에 이런 해설이 적혀 있었다. "빌 클린턴은 상대방으로 하여금 그가 존중받고 있다고 느끼게 만드는 탁월한 힘이 있다."

이와 같이 당신이 상대와 무슨 상담이나 대화를 나눌 때 진지한 시선으로 눈높이를 맞추며 경청을 하게 되면 그 상대도 당신에게 존중받고 있다고 느낄 것이다. 거기에다 은근한 미소까지 더해지고 긍정적일 때에 고개까지 끄떡여주면 두말 할 것도 없이 금상첨화 일 것이다. 그 상대는 금새 당신의 팬이 되고 벗도 되어 당신을 신뢰하고 당신이 하는 무슨 제안이나 생각에 기꺼이 따를 것이다.

우리는 대개 일상적으로 상대방과 대화할 때 눈을 잘 마주치기는 커녕 보지 않는다거나, 눈을 보기는 하는데 순간 다른 생각을 하게 되거나 경청하기보다 자기가 말하는 비율이 높아 대화를 독점하고 있다면 '눈부처'를 볼 수가 없다. 다른 생각과 마음은 비우고 오직 상대방에게 열린 마음과 눈으로 상대의 말에 귀를 기울이고 눈을 맞출 때(Eye Contact) 비로소 '눈부처'가 보일 것이다. 이것은 결코 쉬운 일이 아니다. 오죽하면 '눈 속의 부처'라고 했을까?

마지막으로 정호승 시인은 '눈부처'라는 詩에서

"내 그대 그리운 눈부처 되리 / 그대 눈동자 푸른 하늘가 / 잎새들 지고 산새들 잠든 / 그대 눈동자 들길 밖으로 / 내 그대 일평생 눈부처 되리"라고 노래했다.

이 시에서 사랑하는 이의 아픔을 바라보며 안타까워하는 시인의 한없이 자애로운 모습이 아련히 떠오른다. 슬픔으로 얼룩진 마음의 길을 홀로 걷는 그대에게 다가가 위로하고픈 마음을 느낄 수 있다.

여기서 한 걸음 더 나아가 시의 제목 '눈부처'의 의미를 생각하며 시를 읽으면 시인이 그려내고자 한 시상은 더욱 명확해진다. '다른 사람의 눈동자에 비친 자신의 형상'을 뜻하는 '눈부처'가 되는 일은 누구나 못할 일도 아니지만 말처럼 그리 쉽지만은 않다. 詩에나 불가의 가르침 속에서 어느 정도는 가능하겠지만 그래도 오늘날과 같이 세상사 복잡하고 고단한 우리 삶의 질곡에서라도 시시때때로 내 주변 내 이웃을 잠시나마 살펴보면서 우리 사회구성원이나 제도들이 상대방으로부터 '눈부처'를 조금이라도 발견하기를 기대해본다.

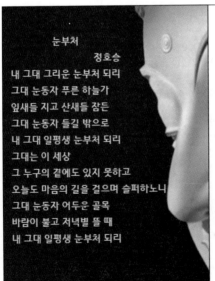

눈부처

정호승

내 그대 그리운 눈부처 되리
그대 눈동자 푸른 하늘가
잎새들 지고 산새들 잠든
그대 눈동자 들길 밖으로
내 그대 일평생 눈부처 되리
그대는 이 세상
그 누구의 곁에도 있지 못하고
오늘도 마음의 길을 걸으며 슬퍼하노니
그대 눈동자 어두운 골목
바람이 불고 저녁별 뜰 때
내 그대 일평생 눈부처 되리

정호승(鄭浩承 1950.1.3. ~)
경남 하동에서 태어나 대구에서 성장. 대구 계성중학교와 대륜고등학교를 거쳐 경희대 국어국문학과와 경희대 대학원 졸업. 1972년 한국일보 신춘문예에 동시〈석굴암으로 오르는 영희〉로당선. 1973년 대한일보 신춘문예에 시〈첨성대〉로 당선. 1982년 조선일보 신춘문예에 소설〈위령제〉로 당선. 시집:〈슬픔이 기쁨에게〉,〈서울의 예수〉,〈새벽편지〉,〈별들은 따뜻하다〉,〈사랑하다가 죽어버려라〉,〈외로우니까 사람이다〉외 다수, 수필집:〈첫눈 오는 날〉, 동화집:〈에밀레종의 슬픔〉외 다수, 장편소설:〈서울에는 바다가 없다〉

부록

참마음공부 주해서(註解書)

여기 한 물건이 있으니

본래부터

한없이 밝고 신령스러워

일찍이 나지도 죽지도 않았고

이름 지을 수도, 모양을 그릴 수도 없네

1. 대승기신론(大乘起信論)

1~2세기경 인도시인·학자 마명보살(馬鳴菩薩)이 대승불교의 교리를 찬술한 논서. 개설한역은 진제(眞諦)가 553년에 번역한 1권본과 실차난타(實叉難陀)가 695~704년간에 번역한 2권본이 있다. 우리나라에서는『금강경』·『원각경』·『능엄경』등과 함께 불교전문강원의 사교과(四敎科) 과목으로 예로부터 학습되어 왔던 논서(論書)이다. 저자 마명(馬鳴)은 생존연대가 불확실하고, 그의 다른 저술의 성격과 비교할 때 이 논은 현격한 차이점을 지니고 있기 때문에 중국에서 만들어진 일종의 위작(僞作)이라는 주장이 대두되고 있다. 이 논은 불교문학상으로 볼 때 최대 걸작 중 하나이며, 그 구성의 치밀성과 정확하고 간결한 문체, 독창적인 철학체계는 모든 불교학자들의 찬탄과 함께 뛰어난 명작으로 평가받아 우리나라에서도 일찍부터 그 연구가 활발하였다. 원전인 산스크리트 원본은 발견되지 않고 있으나 우리나라에서는 진제의 한역본이 널리 유통되고 있다. 내용이 논에서 표명되고 있는 사상 내용은 불교사상사의 커다란 두 흐름인 반야사상(般若思想)과 유식사상(唯識思想)의 일부가 조화를 이루고 있고 여래장사상(如來藏思想)까지 원숙하게 표출되어 있다. 기본 구성은 크게 귀경술의(歸敬述意)·정립론체(正立論體)·총결회향(總結廻向)으로 나뉘며, 정립론체는 다시 논을 지은 이유를 설명하는 인연분(因緣分), 논의 주제를 제시하는 입의분(立義分), 제시된 주제를 상세하게 풀이하는 해석분(解釋分), 어떻게 믿는 마음을

252

배양하고 수행할 것인가를 밝힌 수행신심분(修行信心分), 수행을 권하고 그 이익을 말하는 관수이익분(觀修利益分)으로 나뉜다. 해석분은 다시 중심 되는 주장의 올바른 뜻을 해석한 현시정의(顯示正義), 잘못된 견해를 시정하는 대치사집(對治邪執), 어떤 방향으로 나아갈 것인지를 분석적으로 설명한 분별발취도상(分別發趣道相)으로 구분하였다. 이 논이 함축하고 있는 내용은 한마디로 단정하기 어려울 정도로 심오하고 풍부하다. 일반적으로 논서라고 할 때는 어떤 특정한 경(經)을 대상으로 논술하는 것이 통례이나, 이 『기신론』은 일정한 경을 대상으로 하지 않으므로 그 전개하는 이론이나 용어가 독창적이며, 불교의 여러 가지 교리가 종합적으로 정리되어 있다. 주제는 전통적으로 일심(一心)·이문(二門)·삼대(三大)·사신(四信)·오행(五行)으로 그 사상적인 내용을 분류시켜 파악하는 경향이 있다. 곧 이 논의 가장 중요한 내용은 일심에 대한 설명이고, 이 일심을 진여문(眞如門)과 생멸문(生滅門)의 이문을 통하여 설명한다.

이러한 이론적인 전개를 거쳐 궁극에는 믿음으로 이끌고, 믿음은 나아가 실천적인 행위로까지 옮기도록 하는 것이 이 논의 내용이다. 논의 중요성과 함께 이에 대한 주석서(註釋書)나 해설적인 글도 적지 않게 저술되어, 평가할 만한 주석서도 170여 종이 넘고 있다. 이들 가운데서도 가장 훌륭한 것으로 평가받고 있는 것이 '해동소(海東疏)'라고도 불리는 원효(元曉)의 『대승기신론소(大乘

起信論疏)』이다. 원효 이전에 이 논을 주석한 문헌은 두 가지뿐이었다. 거의 미개척에 속했던 기신론 연구에 있어 중국에 다녀온 일이 없는 원효는 이 논의 가치를 인정하여 소(疏)와 별기(別記)를 비롯한 7종의 주석서를 저술하였다. 원효의 기신론에 대한 주석은 그 뒤 중국의 기신론 연구가들의 중요한 지침서 구실을 하였다. 또한 기신론 주석사상 또 하나의 뛰어난 해설서로 손꼽히는 당나라 법장(法藏)의 글 가운데서도 원효의 주석을 많이 인용하면서 그 해석을 따르고 있음을 볼 때 원효 저술의 평가도를 알 수 있다.   [출처 : 한국민족문화대백과사전 외]

2. 사념처(四念處)

초기불교 수행법의 전형으로써 사념주(四念住), 사의지(四意止), 사지념(四止念), 사념(四念)이라 부르기도 하며 몸(身), 느낌(受), 마음(心), 법(法)에 대해 마음지킴을 확립하는 수행을 가리킨다. 사념처 수행은 깨달음을 얻기 위한 37가지 수행법(三十七助道品) 가운데 첫 번째 것으로 분류되며, 이것의 요체는 몸과 마음에서 발생하는 현상들에 대한 지속적인 관찰과 주의집중을 통해 탐욕과 근심으로부터 벗어나게 하는 데에 있다. 또한 이 과정에서 드러나는 사물의 실상을 꿰뚫어 네 가지 거룩한 진리(四聖諦)를 깨닫는 것을 목적으로 한다.

사념처의 네 가지는 몸(身), 느낌(受), 마음(心), 법(法)을 말한다. 사념처 수행은 이들에 대한 마음지킴과 지속적인 관찰을 구체적인 방법으로 실행한다.

〈대념처경〉을 살펴보면 신념처(身念處)는 몸에 관한 관찰을 보다 구체화해 14가지(들숨과 날숨, 몸의 상태, 몸의 행동, 몸의 구성요소, 시체의 형상 등등)로 세분화된 관찰을 통해 이 몸은 끊임없이 변화하며 부정한 것으로 이루어졌으므로, 애착할 만한 대상이 못 된다고 보아야 한다는 것이다.

수념처(受念處)는 느낌에 대해 9가지(즐거운 느낌과 괴로운 느낌, 즐겁지도 괴롭지도 않은 느낌, 등등)로 세분화된 관찰을 통해 음욕이나 재물같이 우리가 좋아하는 모든 즐거운 것은 그것이 참다운 즐거움이 아니라 고통을 가져오는 것이라고 보아야 한다는 것이다.

심념처(心念處)는 마음에 대해 16가지(욕심과 노여움 어리석음과 슬기로운 마음, 안정된 마음과 산란한 마음 등등)로 세분화된 관찰을 통해 우리의 마음이란 항상 그대로 있는 것이 아니고 변하는 것이라고 생각해야 한다는 것이다.

법념처(法念處)는 법에 대해 5가지 – 다섯 가지 장애(五蓋), 다섯 가지 무더기(五取蘊), 여섯 가지 감각장소(六入處), 일곱 가지 깨달음의 구성요소(七覺支), 네 가지 성스러운 진리(四聖諦)로 세분화된 관찰을 통해 모든 만유는 인연 따라서 잠시간 이루어진 것이니, 실체가 없고 나에게 속한 모든 것도 나의 소유물이 아니라고 보아야 한다는 것이다.

즉 신(身), 수(受), 심(心), 법(法)에 대해 깨끗하지 않고(不淨)

괴로운 것이며(苦痛) 영원하지 않고(無常) 실체가 없다(無我)고 관찰하는 것이 바른 생각(正念)이라는 것이다.

또 〈구사론〉에서는 몸, 느낌, 마음, 법을 개별적으로 관찰하는 경우(別相念住)와 총괄적으로 모든 존재를 고(苦).공(空).무상(無常).무아(無我)라고 합해서 함께 관찰하는 경우(總相念住)로 구분해 설명하고 있다.

이상에서 살펴본 바와 같이 사념처는 알아차림과 마음지킴에 의해 몸, 느낌, 마음, 법의 네 가지를 지속적으로 관찰하는 수행이다. 그리고 이 과정에서 마음의 집중(三昧)이 이루어지며, '몸이나 느낌' 같은 직접적인 관찰의 대상 뿐 아니라 주위의 여러 현상들에 대해서도 깨어있는 상태를 유지하게 되어 사물의 실상을 깨닫게 되는 것이다.

[출처 : 불교신문 광전스님 / 조계종 교육원 연수국장]

3. 진심직설(眞心直說)

순천시 송광사에서 정언의 『진심직설』을 1799년에 간행한 불교서. 선서. 불교문헌. 편저자 정언선사(政言禪師 ?~1184). 제작시기 1799년(정조 23)권수 1권『진심직설 眞心直說』은 종래 고려의 보조 지눌(普照知訥, 1158~1210)의 저술로 알려졌으나 근래 정언선사가 저술한 것임이 밝혀졌다. 진심이란 무엇이며, 그것을 발현하기 위해서는 어떠한 수련이 필요하며, 진심을 얻은 경지는 어떤 것인가 하는 점을 간결하면서도 핵심적인 말로 풀이하고 있다. 15장으로 구성되어 있으며, 동아시아에서 널리 읽혔는데, 조선에서는 1799년(정조 23)에 송광사(松廣寺)에서 처음으로 간행되었다. 『진심직설』은 동아시아불교에 큰 영향을 끼친 문헌으로서 오랫동안 보조 지눌의 저술로 여겨져 왔다. 그러나 2000년에 남권희·최연식이 「진심직설의 저자에 대한 재고찰」이란 논문에서 최초로 의문을 제기한 뒤, 최연식이 다시 2003년에 새로운 자료를 발굴하여 "『진심직설』은 중국 금나라의 정언선사가 찬술한 것이다."라고 주장하기에 이르렀다. 현재는 최연식 등의 주장이 일반화되어 있으며, 농국대학교에서 2015년에 간행한 『한국불교전서편람』에서도 정언선사의 저서로 공식화되었다.

　『진심직설』은 만법(萬法)의 근본이 진심임을 밝히고 그 본바탕과 쓰임새, 닦는 법 등을 밝힌 선서(禪書)이다. 모두 15장인데, 진심정신(眞心正信)·진심이명(眞心異名)·진심묘체(眞心妙體)·진심묘용(眞心妙用)·진심체용일이(眞心體用一異)·진심재미(眞心在迷)·진심식망(眞心息妄)·진심사의(眞心四儀)·진심소재(眞心所在)·진심출사(眞心出死)·진심정조(眞心正助)·진심공덕(眞心功德)·진심험공(眞心驗功)·진심무지(眞心無知)·진심소왕(眞心所往)의 순이다. 진심정신에서는 진심은 부처의 마음으로, 중생의 망념 속에 시비 분별하는 거짓 마음이 아니라, 중생의 무명을 없앤 화두가 타파된 깨달음으로서의 참마음이며, 영원한 행복을 찾아 중생의 고통에서 벗어나고자 하는 사람은 이 마음을 믿고 찾아나서야 함을 밝히고 있다. 진심이명에서는 진심은 보는 인연에 따라 수많은 다른 이름을 가지고 있음을, 진심묘체에서는 망념이 사라진 오묘한 바탕[妙體]을, 진심묘용에서는 인연에 따라 미묘한 쓰임새[妙用]가 있음을 각각 설명하였다.

진심체용일이에서는 그 바탕[體]과 쓰임새[用]는 부처의 영역과 중생의 영역에서 보는 각도에 따라 같기도 하고 다르기도 함을 풀이하였고, 진심재미에서는 중생의 어리석은 마음속에도 참마음은 항상 변함없이 그대로 있는 것이지만, 먹구름 같은 망념에 눈이 가려진 중생들은, 태양처럼 빛나는 자신의 참마음을 보지 못하고 있음을 밝혔다. 진심식망에서는 참마음을 보기 위한 방편에는 열 가지 수행법이 있는데, 자신에 맞는 수행법을 찾아 공부하여야 함을 강조하였고, 진심사의에서는 참마음은 행주좌와(行住坐臥) 모든 삶 속에 있는 것이므로 자신의 마음을 떠나 있는 것이 아님을 가르치고 있다. 진심소재에서는 자신의 마음이 가는 곳에 참마음이 존재하는 것이므로 그 어떤 곳에서도 이 마음은 존재함을 강조하고 있다.

진심출사에서는 참마음으로 중생의 생사를 벗어나는 것에 대해 설명하였으며, 진심정조에서는 참마음을 닦는 공부 방법을 인연에 맞추어 바로 가는 길[正]인지 둘러가는 길[助]인지를 다양하게 알아야 함을 가르치고 있다. 진심공덕과 진심험공에서는 공부법으로 깨달음을 이루어서, 참마음의 헤아릴 수 없이 많은 공덕이 드러나야 함을 밝히고 있다. 진심무지에서는 '참마음의 공덕'은 잠깐 나타났다가 사라지는 것이 아니라 불생불멸한 것이므로, 이 마음의 경계가 나타날 때 당분간 그대로 느끼고 지켜보면 그 실상이 옳은지 그른지를 알아 낼 수가 있는데, 그러다가 '나라는 모습에 집착함'이 없어 주객이 사라져, '아는 주체가 없는 앎'이 바로 참마음임을 풀이하고 있다. 마지막으로 진심소왕에서는 참마음은 일찍이 생겨난 적도 없고 멸한 적도 없는 불생불멸이며, 어디로 가는 것도 아니요, 어디에서 오는 것도 아니니, 시방세계가 오직 하나의 참마음일 뿐이요, 지금 이 자리에서 영원할 뿐임을 밝히고 있다. 『진심직설』은 조선시대 이후 보조 지눌의 대표적 저술로 알려졌으며, 진심에 대한 수준 높은 설명과 간결한 구성으로 동아시아에서 널리 읽혔다. 그러나 근래의 연구에 따라 저자가 금의 정언선사임이 밝혀졌다.

[출처 : 한국민족문화대백과사전]

4. 행주좌와 어묵동정(行住坐臥 語默動靜)

걷고, 머물고, 앉아 있거나 누워있을 때, 말하고, 침묵하고, 움직이거나 가만히 있을 때, 즉 일상생활의 모든 순간순간을 말한다. 이 모든 것이 선(禪)이 아닌 것이 없으며, 생활 속에서 최선을 다하는 것이 선이라는 뜻으로 본래의 참나(眞我)를 찾는 마음공부를 할 때 많이 활용한다.

이와 같이 행주좌와 어묵동정 간에 항상 한 생각 단속해서 간절한 생각으로 의단(疑團)이 독로(獨露)하도록 잡드리한 것을 두고 참다운 '용맹정진(勇猛精進)'이라고 하며, 화두(話頭)를 간절하게 들어 의심이 깊어지고 깊어져 망상도 떠나고, 해태와 방일도 없으며, 무기에도 떨어지지 않고 오직 의심만 남는 상태라고 한다. 이렇게 '터질 듯한 의심'이 깨어지면 문득 깨달음의 경지에 이르게 된다.

5. 경계(境界)

경계(境界)란 '어떤 것과 다른 것이 맞닿아 있는 지점' 또는 '어떤 상황에 직면한 것'을 말한다. 경계에는 '순경계(順境界)'와 '역경계(逆境界)'가 있다. '순경계'는 '자신의 뜻에 맞는 상황에 마주치는 것'을 말하며, 좋아하고 즐겁고 편안한 상황이다. '역경계'는 '자신의 뜻에 거스르는 상황에 직면한 것'을 말하며, 피하고 싶고 괴로운 상황이다. 순경계가 유발하는 것은 '애욕(愛慾)'이며, 역경계가 유발하는 것은 '분노(憤怒)'라 말할 수 있다.

다시 말해서 '순경계'는 내 마음에 아주 잘 들어맞아 내 뜻대로 술술 잘 풀리는 경우로, 보고 싶은 사람을 만나서 즐겁거나 칭찬을 들어서 기분 좋은 경우도 여기에 해당한다. 내가 산 아파트 값이 오르고, 주식이 폭등하고 여하튼 내가 원하는 대로 술술 잘 풀리고 전개되어서 기분이 참 좋다. 반대로 '역경계'는 내가 하고자 하는 것을 가로막거나 원하지 않는 방향으로 일이 전개되는 경우로 그 결과 스트레스가 생기고, 때로는 분노도 치밀어 오른다. 내 주위에 친하거나 사랑하는 사람이 죽으면 깊은 슬픔이 몰려오는데 이것 역시 견디기 힘든 역경계이며, 보고 싶

않은 사람을 만나게 되거나 어떤 힘든 일에 직면하는 것도 역경
계이다.

이러한 순경계와 역경계를 만났을 때 우리가 그 경계에 바르게
대처하지 못하면 마음은 물론 몸도 상하기 쉽다. 즉, 순경계는
기분이 좋아 붕떠서 날아갈 것 같지만 거기에 집착하다 보면 자
신의 마음을 송두리째 빼앗기기 때문에 결코 바람직하지 않다.
또한 역경계를 만났을 때에도 그 괴로운 상황에 매몰되면 경계에
현혹되어 마음의 고통은 가중되어 힘겨운 인생살이가 되고 만
다. 이와 같은 순경계와 역경계를 당하여서 부처님은 어떤 대도
를 보이셨을까? 사실상 부처님에게 순경계와 역경계란 없다. 애
욕과 분노를 해탈하여 무아법에 통달하신 분이기 때문이다. 다
만 중생들의 입장에서 순경계와 역경계가 있을 뿐이다.

6. 원융무애(圓融無碍)

"모든 존재가 서로 방해됨이 없이 융합한다."는 '원융무애(圓
融無碍)'의 '원'은 원만(圓滿)으로 '가득 차 모자람이 없음'을 말하
며, '융'은 융융(融融)이란 뜻으로 '용해됨'을 말한다. 그리고 '무
애'는 '자재하게 통달하여 막힘이 없는 상태', 즉 '융통자재(融通
自在)하여 모든 바깥 경계에 장애되지 않고 그와 일체가 되어
자유로운 것'을 말한다.

7. 탐·진·치(貪·瞋·癡) 삼독(三毒)

"우리 중생은 번뇌 속에 살고 있다"고 해도 결코 지나치지 않다. 불교의 8만 4천의 8만 4천 법문은 마치 코끼리가 구렁텅이에서 빠져나오듯 번뇌의 지옥에서 벗어나 행복에 이르는 이고득락(離苦得樂)의 가르침이다.

우리 중생의 마음가짐 중에서 가장 나쁜 3가지 번뇌를 '독이있는 마음'이라고 한다. 마음공부, 즉 깨달음에 장애가 되는 근본적인 번뇌로서 탐욕(貪慾)과 진에(瞋恚 성냄)와 우치(愚癡 어리석음)를 말한다. 이를 줄여서 탐진치인데 중생을 해롭게 하는 것이 마치 독약 같아서 삼독(三毒)이라고 일컫는다.

이러한 '탐욕 성냄 어리석음' 삼독은 '아상(我相)과 집착(執着)'에서 비롯된 것으로 "《삼법인(三法印)》(下記 1)과 계정혜(戒定慧)로 자아(自我)를 죽여야 무아(無我)가 된다."는 깨달음이 바로 부처님의 가르침이다.

[下記 1] 《삼법인(三法印)》

삼법인은 제행무상(諸行無常), 제법무아(諸法無我), 열반적정(涅槃寂靜)이며, 이 세 가지에 일체개고(一切皆苦)를 더하면 사법인이 된다. 대부분의 경전에서 사법인을 무상·고·무아·열반의 순으로 열거하고 있다. '법인(法印)'이라 함은 '법의 표지' 또는 '불법의 특징'을 뜻한다. 이 법인사상은 석가모니의 정각(正覺)을 단적으로 나타낸 것으로, 어느 불경이든 법인사상에 합치되면 이

262

를 부처님의 진설(眞說)이라 인정하고, 만약 법인사상에 어긋나면 이를 바른 불설(佛說)이 아니라고 판정하였다.

8. 팔상성도(八相成道) 설산수도상(雪山修道相)

부처님의 일대기로, 태어나서 열반하실 때까지의 중요한 행적(行蹟)을 여덟 단계의 그림으로 표현한 《팔상성도(八相成道)》가운데 다섯 번째인 '설산수도상(雪山修道相)'이다. 부처님의 행적 자체가 인생과 우주의 진리를 완전히 깨달은 절대 경계의 보리를 실현한 것이므로 이를 통하여 미혹에 빠진 중생들도 다 함께 큰 깨달음을 이루고자 하는 것이다.

《팔상성도》

① 도솔래의상(兜率來儀相)은 전생의 부처가 도솔천에서 하얀 코끼리를 타고 이 세상에 와서 마야부인의 오른쪽 옆구리로 들어가 잉태한 일을 말한다. 광명을 내뿜으며 대지가 진동하고 악마들이 모습을 감추며 일월성신도 빛을 잃고 천룡들도 두려워하는 다섯 가지 상서로운 징조가 있었다고 한다.

② 비람강생상(毘藍降生相)은 4월 8일에 부처가 탄생한 일이다. 마야부인의 오른쪽 옆구리에서 태어나자마자 7걸음을 걸으며 '천상천하유아독존(天上天下 唯我獨尊)'이라고 선언하였다고 한다.

③ 사문유관상(四門遊觀相)은 부처가 태자였을 때 궁 밖의 사문(四門)에서 늙고, 병들고, 죽어가는 사람들을 보며 인생의 고통과 무상을 관찰한 일이다. 마지막 북문(北門)에서 사문 수행자를 만났고 이를 통해 출가를 결의하였다고 한다.

④ 유성출가상(喩城出家相)은 출가를 결심한 태자가 부친 정반왕의 허락을 받지 못하여 2월 7일 밤 궁을 몰래 빠져나와 출가한 일이다.

⑤ 설산수도상(雪山修道相)은 출가한 부처가 당시 사문들의 다양한 수행과 고행을 6년간 실천한 일이다.

⑥ 수하항마상(樹下降魔相)은 부처가 35세였던 12월 8일에 보리수 밑에서 모든 악마를 굴복시키고 성도(聖道)를 성취한 일이다.

⑦ 녹원전법상(鹿苑傳法相)은 성도한 부처가 전법(傳法)을 고민한 뒤 범천의 권청을 받아들여 녹야원에서 최초로 설법을 시작한 일이다. 이후 평생을 유행(遊行)하면서 전법하였다.

⑧ 쌍림열반상(雙林涅槃相)은 80세에 부처가 쿠시나가라의 사라쌍수 밑에서 최후의 설법을 마치고 열반한 일이다. 그때

가 2월 15일이다. 입멸연도는 서기전 383년경으로 전해진다.

9. 팔고(八苦)

불교에서는 고통, 괴로움을 크게 여덟 가지로 구분 정리한다. 그것을 흔히 '사고팔고(四苦八苦)'라고 하는데, '사고'는 생로병사(生老病死) 네 가지이고, '팔고'는 '사고'에 애별리고(愛別離苦), 원증회고(怨憎會苦), 구부득고(求不得苦), 오음성고(五陰盛苦)를 추가해서 '팔고'라고 한다.

팔고는 '인생 팔고' 혹은 '인생의 팔대 고통'이라고도 할 수 있는데, 이 여덟 가지 고통은 태어남과 동시에 시작된다. 태어나는 순간부터 죽음을 맞이하는 순간까지 이어지니 고통에 익숙해지는 방법밖에 없다. 고통에 익숙해져서 시시한 고통은 고통으로 여기지 않는 것이 최고의 지혜이다.

애별리고(愛別離苦)는 부모와 자식, 형제, 이성 등 사랑하는 사람과 헤어져야 하는 괴로움을 말한다. 부모와 자식, 형제 사이는 특별히 죽음이 오기 전에는 헤어지는 일이 거의 없다. 기껏해야 떨어져 사는 것 정도가 아닐까 생각한다.

그러나 이성 간의 이별이나 헤어짐은 많고 괴로움도 크다. 요즘은 쿨하게 잘도 헤어지지만, 예전에는 심각했다. 둘이서는 매우 좋아했는데, 어떤 일로 인해 부득이 헤어져야 할 경우 때로는 자살하는 사람도 있었다.

요즘은 부모의 반대도 말뿐이고, 설사 반대가 있다 해도 의사

표시 정도에서 끝나지만 과거에는 부모의 반대도 심했고, 또 부모가 반대하면 결혼하기가 쉽지 않았다. 효도와 사랑 사이의 딜레마는 무어라 표현할 수가 없어서 더러는 죽음을 택하기도 한다. '사(死)의 찬미'를 부른 윤심덕의 비극적인 동반자살 사건이 그런 경우이다. 원증회고(怨憎會苦)는 싫어하는 사람, 보기 싫은 사람과 만나야 하는 데서 오는 괴로움이다. 이것은 주로 직장에서 많이 겪는 일인데, 상사나 사장이 보기 싫다고 사표를 낼 수도 없고, 보기 싫지만 하는 수 없이 보아야 한다. 매일 같이 만나게 되는 것이 직장 상사나 동료인데, 보기 싫은 것, 이것이 원증회고이다.

구부득고(求不得苦)는 갖고 싶은 물건을 마음대로 갖지 못하는 데서 오는 괴로움이다.

샤넬 가방이나 루이비통, 구찌 등 명품 가방을 갖고 싶은데, 경제력이 부족해서 살 수 없을 때 비애를 겪는다. 특히 옆집 사람은 갖고 있는데 나의 현실은 그럴 수 없을 때 비애를 느끼게 된다고 한다. 자존심에 상처를 주는 상대적인 비애라고 할 수 있다.

오음성고(五陰盛苦)의 오음은 색·수·상·행·식 오온을 가리킨다. 오온을 정리하면 곧 육체와 정신이다. 즉 정신적, 육체적으로 욕망이 매우 많은 데서 오는 괴로움이다. 고가품이나 명품에 대한 욕구, 이성에 대한 욕구 등 욕구와 욕망 등을 해결하지 못하는 데서 겪는 괴로움이다.

이 여덟 가지 고통, 괴로움은 사람에 따라서, 또는 관심도에 따라서 차이는 있으나 누구나 느끼는 감정이다. 적절하게 욕망을 통제하는 것이 현실을 행복하게 살아가는 지혜일 것이다.

인간 세상의 모든 고통은 대부분 이 여덟 가지 범주를 벗어나지 않는다. 팔고(八苦)가 생기는 원인은 '욕심(慾心)', '욕망'이 많기 때문이다. 현명하지 못하기 때문이고, 어리석기 때문이라고 할 수 있다.

'중생들이 괴로움을 뽑아 버리고 즐거움을 얻는 것'이 발고여락인데 부처님의 자비가 곧 발고여락(拔苦與樂)이다. 자(慈)는 '즐거움을 준다(慈能與樂)'는 뜻이고, 비(悲)는 '괴로움을 없애준다(悲能拔苦)'는 뜻이다.

10. 백팔번뇌(百八煩惱)

중생들의 한량없이 많은 번뇌. 중생의 번뇌가 크게 108개나 된다고 하여 백팔번뇌(百八煩惱)·백팔결(百八結)·백팔결업(百八結業)이라고도 한다.

번뇌(煩惱)는 고통을 주다, 괴롭히다, 아프게 하다, 고통을 야기하다, 괴로워하다 등을 의미하는 Kliś에서 파생된 용어로 불교에서는 고통을 일으키는 원인이라는 의미로 사용한다. 마음을 깨치고 맑게 하여 열반에 드는 것이 깨달음의 이상이라고 한다면, 그것을 방해하는 중요한 요소, 즉 나(我)라는 생각과 집착에서 생기는 번뇌와 미혹은 탐진치 삼독심을 일으키게 한다.

이러한 번뇌는 대체적으로 탐(貪)·진(瞋)·치(癡)·만(慢)·악견

(惡見)·의(疑)·불신(不信)·해태(懈怠)·혼침(昏沈)·도거(掉擧) 등의 10번뇌로 분류하고, 이 중에서 근본 번뇌는 탐·진·치·만·의·악견의 6가지이다. 이 6가지 근본 번뇌에 따라 일어나는 나머지 번뇌는 지말번뇌가 된다.

번뇌는 욕계(欲界)·색계(色界)·무색계(無色界) 등 삼계(三界)의 소속에 따라 달라진다. 욕계의 번뇌는 36종이며 색계의 번뇌는 31종, 무색계는 31종으로 도합 98종의 번뇌가 있다고 한다. 이러한 98종의 번뇌, 즉 98결(結)과 98결에 따라서 일어나는 10전(纏)을 합해서 108번뇌가 된다고 대승불교의 중관학파의 논서 《대지도론》 제8권과 대승불교 일반의 논서 《대승의장》 제6권에 밝히고 있다. 여기서 98결은 근본번뇌를 3계 5부로 구분했을 때 얻어지는 98수면(隨眠)의 다른 이름이다.

그리고 10전(纏)은 근본 번뇌(즉, 간략히는 6수면, 자세히는 98수면)를 따라 일어나는 수번뇌(隨煩惱)들 가운데 특정한 10가지를 말한다. 따라서 108번뇌는 3계(三界)의 모든 근본번뇌와 특정한 10가지 수번뇌를 합한 것으로, 사실상 모든 번뇌를 의미한다. 중생들이 일으키는 백팔번뇌의 또 다른 산출법 중 일반적으로 많이 쓰는 산출법은 다음과 같다. 우리 인간에게는 안(眼)·이(耳)·비(鼻)·설(舌)·신(身)·의(意) 즉, 눈·귀·코·혀·몸·생각 등 여섯 가지 감각 기관이 있다. 이것을 6근(根)이라고 한다.

이 여섯 가지 감각기관이 그 대상 즉 6진(塵)인 색깔(色)·소리(聲)·냄새(香)·맛(味)·감촉(觸)·물질(法)을 만나면 '좋다''나쁘다'

'좋지도 않고 나쁘지도 않다'라는 판단을 내린다. '좋다''나쁘다''좋지도 않고 나쁘지도 않다'는 세 가지 판단을 내리기 때문에 [육근 6 × 판단 3 = 18번뇌]가 되고, 또한 6진에 대하여 '즐겁다. 괴롭다. 괴롭지도 않고 즐겁지도 않다'라는 세 가지 감정을 일으키기 때문에 다시 [육진 6 × 판단 3 = 18번뇌]를 더하여 36번뇌가 된다. 그리고 이 36번뇌에는 과거·현재·미래의 삼세가 있기 때문에 [36 × 3 = 108]번뇌가 되는 것이다.

坐				作用		時	시공
육근 (六根)	삼평 (三評)	육진 (六塵)	삼수 (三受)	육식 (六識)	육경 (六境)	삼세 (三世)	(時空) 계(計)
안(眼)	호(好)	색(色)	락(樂)	眼識	色境	과거	
이(耳)	좋음	성(聲)	즐거움	耳識	聲境	(過去)	
비(鼻)	오(惡)	향(香)	고(苦)	鼻息	香境	현재	
설(舌)	나쁨	미(味)	괴로움	舌識	味境	(現在)	
신(身)	평(平)	촉(觸)	사(捨)	身識	觸境	미래	
의(意)	보통	법(法)	버림	意識	法鏡	(未來)	
[(6 × 3) + (6 × 3)]				×	3	=	108번뇌
또는 [육근 6 × 육진 6]				× 삼세 3		=	108번뇌

[출처 : 한국민족문화대백과사전, 위키백과, 우리 모두의 백과사전]

11. 이고득락(離苦得樂)

'자비로운 마음으로 중생의 괴로움은 없애고 더불어 즐거움을 준다.'

〈대반야바라밀다경〉 중에서…

중생이 고통·번뇌·망상 등 온갖 집착에서 벗어나 깨달음(진리)을 통해 해탈의 경지에 이르기를 기원할 때 흔히 쓴다. 고통을 버리고 기쁨을 얻는다는 점에서 불교의 근본 교리를 함축하고 있다. 사찰에는 법당 앞이나 일주문 왼쪽에 범종각(梵鐘閣)이 보이는데 새벽과 저녁예불에 앞서 종을 친다. 종을 칠 때는 언제나 지옥을 없애는 뜻을 담은 파지옥진언(破地獄眞言)으로 새벽예불에 『나모 아따 시지남 삼먁 삼못다 구치남 옴 아자나 바바시 지리 지리 훔』(세 번)을, 저녁예불에 『옴 가라지야 사바하』(세 번)의 종송(鐘誦)을 한다.

특히 새벽종송 때는 항상 지옥도(地獄道)·아귀도(餓鬼道)·축생도(畜生道)·수라방생도(修羅傍生道)에서 고통받는 중생들이 "이 종소리 듣고 고통을 여의어 기쁨을 얻을지어다. 문차종성이고득락(聞此鐘聲離苦得樂)"의 후렴진언으로 끝을 맺는다.

이고득락은 모든 축생이 6개의 지옥, 이 가운데서도 특히 고통과 불행으로 가득한 지옥도·아귀도·축생도의 삼악도(三惡道) 윤회에서 벗어나 해탈하기를 바라는 뜻으로 외는 중요한 진언이다. 중생들이 원하는 바에 따라 고통을 없애주고 즐거움을 준다는 '발고여락(拔苦與樂)'도 같은 뜻이다.

12. 상·락·아·정(常樂我淨)'변치 않고 즐거우며, 참 자아로 청정하다.'

270

열반사덕(涅槃四德), 법신사덕(法身四德)이라고도 하며, 줄여서 사덕(四德)이라고도 한다. 열반과 법신은 네 가지 덕성을 갖추었다. 첫째는 영원하여 변하지 않는 상(常), 둘째는 고통이 없는 안락한 낙(樂), 셋째는 진실한 자아로서 아(我), 넷째는 번뇌의 더러움으로부터 벗어난 정(淨)이다.

상(常)은 '영원한 본성(本性)'을 말한다. 부처 같은 본성은 없어지지 않고, 변하지도 않는다. 낙(樂)은 '인연을 초월하고 업장(業障)을 소멸하여 즐거워하는 해탈의 경지'이다. 아(我)는 '본성의 자아(自我)로, 청정무구(淸淨無垢)한 자아'이다. 정(淨)은 '번뇌와 망상(妄想) 없이 고요하고 맑은 상태'를 뜻한다.

13. 동의보감(東醫寶鑑)

조선시대 의관 허준(許浚)이 중국과 조선의 의서를 집대성하여 1610년에 저술한 의서(醫書)이다. 25권 25책. 1610년(광해군 2)에 완성하여 1613년 내의원에서 개주갑인자(改鑄甲寅字) 목활자로 첫 간행된 조선 최고의 의학서적이다.

이 책은 원래 1596년(선조 29)에 태의(太醫) 허준이 왕명을 받아 유의(儒醫)인 정작(鄭碏)과 태의 이명원(李命源)·양예수(楊禮壽)·김응탁(金應鐸)·정예남(鄭禮男) 등과 함께 찬집하였는데, 정유재란으로 일시 중단되었다. 그 뒤 선조가 허준에게 다시 명하여 계속 편집하도록 하였으며, 내장방서(內藏方書) 500권을 내주어 고증하게 하였다. 허준이 전심전력하여 1610년

에 마침내 완성하자 왕은 곧 내의원에 명하여 인출(印出), 널리
반포하게 하였다.

[출처 : 한국민족문화대백과사전, 위키백과, 우리 모두의 백과사전]

14. 칠불통게(七佛通偈)

과거 일곱 부처님이 공통으로 수지했다고 일컬어지는 '칠불통
계게(七佛通戒偈)'는 모든 부처님이 한결같이 당부한 훈계(訓戒)
로 곧 보편적이고 타당한 진리를 의미한다. 시대와 지역을 초월
해 많은 사람들에게 독송되고 있는 게송 중에 하나다. 경전에
의하면 석가모니 이전에 이미 여섯 명의 부처님이 이 세상에 출
현했다. 첫 번째 부처님은 비바시불, 두 번째는 시기불, 세 번째
는 비사부불, 네 번째는 구류손불, 다섯 번째는 구나함모니불,
여섯 번째가 가섭불이고 석가모니불이 일곱 번째다. 이 일곱 부
처님을 총칭해 '과거칠불'이라고 하는데 칠불통계게는 과거칠불
의 공통적인 가르침이다. 칠불통계게는 문헌마다 약간씩 차이
가 있는데, 가섭불의 게가 일반적이다. 게송은 '모든 악을 저지
르지 말고, 모든 선을 행해 스스로 마음을 깨끗하게 하라. 이것
이 모든 부처님의 가르침이다. 제악막작 중선봉행 자정기의 시
제불교(諸惡莫作 衆善奉行 自淨其意 是諸佛敎)'라고 풀이할 수
있다. 악행은 조금도 하지 말고 선행만 하되 그것이 끝이 아니
라 자기의 마음을 청정하게 하라는 뜻이다. 이는 지극히 평범
한 가르침이지만 깨달음의 실천이란 어떤 것인가를 구체적으로

272

일러주고 있다. 〈출요경〉에 따르면 중국 당나라 도림선사는 칠불통계게에 대해 "세 살짜리도 아는 말이지만 팔십 먹은 늙은 이도 실천하기 어렵다"고 말해 실천의 중요성을 꼬집었다.

[출처 : 대한불교조계종, 불교신문, 법보신문]

15. 조과 도림선사(鳥窠 道臨禪師)와 백낙천(白樂天)

"욕망 사로잡혀 있는 그대가 더 위험하다"

당나라의 백락천은 유명한 시인이요, 뛰어난 경륜을 지닌 정치가로 본명은 거이(居易)이다. 그에 대한 일화는 많지만 조과도림 선사와의 만남은 그를 불교의 세계로 인도한 계기가 되었다.

도림선사는 항주(抗州) 출신으로 9세 때 출가하여 도흠선사(道欽禪師) 등으로부터 심요를 전수받았다. 스님은 늘 나무 위에 올라가 참선을 했는데 그 옆에는 까치가 둥치를 틀고 살기도 했다고 하여 작소선사(鵲巢禪師)라고도 불렸다는 이야기가 〈전등록〉 등에 전한다.

백낙천이 도림선사를 만난 것은 당대의 학자이자 문장가로 이름을 날리고 항주 지역 자사(刺史)의 지위에 올라 자못 우월감에 충만해 있던 때였다. 그는 고승으로 이름이 높다는 도림선사를 찾아갔다. 백락천이 도림선사가 거처하는 절에 이르렀을 때, 역시 도림선사는 나무 위에 올라앉아 참선을 하고 있었다.

"스님, 너무 위태롭습니다."

"내가 보기에는 그대가 더 위험하오."

"저야 땅에 서 있고 벼슬도 자사에 이르렀는데 무엇이 위험하겠습니까?"

"티끌 같은 세상 지식으로 교만한 마음만 늘어 번뇌가 끝이 없고, 탐욕의 불길이 쉬지 않으니 어찌 위험하지 않은가?"

선사의 어조는 차분했으나 백락천에게는 벽력같은 소리였다. 물질의 세계, 유한의 상념을 벗어나지 못했던 그에게 마음의 불길이 타고 있음을 일러주는 도림선사의 법문에 옷깃을 다잡은 백낙천이 다시 여쭈었다.

"제가 평생에 좌우명을 삼을 만한 법문 한 구절을 듣고 싶습니다."

"나쁜 짓 하지 말고(諸惡莫作) 착한 일을 받들어 행하라(衆善奉行)."

"그거야 삼척동자도 다 아는 이야기 아닙니까?"

"그렇지. 세 살 먹은 애들도 아는 얘기지. 하지만 여든 살 된 노인도 행하기는 어려운 것이 아니요?"

대화는 더 이상 진행될 필요가 없었다. 그 자리에서 백낙천은 자신의 오만과 인간의 통속적인 지식의 허망함을 깨달았기 때문이다.

마음의 불길을 잡지 못하면 나뭇가지에 올라앉은 것보다 위태로운 삶이라는 것이다.

그럼 어떻게 마음의 불길을 잡느냐? "나쁜 짓 하지 말고(諸惡莫作) 착한 일을 받들어 행하라(衆善奉行)"는 칠불통게가 정답이다. 잘 알다시피 칠불통게는 '제악막작(諸惡莫作) 중선봉행(衆善奉行) 자정기의(自淨其意) 시제불교(是諸佛敎)'의 네 구절이다. 일체 악을 그치고 선을 받들어 행하여 마음을 밝히는 것이 부처의 가르침이요, 부처에 이르는 길이다. 도림선사의 짧은 대답은 구차한 알음알이에 휘둘리지 말라는 것이다.

그리고 '그거야 애들도 아는 얘기가 아니냐'고 빈정대는 것으로 아직도 도림선사의 간절하고 자상한 가르침의 핵심을 못 보았던 백낙천은 결국 "그러나 여든 살 노인도 실천하기 어렵다"는 소리까지 듣고서야 지행합일(知行合一)의 도(道)가 어떤 것인가를 깨치게 된다.

그 후 백낙천은 돈독한 불교신자가 되어 만년에는 자신의 집을 절로 바꾸며 생활과 수행을 일치하는 삶을 살았다고 전한다.

[출처 : 불교신문]

16. 출요경(出曜經)

"어떠한 악도 짓지 말고, 모든 선을 받들어 행하면서, 스스로 그 뜻을 깨끗이 하는 것, 이것이야말로 모든 부처님의 가르침이다."

불자치고 이 법구(法句)를 모르는 사람은 드물 것이다. 석가모니 부처님을 포함한 과거 일곱 부처님께서 공통으로 주신 가르침(七佛通戒)이기 때문이다. 이 구절을 담고 있는 경전이 바로 〈출요경〉이다. 이 경전이 그 유명한 《법구경(法句經)》(下記 2)의 게송들을 모두 포함하고 있다. 칠불통계는 법구경에서 가장 먼저 등장한다.

그러나 이 경은 게송뿐인 〈법구경〉과 달리 게송에 대한 풍부한 비유와 해설이 편집되어 있다.　　　［ 출처 : 불교신문, 법보신문 ］

[下記 2] 《법구경(法句經)》

《법구경》 또는 《담마빠다》는 서기 원년 전후의 인물인 인도의 다르마트라타(산스크리트어: Dharmatrata, 法救)가 편찬한 불교의 경전으로 석가모니 사후 삼백 년 후에 여러 경로를 거쳐 기록된 부처의 말씀을 묶어 만들었다고 한다. 불교의 수행자가 지녀야할 덕목에 대한 경구로 이루어져 있다.

주요 내용은 폭력, 애욕 등을 멀리하고 삼보에 귀의하여 선한 행위로 덕을 쌓고 깨달음을 얻으라는 것이다. 판본에 따라 내용이 조금씩 차이가 있으나 한역(漢譯) 법구경은 서문과 39개의 품(品)으로 이루어져 있다.

원문은 팔리어로 작성된 《담마빠다(팔리어: Dhammapada)》와 산스크리트어로 작성된 《우다나바르가(산스크리트어: Udanavarga)》로 알려져 있다. 편집의 차이와 수록된 구절 수가 다를 뿐 내용은 비슷하다고 한다. 팔리 삼장(Tipitaka)에는 《숫타니파타(Sutta Nipāta)》 등과 함께 경장(숫타 삐따까) 소부(굿다까 니까야)로 분류되어 있다.

《담마빠다》는 여러 언어로 번역이 많이 되었는데, 한역본(漢譯本)으로는 《법구경(法句經)》과 《법구비유경(法句譬喻經)》이 대표적이다.

17. 법화경(法華經) 묘법연화경(妙法蓮華經)

〈법화경(法華經)〉 일명 〈묘법연화경(妙法蓮華經)〉은 대승경전의 하나로 예로부터 모든 경전의 왕으로 여겨지며, 석가모니의 40년 설법을 집약한 경전이다. 법화사상을 담고 있는 천태종(天台宗)의 근본 경전으로 초기 대승경전(大乘經典) 중에서 가장 중요한 경전으로 여겨지고 있다. 산스크리트어 원본으로는 영국인 호지슨이 네팔에서 발견한 것을 비롯하여 여러 가지의 단편(斷片)이 존재하며, 현존하는 3종의 한문 번역 가운데 구마라집(鳩摩羅什)이 번역한 《묘법연화경(妙法蓮華經)》 7권(후에 8권이 되었음)이 가장 널리 유포되어 있다. 〈법화경〉 일명 〈묘법연화경〉에서 부처는 머나먼 과거로부터 미래영겁(未來永劫)에 걸쳐 존재하는 초월적인 존재이다.

그가 이 세상에 출현한 것은 모든 인간들이 부처의 깨달음을 열 수 있는 대도(大道, 一乘)를 보이기 위함이며, 그 대도를 실천하는 사람은 누구라도 부처가 될 수 있다는 주장이 경전의 핵심이다. 〈법화경〉은 모두 28개의 품(品, 장)으로 이루어져 있으며, 오늘날 널리 독송되고 있는 〈관세음보살보문품〉이 바로 '제25품'이다.　　[출처 : 한국민족문화대백과사전, 위키 백과사전]

18. 명심보감(明心寶鑑)

고려 시대 충렬왕 때 민부상서(民部尙書)·예문관대제학(藝文館大提學)을 지낸 추적(秋適, 1246 ~1317)이 1305년에 중국 고전에서 선현들의 금언(金言)·명구(名句)를 엮어서 저작했다. 후에 元 말기 明 초기 사람 범근(范瑾), 범입본 또는 범립본(范立本)이 추적(秋適)의 명심보감을 입수하여 증편하기도 했다. 명심보감은 계선(繼善), 천명(天命), 순명(順命), 효행(孝行), 정기(正己), 안분(安分), 존심(存心), 계성(戒性), 근학(勤學), 훈자(訓子), 성심(省心), 입교(立敎), 치정(治政), 치가(治家), 안의(安義), 준례(遵禮), 언어(言語), 교우(交友), 부행(婦行) 등 19편으로 이루어져 있으며 유불선의 복합된 사상을 망라하여 편찬한 책이다.

조선시대의 대표적인 초학 입문용 교재로 손꼽히는 『명심보감』은 지금까지도 한국인의 삶과 같이 호흡하는 고전이다. 여러 세대에 걸쳐 축적된 현인들의 지혜는 유교·불교·도교 등의 내용을 아우르고 있어 전통적인 동양 사상의 진면목을 잘 보여준다. 어느 한편의 사상에 치우치지 않고 인간의 보편적인 윤리도덕을 강조하고, 인간 본연의 착한 심성을 강조하며, 지족(知足)과 겸양의 덕성을 가져야 한다는 명언은 경세(經世)를 위한 수양서이자 제세에 필요한 교훈서가 되기에 충분하다.

[출처 : 위키백과, 우리 모두의 백과사전]

19. 망심(妄心)

《망심》이란? '자신이 노력한 것보다 더 큰 바람을 갖는 탐욕 (貪慾)'을 말한다. 이러한 망심은 무망지심(无妄之心) 또는 '무심 (無心)의 법'으로 다스릴 수 있다. 무망지심의 무망은 '망령됨이 없는 진실함으로 하늘의 뜻에 따라 행동함'을 일컫는 말로 주역 (周易)에서는 "때에 따라 밭을 갈고, 김을 매면서 수확을 바라지 않는다."는 것을 무망지심이라고 하는데 한마디로 '그저 바라지 않는 마음'이라고 한다.   [출처 : millie x brunch 브런치북]

20. 정법안장(正法眼藏) · 열반묘심(涅槃妙心)

부처님께서 어느 날 마가다국의 수도 왕사성(王舍城) 동북쪽에 있는 영축산(靈鷲山)에서 법회(이러한 법회를 영산회상 靈山會上이라고 함)를 열고 설법을 하시는데, 허공중에서 대범천왕 (大梵天王)이 보낸 금바라화(金婆羅華) 꽃이 떨어져 한 송이를 집어서 설법을 들으러 모인 대중에게 쳐들어 보이며 "이 도리를 아느냐?"라고 물으셨다. 마치 허공에서 이 꽃을 보내온 도리를 아느냐? 하시는 듯, 묵언으로 미소를 지으셨기 때문에 이것을 염화미소(拈華微笑) 또는 염화시중(拈花示衆)이라고 한다.

이때 모인 대중은 "왜? 부처님께서 귀중하신 법문을 하시다 말고 꽃 한 송이를 붙잡고 말씀 없이 빙긋이 웃고 계시는가?" 하고, 영문을 몰라 모두 의아하게 생각했다. 그러나 그때 오직 상수제자 마하가섭(摩訶迦葉) 존자만은 그 뜻을 알고 미소로써 화답을 하였다.

이에 부처님께서는 이심전심(以心傳心)으로 마음이 통한 것을 알고 다음과 같은 법문을 하셨다.(※ 아래 10. 삼처전심(三處傳心) 참조)

'여래에게 정법안장(正法眼藏)·열반묘심(涅槃妙心)·실상무상(實相無相)·미묘법문(微妙法門)·불립문자(不立文字)·교외별전(敎外別傳)이 있으니, 이 도리를 마하가섭에게 부촉하노라.'

여기서 '정법안장(正法眼藏)'이란 '올바른 불법(佛法)'이라는 뜻이다. '정법(正法)이란 문자 그대로 '부처님의 바른 법'이란 뜻이고, '안(眼)'이란 부처님의 마음으로 보는 것, 즉 사물의 실상을 올바르게 관찰하는 안목을 말한다. 그리고 올바른 불법은 부처님의 마음 일체를 수장(收藏 포함)하고 있으므로 '장(藏)'이라고 한다. 결국 정법안장은 올바른 불법이며, 모든 불경 내용을 한마디로 요약한 말이자, 부처님 깨달음의 진수를 일컫는 말이다.

그리고 '열반묘심(涅槃妙心)'은 온갖 번뇌와 미망에서 벗어나 진리를 깨닫는 마음이다. 여기서 '열반(涅槃)'은 번뇌의 불길이 꺼져 마음이 고요한 상태를 말한다. 따라서 열반 그대로가 깨달음으로 이어진다. 열반은 불교의 궁극적인 이상이며 이 경지를 '열반적정(涅槃寂靜)'이라 한다.

열반은 모든 번뇌 망상의 속박에서 벗어나 무애자재(無礙自在)한 깨달음을 얻는 고요하고 편안한 상태이기 때문에 해탈

(解脫)이라고도 한다. 해탈은 열반의 다른 이름이다. 그리고 깨달은 마음은 말로 설명할 수 없는 오묘한 마음이므로 '묘심(妙心)'이라고 한다. 열반의 경지가 그대로 묘심인 것이다. 부처님께서 이 마음을 마하가섭(摩訶迦葉)에게 전수하셨다.

[출처 : 한국민족문화대백과사전, 불교신문, 문화컨텐츠닷컴]

21. 대방광불화엄경(大方廣佛華嚴經) 용수보살약찬게(龍樹菩薩略纂偈)

〈대방광(大方廣)〉 무한한 대우주보다 더 크고 넓은

〈불화엄경(佛華嚴經)〉 올바르신 부처님의 화엄경을

〈용수보살약찬게(龍樹菩薩略纂偈)〉 용수보살이 찬탄한 게송

약칭 화엄경은 대승 불교의 중요한 경전이다. 대승불교의 종합학습서라고 말할 수 있다. 석가모니불이 처음 깨달았을 때의 경지를 설하고 또한 그 경지에 도달하는 방법을 설한 경전이라고 전한다. 용수보살(나가르주나)가 용궁에서 가져왔다는 전승이 있다. 나가르주나가 용궁에 갔을 때 세 가지 화엄경이 있었는데 첫 번째 화엄경은 우주와 같이 너무 커서 가져오지 못했고 두 번째 화엄경도 너무 커서 가져오지 못했으나 세 번째 화엄경은 가져올 수 있었다고 한다.

화엄경은 그 내용이 〈방대〉하기 때문에 다 읽기 힘들다. 그래서 짧게 요약한 것이 화엄경약찬게(7언 110구 770자)이다. 주요 내용은 선재동자가 53분의 선지식을 찾아다니면서 법문을

듣고 깨달아가는 과정을 나타내고 있다.

〈방대〉 ① 십조구만오천사십팔자 일승원교 대방광불화엄경
② 시위십만게송경 39품원만교(7처9회39품) 666 4 3 1 11 1 1

정원본은 당나라의 반야(般若)가 번역한 40권본이고, 진본은
동진(東晉)의 불타발타라(佛馱跋陀羅)가 번역한 60권본, 주본은
당나라 실차난타(實叉難陀)가 번역한 80권본『화엄경』이다.

석가모니불과 비로자나불이 하나가 되면서 시작된다. 하나의
작은 티끌 속에 무한의 세계가 있다. 그 무한의 세계에 수없이
많은 부처가 있다. 그 부처들의 이름은 수없이 많다. 고통을 없
애는 사성제 또한 그 명칭이 수없이 많다. 다만 중생의 마음과
행위에 따라 무수한 이름이 붙여진 것일 뿐이다. 모든 것이 공
(空)하여 실제가 없음을 알아야 한다.

부처가 깨달은 법은 단 하나이며 변하지 않는다. 일체에 평
등하게 작용한다. 그러나 모든 것은 그 카르마에 의해 다르게
나타난다. 불법(佛法)을 구하려면 게으르지 말고 부지런해야 한
다. 모든 부처님의 몸은 하나의 법신(法身)이다. 화엄경 계에서
보면 시방삼세의 모든 부처님은 비로자나부처님의 화신이다. 일
체 중생도 비로자나불의 화신이다. 일상생활 속에서 부처님의
가르침을 찾을 수 있다.

[출처 : 한국민족문화대백과사전, 위키백과, 우리 모두의 백과사전]

22. 연기법송(緣起法頌)

부처님이 보리수 아래서 6년간 고행 끝에 깨달음을 얻고서 녹야원(鹿野苑)에서의 초전법륜(初轉法輪)으로부터 시작된 부처님의 가르침은 부처님이 쿠시나가르의 사라쌍수 아래에서 입멸하실 때까지 45년간 계속되었으며, 그 핵심적인 내용은 고(苦)와 낙(樂) 양극단을 떠난 중도(中道)의 길인 연기법(緣紀法)과, 연기법의 응용 내지 실천 이론이라고 할 수 있는 12연기를 비롯해서 일체 존재의 원리와 사성제(四聖諦) 삼법인(三法印), 업(業)과 윤회(輪廻)등 주로 초기 경전에 나오는 내용들이다.

이와 같은 부처님이 발견한 법(法)의 내용을 알 수 있는 자료 가운데서 가장 오래된 것은 아사지(阿說示 Asvaji) 비구와 뒷날 붓다의 제일 제자가 된 사리불(舍利佛) 사이에 있었던 대화이다.

사리불(舍利弗)이 왕사성 부근에서 산자야(Sanjaya)라는 유명한 스승 밑에서 수행하고 있던 어느 날 아침 길거리에서 탁발하러 나온 한 비구를 만났는데, 그 비구는 부처님이 성도하신 이후 최초로 맞이한 다섯 명의 제자들 중의 한 사람인 아슈와지트 비구였다. 사리불은 그 비구의 수행자다운 모습과 행동에 감동을 받고 '그대는 누구이고 스승의 이름은 무엇이며, 어떠한 진리를 배웠느냐'고 물어보았다. 그랬더니 그 비구의 대답은 '나는 나이가 어리고 집을 떠난 지도 오래되지 않았기 때문에 그 이치(理致)를 잘 설명할 수 없으니 간략히 요점만을 말하겠소!'라고 하면서 부처님으로부터 받았던 가르침에 대해서 말해 주었다.

> '모든 법은 원인에서 생긴다.　　　제법종연기(諸法從緣起)
> 부처님은 그 원인을 설하셨다.　　여래설시인(如來說是因)
> 모든 것은 원인에 따라 소멸한다.　피법인연진(彼法因緣盡)
> 이것이 부처님의 가르침이다.　　시대사문설(是大沙門說)'

풀이하면 '모든 존재는 반드시 어떤 인연에 의해서 생기고 그 인연이 사라지면 존재도 반드시 사라진다.'는 뜻이다.

이 시를 〈연기법송(緣起法頌)〉이라고 하는데, 사리불(舍利弗)은 이제까지 한 번도 들어보지 못했던 게송이 가르치는 깊은 뜻을 듣고 그 자리에서 큰 깨달음을 얻었으며, 그 길로 돌아가서 함께 수행하던 친구 목건련(目健連)과 두 사람을 따르던 제자 250명도 함께 데리고 육사외도 중의 한 사람으로서 회의론(懷疑論)을 주장하던 스승 산자야(Sanjaya)의 곁을 떠나서 부처님의 제자가 되었다.

[출처 : 위키백과 우리 모두의 백과사전 외]

284

23. 화엄일승법계도(華嚴一乘法界圖) · 의상조사법성게(義湘祖師法性偈) 화엄일승법계도(華嚴一乘法界圖)

```
一 微 塵 中 含 十 初 發 心 時 便 正 覺 生 死
一 量 無 是 卽 方 成 益 寶 雨 義 思 不 意 涅
卽 劫 遠 劫 念 一 別 生 佛 普 賢 大 人 如 槃
多 九 量 卽 一 切 隔 滿 十 海 仁 能 境 出 相
切 世 無 一 念 塵 亂 虛 別 印 三 昧 中 繁 共
一 十 是 如 亦 中 雜 空 分 無 然 冥 事 理 和
卽 世 互 相 卽 仍 不 衆 生 隨 器 得 利 益 是
一 相 二 無 融 圓 性 法 回 際 本 還 者 行 故
一 諸 智 所 知 非 餘 佛 息 盡 寶 莊 嚴 法 界
中 法 證 甚 性 眞 境 爲 妄 無 隨 家 歸 意 實
多 不 切 深 極 微 妙 名 想 尼 分 得 資 如 寶
切 動 一 絕 相 無 不 動 必 羅 陀 以 糧 着 殿
一 本 來 寂 無 名 守 不 得 無 緣 善 巧 窮
中 一 成 緣 隨 性 自 來 舊 床 道 中 際 實 坐
```

의상조사법성게(義湘祖師法性偈)

신라시대 승려 의상(義湘 625~702)이 화엄사상의 요지를 간결한 시(詩)로 축약한 글로 210자를 54각(角)이 있는 도인(圖印)에 합쳐서 만든 것이다.

'갖가지 꽃으로 장엄된 일승(一乘)의 진리로운 세계의 모습'이라는 뜻이며, 『삼국유사(三國遺事)』에서는 '법계도서인(法界圖書印)'이라고 하고, 이 밖에 '화엄일승법계도장(華嚴一乘法界圖章)'·

'화엄법계도(華嚴法界圖)'·'일승법계도(一乘法界圖)'·'법계도장(法界圖章)'·'법성도(法性圖)'·'해인도(海印圖)' 등으로 부르기도 한다.

의상이 당나라에서 10년 유학 시 스승 지엄의 문하에서 화엄을 수학할 때이다.

義湘祖師法性偈

法性圓融無二相　諸法不動本來寂
無名無相絶一切　證智所知非餘境
真性甚深極微妙　不守自性隨緣成
一中一切多中一　一即一切多即一
一微塵中含十方　一切塵中亦如是
無量遠劫即一念　一念即是無量劫
九世十世互相即　仍不雜亂隔別成
初發心時便正覺　生死涅槃常共和
理事冥然無分別　十佛普賢大人境
能仁海印三昧中　繁出如意不思議
雨寶益生滿虛空　衆生隨器得利益
是故行者還本際　叵息妄想必不得
無緣善巧捉如意　歸家隨分得資糧
以陀羅尼無盡寶　莊嚴法界實寶殿
窮坐實際中道床　舊來不動名爲佛

꿈속에 형상이 매우 기이한 신인(神人)이 나타나 의상에게 "네 자신이 깨달은 바를 저술하여 사람들에게 베풀어 줌이 마땅하다."고 하였고, 또 꿈에 선재동자(善財童子)가 총명약(聰明藥) 10여 알을 주었으며, 청의동자(靑衣童子)가 세 번째로 비결(秘訣)을 주었다.

스승 지엄이 이 말을 듣고 "신인이 신령스러운 것을 줌이 나에게는 한 번이었는데 너에게는 세 번이구나. 널리 수행하여 그

286

통보(通報)를 곧 표현하도록 하라." 하였다.

　의상이 명을 따라 그 터득한바 오묘한 경지를 순서를 따라 부지런히 써서『십승장(十乘章)』10권을 엮고 스승에게 잘못을 지적해 달라고 청하였다.

　지엄이 이를 읽어 본 후 "뜻은 매우 아름다우나 말은 오히려 옹색하다."고 하였다. 이에 의상은 다시 번거롭지 않고 어디에나 걸림이 없게 고쳤다.

　지엄과 의상이 함께 불전(佛前)에 나아가 그것을 불사르면서, "부처님의 뜻에 계합함이 있다면 원컨대 타지말기를 바랍니다."고 서원하였다.

　불길 속에서 타고 남은 나머지를 수습하니 210자가 되었다. 의상이 그것을 모아 다시 간절한 서원을 발하며 맹렬한 불길 속에 던졌으나 마침내 타지 않았다. 지엄은 눈물을 흘리면서 감동하여 칭찬하였고, 의상은 그 210자를 연결하여 게(偈)가 되게 하려고 며칠 동안 문을 걸고 노력했다.

　마침내 삼십 구절을 이루니 삼관(三觀)의 오묘한 뜻을 포괄하고 십현(十玄)의 아름다움을 드러내었다고 한다.

　이와 같이『법계도』즉『법성게』는 의상 자신이 스스로 깨달은 자내증(自內證)의 경지를 기술한 것이고, 그 자내증은 완전히 부처의 뜻에 계합하는 것이기에 불후의 명저를 낳게 된 것이다.

[출처 : 한국민족문화대백과사전, 위키백과, 우리 모두의 백과사전]

24. 금강반야바라밀경(金剛般若波羅蜜經) 사구게(四句偈)

한국의 대표 불교 종단인 조계종의 소의경전이다. 줄여서 금강경 또는 금강반야경이라고도 부른다. 석가모니 부처님에 의해 25년 동안 설해진, 공(空)사상이 깊이 있게 다루어진 대승불교의 대표경전이다.

대승경전이다 보니 제목부터가 대승불교의 근본적인 개념인 '반야바라밀(般若波羅蜜)'을 포함하고 있다.

반야바라밀은 산스크리트어 쁘라갸빠라미따(Prajñāpāramitā)를 음역한 것으로, '깨달음으로 이끄는 지혜'를 가리킨다.

그래서 〈금강경(金剛經)〉에서 금강(金剛)의 의미는 '깨어지지 않는 지혜의 상징'이며 '모든 번뇌를 자를 수 있는 지혜의 상징'이다. 이에 따르면 '어떤 번뇌도 능히 깨뜨려 없앨 수 있는 금강과 같은 지혜의 경전'이 된다.

〈금강경〉의 성립시기는 명확하지 않으나 대략 서기전 1세기~서기 1세기경으로 추정되고 있다.

402년 중국의 구마라집(鳩摩羅什)에 의해 한자로 번역되었으며, 그 후에도 여러 차례 번역되었으나 현재 유행하는 금강경은 구마라집본이다.

〈금강경〉에는 원래 목차 구분이 없었는데, 중국 남북조 시대 양무제의 아들 소명태자가 구마라집의 역본 내용을 32개 분(分)으로 나누고 각 분에 소제목을 달면서 현재의 모습이 되었으며, 독송할 때는 소제목은 빼고 읽는다. 구마라집본에는 한자 총

288

5,149자가 쓰였다.

조계종뿐 아니라 많은 선종 계통의 종단은 금강경을 소의경전으로 삼고 있다. 금강경의 사구게는 경전의 핵심이 되는 부분을 게송으로 나타낸 부분이 네 부분이나 있기 때문에 이 사구게의 뜻을 잘 이해하면 그 경전의 전체 뜻을 거의 다 이해할 수 있다.

제1 사구게(여리실견분 如理實見分, 제5)
온갖 겉모습은 다 허망한 것이니 겉모습이
참모습이 아닌 줄 알면 바로 여래를 보느니라.
범소유상 개시허망 약견제상비상 즉견여래
凡所有相 皆是虛妄 若見諸相非相 卽見如來

제2 사구게(장엄정토분 莊嚴淨土分, 제10)
마땅히 색(물질)에 머물러서 마음을 내지 말며, 마땅히 성(聲)·향(香)·미(味)·촉(觸)·법(法)에 머물러서 마음을 내지 말 것이며, 마땅히 아무데도 머무르는 데 없이 그 마음을 내야 하느니라.
불응주색생심 불응주성향미촉법생심 응무소주 이생기심
不應住色生心 不應住聲香味觸法生心 應無所住 而生基心

제3 사구게(법신비상분 法身非相分, 제26)

만약 겉모양(色身)으로써 부처를 보거나 음성으로써
부처를 구한다면 이 사람은 삿된 도를 행하는 지라
끝끝내 여래를 보지 못하느니라.
약이색견아 이음성구아 시인행사도 불능견여래
若以色見我 以音聲求我 是人行邪道 不能見如來

제4 사구게(응화비진분 應化非眞分, 제32)
인연에 따라서 생긴 모든 현상은 마치 꿈과 같고,
허깨비(환상)같고, 물거품과 같으며, 그림자 같으며,
이슬과 같고, 또한 번개와도 같으니 마땅히 이와 같이
관할지니라.
일체유위법 여몽환포영 여로역여전 응작여시관
一切有爲法 如夢幻泡影 如露亦如電 應作如是觀

[출처 : 한국민족문화대백과사전, 위키백과, 우리 모두의 백과사전]

25. 천수경(千手經)

불교 경전의 하나로 천수관음(千手觀音)의 유래와 발원, 공
덕 따위를 말한 경문을 말한다. 관세음보살이 부처님에게 청하
여 허락을 받고 설법한 경전이다. 본래 명칭은 〈천수천안관자재
보살광대원만무애대비심대다라니경(千手千眼觀自在菩薩廣大
圓滿無碍大悲心大陀羅尼經)〉으로 "한량없는 눈과 손을 가지신
관세음보살이 넓고 크고 걸림 없는 대자비심을 간직한 큰 다라

290

니(만트라)에 관해 설법한 말씀"이라는 뜻으로 '천수다라니'라고
도 한다.

밀교적 성격이 강한 불경으로 오늘날 한국의 일반 불자들이
가장 많이 독송하는 불경 중의 하나이다. 중국 당나라 때 가범달
마(伽梵達磨)가 번역한 〈천수천안대비심다라니〉가 천수경의 원형
이다. 우리나라에서 유통되고 있는 〈천수경〉은 이 천수다라니
앞과 뒤로 정구업진언(淨口業眞言) 등의 진언과 개경게(開經
偈)·대다라니계청(大陀羅尼啓請)·사방찬(四方讚)·도량찬(道場
讚)·참회게(懺悔偈)·준제주(准提呪)·여래십대발원문(如來十大
發願文)·사홍서원(四弘誓願)·귀명삼보(歸命三寶) 등이 수록되
어 있다. 이는 이 경을 완전히 의식경전으로 탈바꿈시킨 것이
다. 이 경은 중국 송나라의 사명존자(四明尊者)가 널리 유포했
고, 우리나라에서는 고려 중기부터 유통되기 시작하여 조선시
대에는 가장 많은 판본을 남기면서 크게 신봉되었다. 또한 각
진언 위에 수인(手印)을 넣거나 관세음보살의 갖가지 모습을 그
린 화천수(畫千手)도 크게 유행하였다. 이 경을 염송함으로써
대오(大悟)하거나 소원을 성취한 승속(僧俗)이 많음에 따라 우
리나라 불교신앙의 소의경전으로 자리를 잡게 되었다.

현재 우리나라 대부분의 불교 상용의식에는 이 경이 빠짐없
이 독송되고 있다. '예불천수경'은 예불문+천수경+반야심경을
모두 포함하여 말하는 것이다.

[출처 : 한국민족문화대백과사전, 위키백과, 우리 모두의 백과사전]

26. 반야심경(般若心經)

《반야심경》은 불교의 중심이 되는 경전으로 《대반야바라밀다경》의 요점을 간략하게 설명한 짧은 경전으로, 당나라 삼장법사인 현장(玄奘)이 번역한 것이다. 260자로 되어있다.

《대반야바라밀다심경 大般若波羅蜜多心經》《마하반야바라밀다심경 摩訶般若波羅蜜多心經》 또는 《반야바라밀다심경 般若波羅蜜多心經》이라고도 한다.

불교의 핵심적인 이치인 반야바라밀다를 간결하고 명징하게 요약한 불교 경전의 정수에 해당한다.

《반야심경(般若心經)》의 산스크리트어 제목은 프라즈냐파라미타 흐르다야 수트라(Prajñāpāramitā-hrdaya-sūtra)로 한자어 명칭에서 '심(心)'은 마음(心)을 뜻하는 치타(Citta)의 번역어가 아니라 핵심·정수(精髓)·정요(精要)·에 센스 또는 참된 앎(正知)을 뜻하는 흐르다야(Hrdaya)의 번역어이다. 따라서 '반야심경(般若心經)'이라는 제목의 문자 그대로의 뜻은 '반야바라밀다 또는 《대반야바라밀다경》의 핵심 또는 정요(精要)를 간추려 담고 있는 경전'이다.

《반야심경》은 '관자재보살이 깊이 반야바라밀다를 행할 때(觀自在菩薩行深般若波羅蜜多時)'로 시작되는데, 두 《인왕경》 즉 《불설인왕반야바라밀경》과 《인왕호국반야바라밀다경》에서 고타마 붓다는 반야바라밀다를 행한다는 것이란 복인(伏忍)·신인(信忍)·순인(順忍)·무생인(無生忍)·적멸인(寂滅忍)의 5인(五

忍)을 수행하는 것이라고 말하고 있다.

5인(五忍)은 보살 즉 대승불교의 수행자의 수행계위인 10신·10주·10행·10회향·10지·등각·묘각의 52위 가운데 최초의 10신을 제외한 나머지 42위 즉 42현성(四十二賢聖)을 인(忍) 즉 지혜, 그중에서도 특히 무루혜의 성취라는 관점에서 크게 다섯 그룹으로 나눈 것으로 따라서 반야바라밀다를 행한다는 것은 10신 즉 청정한 믿음을 바탕으로 하여 상위의 42위의 보살 수행계위를 직접 밟아가 최종적으로 적멸인(寂滅忍) 즉 묘각(妙覺)을 증득하는 것을 말한다. 즉, 본래 갖추고 있는 위대한 지혜(prajñā)에 이르는(pāramitā) 것을 말한다.

'반야심경(般若心經)'은 '본래 갖추고 있는 위대한 지혜에 이르는 열쇠(心:핵심)를 설하고 있는 경전'을 뜻한다.

《대반야바라밀다경》은 반야부의 여러 경전들을 집대성한 총서(叢書)로서 줄여서 '대반야경', '반야경'이라고 부르기도 하며, 존재물 자체에는 실체가 없으므로 집착하는 마음을 갖지 말라는 공(空)사상을 기본 사상으로 하고 있다. 우리나라에서는 흔히 '반야심경'이라고 부르며 종파에 관계없이 공통적으로 읽고 외우는 경전이다.　　　　[출처 : 한국민족문화대백과사전, 위키백과]

27. 삼처전심(三處傳心)

선종에서 석가모니 부처님이 세 곳에서 마하가섭에게 마음을 전한 전법게 이야기를 가리키는 불교용어로 불교의 조사선

이 교외별전(敎外別傳) 되었다는 근거가 되는 설이다.

삼처전심이라 함은 다자탑전분반좌(多子塔前分半座)·영산회상거염화(靈山會上擧拈花)·니련하반곽시쌍부(泥連河畔槨示雙趺)을 말한다.

첫째, 다자탑전분반좌는『아함경』·『중본경(中本經)』의 대가섭품(大迦葉品)에 근거를 두고 있다. 석가모니가 사위국 급고독원에서 대중을 위하여 설법하고 있는데 마하가섭이 뒤늦게 해진 옷을 입고 밖으로부터 왔다.

석가가 "잘 왔다 가섭이여." 하면서 앉은 자리 반을 나누어주며 앉으라고 하였다. 대중은 "저 늙은 비구가 무슨 덕이 있기에 감히 여래의 자리에 앉으라 하는가?" 하고 이상히 여겼다.

석가모니는 대중의 의아해하는 마음을 살피고 널리 가섭의 덕을 찬양하였다. 이것이 첫 번째로 부처님의 마음을 전한 것이라 한다.

둘째, 영산회상거염화는 송나라 오명(悟明)이 편찬한『전등회요(傳燈會要)』에 근거를 두고 있다. 석가가 영산회상에 계실 때 대범천왕이 금색 바라화(波羅花)로 공양올린 것을 세존이 손에 들어 대중에게 쳐들어 보이며 "이 도리를 아느냐? 허공에서 이 꽃을 보내온 도리를 아느냐?" 하시니 일천 대중이 다 망연히 있는데 오직 가섭이 얼굴을 탁 트이고 빙그레 웃었다(拈花微笑 拈花示衆). 이에 석가모니가 이르기를 "나에게 정법안장(正法眼藏)과 열반묘심(涅槃妙心)이 있으니, 실상은 상이 없는 미묘한 법문이라. 마하가섭에게 부촉하노라.”고 하였다는 전법게이다.

셋째, 니련하반곽시쌍부는 『대열반경』 다비품(茶毘品)에 근거를 두고 있다. 석가모니가 열반에 드신 뒤 대가섭존자가 먼 곳으로부터 뒤늦게 이르니 석가모니의 유체는 이미 입관되어 있었다. 가섭이 그 관 앞에서 슬피 울면서 “세존이 어찌 벌써 열반에 드셨나이까?” 하고 읍소하자 석가모니가 두 발을 관 밖으로 내놓으며 광명을 놓았다는 것이다.

선종에서는 이들 삼처전심을 교외별전의 유일한 근거라 하여 매우 중요시하였다. 우리나라의 경우 보조국사는 경절문(徑截門)을 세웠지만 삼처전심을 내세우지 않았다. 그러나 고려 말의 진정국사(眞靜國師)가 지었다는 『선문보장록(禪門寶藏錄)』에서는 염화미소 등을 내세웠다.

[출처 : 한국민족문화대백과사전, 위키백과, 우리 모두의 백과사전]

28. 불설관무량수경(佛說觀無量壽經)

《불설관무량수경》은 정토불교의 수행에 대한 일종의 매뉴얼이다. 사상의 《무량수경》, 신앙의 《아미타경》과 함께 정토삼부경 중의 하나이다.

《아미타경》은 부처님이 기원정사에서 사리불을 상대로 아미타불과 그 국토인 극락세계 서방정토의 공덕장엄을 말씀하고 아미타불의 명호를 부르면 극락세계에 왕생한다는 것을 중심 내용으로 하고 있다.

《무량수경》은 최후에 6방의 많은 부처님들이 석가세존의 말씀이 진실한 것임을 증명하시며 특별히 왕생을 권한 경전으로 매우 짧으면서도 아주 쉽게 정토신앙과 아미타 부처님의 위신력을 밝혀놓고 있다. 특히 다른 대부분의 경전이 제자들의 간청으로 인한 부처님의 설법인 데 반해 이 경은 부처님 자신이 자진해 설하고 있는 이른바《무문자설경》의 하나이기도 하다.

《관무량수경》은 정토 수행의 아름다움을 잘 보여주는 부처님의 은혜와 가피가 듬뿍 담긴 경전으로 약칭《관경》이라고도 하며 아미타불과 그 화신으로서 협시보살 관세음보살과 대세지보살 그리고 극락정토의 장엄을 마음의 대상으로서 관찰하는 방법을 모두 16관(觀)으로 정리해 구체적으로 설하고 있다. '나무아미타불'은 아미타부처님께 귀의한다는 뜻으로, 아미타부처님 명호를 부르는 것만으로도 극락정토에 갈 수 있다는 믿음 때문에 오랜 세월 많은 불자들에게 사랑을 받은 진언이다.

[출처 : 한국민족문화대백과사전 외]

29. 보왕삼매론(寶王三昧論)

중국 원나라 말 명나라 초기 묘협(妙叶) 스님의 저서《보왕삼매념불직지(寶王三昧念佛直指)》22편 중에서 제17편《십대애행(十大碍行) 열 가지 큰 장애가 되는 행)》에서 여러 구절을 가려 뽑아 엮은 글이다.

묘협 스님은 삼매를 닦음에 있어 방해가 되는 열 가지 큰 장애를 여러 불경에 의지하여 정립하였다.

중생이 '장애 없기'를 구하지 말고 장애 속에 먼저 거처하게 하여, 10가지의 장애들이 실제로는 수행을 방해하는 장애가 아닌, 일체 중생의 수행·신심을 더욱 진작시키는 것임을 뜻하는 대선지식(大善知識)이다.

또한 일체 중생을 진실하게 돕는 복전(福田)임을 알게 하여, 어리석은 중생이 장애로 인하여 퇴전하지 않고 장애 속에서 큰 깨달음을 얻게 하기 위해 경전에 의지하여 지으신 글이다.

《한글 보왕삼매론》

몸에 병 없기를 바라지 말라.

몸에 병이 없으면 탐욕이 생기기 쉽나니, 그래서 성인이 말씀하시되 「**병고로써 양약을 삼으라**」하셨느니라.

세상살이에 곤란함이 없기를 바라지 말라.

세상살이에 곤란함이 없으면 업신여기는 마음과 사치한 마음이 생기나니, 그래서 성인이 말씀하시되
「**근심과 곤란으로써 세상을 살아가라**」하셨느니라.

공부하는 데 마음에 장애 없기를 바라지 말라.

마음에 장애가 없으면 배우는 것이 넘치게 되나니, 그래서 성인이 말씀하시되
「**장애 속에서 해탈을 얻으라**」하셨느니라.

수행하는 데 마(魔)가 없기를 바라지 말라.

수행하는 데 마가 없으면 서원이 굳건해지지 못하나니, 그래서 성인이 말씀하시되

「**모든 마군으로서 수행을 도와주는 벗을 삼으라**」하셨느니라.

일을 꾀하되 쉽게 되기를 바라지 말라.

일이 쉽게 되면 뜻을 경솔한 데 두게 되나니 , 그래서 성인이 말씀하시되

「**여러 겁을 겪어서 일을 성취하라**」하셨느니라.

친구를 사귀되 내가 이롭기를 바라지 말라.

내가 이롭고자 하면 의리를 상하게 되나니, 그래서 성인이 말씀하시되

「**순결로써 사귐을 길게 하라**」하셨느니라.

남이 내 뜻대로 순종해 주기를 바라지 말라.

남이 내 뜻대로 순종해 주면 마음이 스스로 교만해지나니, 그래서 성인이 말씀하시되

「**내 뜻에 맞지 않는 사람들로서 원림을 삼으라**」하셨느니라.

공덕을 베풀려면 과보를 바라지 말라.

과보를 바라면 도모하는 뜻을 가지게 되나니, 그래서 성인이 말씀하시되

「덕을 베푸는 것을 헌신처럼 버리라」하셨느니라.

이익을 분에 넘치게 바라지 말라.

이익이 분에 넘치면 어리석은 마음이 생기나니, 그래서 성인
이 말씀하시되

「**적은 이익으로서 부자가 돼라**」하셨느니라.

억울함을 당해서 밝히려고 하지 말라.

억울함을 밝히면 원망하는 마음을 돕게 되나니, 그래서 성인
이 말씀하시되

「**억울함을 당하는 것으로 수행하는 문을 삼으라**」하셨느니라.

**이와 같이 막히는 데서 도리어 통하는 것이요, 통함을 구하는
것이 도리어 막히는 것이니, 이래서 부처님께서는 저 장애 가운
데서 보리도를 얻으셨느니라.**

30. 관세음보살보문품(觀世音菩薩普門品) 관음경(觀音經)

〈법화경(法華經)〉 또는 〈묘법연화경(妙法蓮華經)〉의 28품 중
제25품으로 무진의보살(無盡意菩薩)과 부처님이 관세음보살(觀
世音菩薩)에 대해 문답을 진행하는 방식으로 이루어져 있다.

주로 무진의보살이 관세음보살에 대해 물으면 부처님이 이에
대해 대답하는 방식인데, 어려움에 처했을 때 대중들이 관세음

보살의 이름을 부르거나 생각하면 그 신통력으로 위기를 벗어날 수 있다는 점을 강조하고 있으며, 아울러 관세음보살을 잘 봉양해야 한다는 내용이 담겨져 있다.

불자들의 '관음기도(觀音祈禱)'나 '구고구난기도(救苦救難祈禱)' 시에 많이 독송될 정도로 우리나라 관음신앙의 근본 경전으로 여겨지고 있다. 이 〈법화경(法華經)〉 제25 〈관세음보살보문품(觀世音菩薩普門品)〉을 독립된 경(經)으로 만든 것이 바로 〈관음경(觀音經)〉이다. 중국 서진(西晉)의 담마라참(曇摩羅讖)이 병으로 고생하는 하서왕(河西王)을 보고 이 국토가 관세음보살과 인연이 깊으니 〈보문품〉을 외우라고 권하였고, 이 경을 읽고 건강을 회복한 지리몽손왕이 〈보문품〉을 널리 유통시키면서 〈관음경〉이라 이름하였다. 〈법화경〉의 〈보문품〉에는 경문만이 수록되어 있는데, 〈관음경〉에는 오언절구의 게송이 첨가되어 있다.

우리나라에서는 구마라집(仇摩羅什)의 번역본이 널리 유통되고 있다. 그 내용은 관세음보살의 대자대비에 의지하면 일체의 고통에서 벗어날 수 있음을 요지로 하고 있다. 마음속으로 관세음보살을 염원함에 따라서 불구덩이가 연못으로 변하고, 파도가 잠잠해지며, 높은 산에서 밀려 떨어져도 공중에서 멈추게 된다.

참수형을 받게 되었을 때도 목을 치는 칼이 부러지는 등 갖가지 재앙으로부터 구원을 받는다는 현세이익적인 공덕이 강조되고 있다.

또한 이 경전에는 관세음보살의 32응신(應身)이 서술되어 있는데, 이는 제도하여야 할 중생이 어떠한가에 따라서 불(佛)·보살(菩薩)·성문(聲聞)·임금·부녀자·동남동녀 등 32가지의 몸을 나누어서 사바세계 중생들의 모든 두려움을 없애준다고 하였다. 이 경은 관세음보살의 영험과 함께 우리나라에서 가장 많이 유포, 신행(信行)된 경전의 하나가 되었으며 그 전래는 불교가 우리나라에 들어온 때와 거의 같은 시대로 추정된다. 그 대표적인 간본으로는 경문 1절씩을 한언대역(漢諺對譯)하고 삽화도 곁들인 1697년(숙종23)의 신흥사본(神興寺本)을 들 수 있다.

[출처 : 한국민족문화대백과사전, 위키백과사전]

31. 달마혈맥론(達摩血脈論)

달마대사(達磨大師 ?~528)의 법문을 기록한 어록이다. 달마대사는 남인도향지국 셋째 왕자로 태어나 출가해서 부처님을 이은 제27대 직계 조사인 반야다라(般若多羅(?~457) 존자에게 가르침을 받고 제28대 조사(祖師)가 되었다. 반야다라 존자는 혜안으로 다음과 같은 전법게를 지어 달마에게 정법안장(正法眼藏)을 부촉한 후 달마로 하여금 동쪽으로 가서 법을 전하라고 하였다.

『마음 땅이 숱한 종자를 키우고

심지생자종(心地生者種)

일이 생기면 다시 이치도 생기네

인사복생리(因事復生理)

수행의 열매가 무르익으면 깨달음이 원만해지니

과만보리원(果滿普釐圓)

꽃이 피듯 한 세계가 열리네

화개세계기(華開世界起)』

그리하여 달마는 AD 6세기 초 남천축국(남인도)에서 해로로 중국 남북조 시대의 남조 양(梁)나라로 건너와서 양 무제(武帝)를 만났다. 당시 달마와 절실한 불교신자였던 양 무제 간의 생사를 초월한 유명한 문답이 있다. "왕위에 오른 짐이 많은 절을 짓고, 경전을 소개하고, 스님들에게 셀 수 없이 도첩을 내린 그 공덕이 얼마나 되겠소?" 하는 무제의 물음에 "아무런 공덕이 없소."라는 대답으로 황제를 자극한 달마는 북위(北魏)로 가서 낙양(洛陽) 동쪽 숭산(嵩山) 소림사(小林寺)에 숨어들어가 9년간 면벽수행(面壁修行)을 한다.

달마의 벽관(壁觀)으로 일컬어지는 독자적인 선법(禪法)과 불립문자(不立文字) 교외별전(敎外別傳) 직지인심(直指人心) 견성성불(見性成佛)의 4구절에 그의 교의가 집약되어 있다.

9년간 면벽좌선(面壁坐禪)을 하고 나서, "사람의 마음은 본래 청정하다."는 이(理)를 깨달아야 한다고 주장하고, 이 선법을 안심법문(安心法門)을 통해 중국 선종 제2조가 되는 제자 혜가(慧可)에게 전수함으로써 중국 선종《초조 달마(達摩) 2조 혜가(慧可) 3조 승찬(僧璨) 4조 도신(道信) 5조 홍인(弘忍) 6조

혜능(慧能)》으로 이어졌다.

19세기 말부터 20세기 초에 걸쳐 중구의 둔황(燉煌) 지방 석
굴에서 발굴된 소위 둔황의 선(禪) 문헌 가운데 최고(最古)의
문헌인 《달마어록》에는 달마의 근본 사상인 《관심론 觀心論》,
《혈맥론 血脈論》,《이입사행론 二入四行論》 등이 들어있다.

[출처 : 위키백과, 우리 모두의 백과사전, 불교신문]

32. 사섭법(四攝法)

《사섭법》은 불교의 보살이 중생을 제도하고 섭수하기 위하여
행하는 네 가지 기본 행위를 가리키는 용어로 사섭사(四攝事)
또는 사섭(四攝)이라고도 한다. 네 가지의 섭사는 보시섭(布施
攝)·애어섭(愛語攝)· 이행섭(利行攝)·동사섭(同事攝)을 말한다.

《보시섭》은 중생이 재물을 구하거나 진리를 구할 때 힘닿는
대로 베풀어 주어서 중생으로 하여금 친애하는 마음을 가지게
하여 중생을 교화하는 것이다.

《애어섭》은 중생을 불교의 진리 속으로 들어오게 하기 위하
여 여러 사람들에게 듣기 좋은 말을 하여 친애하는 정을 일으
키게 하는 것으로, 보살은 온화한 얼굴과 부드러운 말로 중생
을 대한다.

《이행섭》은 몸과 말과 생각으로 중생들을 위하여 이익되고
보람된 선행(善行)을 베풀어서 그들로 하여금 도에 들어가게 하
는 것이다.

《동사섭》은 보살이 중생과 일심동체가 되어 고락을 함께하고 화복을 같이하면서 그들을 깨우치고 올바른 길로 인도하는 적극적인 실천행이다. 이 동사섭은 보살의 동체대비심(同體大悲心)에 근거를 둔 것으로, 함께 일하고 함께 생활하는 가운데 그들을 자연스럽게 교화하는 것이다. 이와 같은 동사섭은 사섭법 가운데 가장 지고한 행이다.

[출처 : 한국민족문화대백과사전 외]

33. 대동태허(大同太虛)

'대동태허론(大同太虛論)'은 신광당(神光堂) 대종사(大宗師) 활안(活眼)스님 특유의 설법으로 여겨지기도 하는 대우주 속의 일념관(一念觀)으로 '시간과 공간은 본래 공(空)한 것이다.'삼라만상도 본래 공한 것이고 그 공한 것이 일념(一念)인데, 참된 일념이 곧 대동태허(大同太虛)이다.'라는 '일념 우주관'이다. 대동태허는 '크게 하나로 비워진 자리'를 말하는 것인데, 이 대동태허에 한 생명의 본질이 있으며, 첫 일관(一貫 꿰뚫어 봄)이 동식(動息) 간에 우선 밝아야 되는데 다른 것으로는 근거가 없으며, 여타 것은 모두 충돌의 대상이 되는 것이다. 우선 '동식 간에(필자가 듣고 언뜻 이해하기로는 단박에 또는 일순간에) 밝아야 한다.'는 활안 큰스님의 우주관이다.

[신광당(神光堂) 대종사(大宗師) 활안(活眼)스님]

1926년 전라남도 담양에서 태어나셨다. 스님은 45년 순창 순평사에서 출가한 뒤, 지난 1953년 범어사에서 월산 스님을 은사로 사미계를, 58년 통도사에서 자운스님을 계사로 비구계를 수지했다.

　　열아홉 살에 출가를 한 스님은 전국의 제방선원에서 40안거를 성만했으며, 특히 오대산 월정사에서 30년 가까이 머물며 정진했다. 1974년 송광사 구산스님과의 인연으로 천자암에 머물며 중창불사를 이끌었으며, 1977년부터 송광사 천자암 조실로 후학을 제접하셨고, 1999년 조계종 원로로 추대되었다. 세수 94세 법랍 67세로 2019년 9월 18일에 입적하셨다. 2009년 어느 봄날 순천 조계산 중턱 산자락에 800여 년 성상을 지닌 곱향나무(쌍향수 雙香樹 천년기념물 88호)가 자리 잡고 있는 천자암에서 활안 큰스심과 각별한 인연으로 만나게 된 필자는 '대동태허(대우주)의 단독권한 가진 주인으로서 단박에 밝은 마음(光明一念)을 가져야 한다.'는 큰 가르침(확철대오 廓徹大悟에 가까운 깨우침)을 받고서 가끔씩 찾아뵙고서 많은 선지식과 가르침을 받기도 했다.

〈활안 큰스님의 오도송(悟道頌)〉
도를 통한 일할로 모든 근기 굴복받고
통현일할만기복(通玄一喝萬機伏)
언어 이전 큰 기틀로 법륜을 굴리도다

언전대기전법륜(言前大機轉法輪)

법계의 달빛 한 손바닥 위에 밝았으니

법계장월일장명(法界長月一掌明)

만고의 광명이 길어 다함이 없네

만고광명장불멸(萬古光明長不滅)

34. 공안(公案) 화두(話頭)

선가(禪家)의 공안(公案)을 모두 합쳐 1,700 공안이라고 한
다. 이렇게 말하게 된 것은 〈경덕전등록〉에 수록된 선사들의
공안을 모두 합쳐 말하기 때문이다. 그러나 후대에 와서 이들
공안을 선별하여 중요한 공안을 활구(活句)라 하여 간추려 내
기도 하였다. 설두중현의 〈송고백칙〉도 1,700 공안 가운데서
100개를 간추려 낸 것이다. 간혹 공안에도 사구(死句)가 있다
고 한다. 활구니 사구니 하는 말은 공안이 지닌 생명력이 살아
있는 것을 살아있는 말(活句)이라 하고, 공안의 생명력이 없는
것을 죽은 말(死句)이라 하는 데서 붙여진 것이다. 간화선 공부
에 있어서 선수행자가 가장 많이 참구해 온 대표적인 공안을
무자(無字) 화두라 한다.

물론 '이뭣고?(是甚麼?)'라는 화두도 있지만 무자화두의 10가
지 병을 설해온 예를 보더라도 공안의 대표라 할 수 있는 것은
역시 무자라 할 수 있다.

이 무자 화두는 조주(趙州 788~897) 선사에 의해서 제안된

화두다. 원래는 구자무불성화(狗子無佛性話)인데 줄여서 그냥 무자화두라 한다.　　　　　　[출처 : 지안 스님(조계종 고시위원장)]

35. 진공묘유(眞空妙有)

참된 공(空)이 별도로 분리된 불변의 실체가 아니라 사물 그 자체의 존재 양상, 곧 다양한 인연의 조합인 연기(緣起)라는 불교교리이다.

불교의 근본교리 가운데 하나인 공(空)은 이 세계의 만물에 고정 불변하는 실체가 없음을 표방하는 개념이다. 대승불교 중관학파의 용수(龍樹)는 초기 불교에서 말하는 연기(緣起)가 바로 공의 뜻임을 천명하였다.

연기는 이 세계의 만물이 다양한 인(因)과 연(緣)의 조합에 의해 생기하는 것이지, 고정 불변의 실체로 존재하는 것이 아님을 뜻한다. 이와 같은 공에 대해 예부터 몇 가지 잘못된 이해 방식이 있었는데, 중국 화엄종의 승려 법장(法藏: 643~712)은 『반야심경(般若心經)』의 주석서인 『반야바라밀다심경약소(般若波羅蜜多心經略疏)』에서 이를 세 가지로 분류하였다. 첫째는 공이 사물과 다르다는 견해이다. 이는 공을 사물과 다르다고 보기 때문에 구체적인 사물을 떠나 별도의 공을 구하는 것이다. 법장에 따르면, 이런 견해에 대처하기 위해 『반야심경』에서 '색이 공과 다르지 않다[色不異空]'라고 하였다. 둘째는 공이 사물을 소멸시킨 것이라는 견해이다. 이는 이 세계의 구체적인 사물을 소멸시킨 뒤 남는 빈 공간을 공으로 간주하는 것이다.

이런 견해에 대처하기 위해 『반야심경』에서 '색이 곧 공이다 색즉시공(色卽是空)'이라고 하였다. 셋째는 공을 어떤 특정한 사물로 여기는 견해이다. 이는 공을 이 세계의 다양한 사물들과 마찬가지로 있는 존재로 간주하는 것이다. 이런 견해에 대처하기 위해 『반야심경』에서 '공이 곧 색이다 공즉시색(空卽是色)'이라고 하였다.

공에 대한 이런 잘못된 견해들을 타파하기 위해 불교도들은 진공(眞空), 곧 참된 공이란 이 세계의 사물 그 자체의 존재 양상을 가리키는 것이라고 보았다. 또한 이 세계에 있는 만물의 관점에서 볼 때, 만물은 고정 불변의 실체로 존재하는 것이 아니기 때문에 다양한 생성과 변화가 가능해진다. 다시 말해 만물이 공(空)하므로 비로소 생동감 있게 존재할 수 있는 것이다. 이처럼 이 세계의 만물과 공의 원리가 서로 장애함이 없는 관계로 존재하는 것이라고 파악할 때, 진공 그대로 묘유가 된다는 관점이 성립한다.

[출처 : 한국민족문화대백과사전]

36. 합장(合掌) 접족례(接足禮)

절에서 합장은 '공손을 보이는 결의'로 경건을 표하며, 접족례는 '한량없이 존경하는 마음으로 받듦'을 표하는 것이라 하겠다. 합장과 큰절은 불교의식의 기본에 해당한다. 자신과 함께 마음을 낮추는 오체투지를 통해 진정한 하심(下心)의 자세로 공손히 절을 해야 한다.

열 손가락을 가지런히 하여 가슴 정중선을 향해 손바닥을 합치는 것을 합장이라고 한다. 합장을 하게 되면 흐트러진 마음을 통일시키는 점도 좋고 양손을 합치면 흔히 생기 같은 좋은 에너지가 나와서 좋다. 합장은 상대방에 대해 경건하고 공손의 뜻을 표할 뿐만 아니라 자신의 마음을 다스리는 마음공부, 즉 진리를 참구하겠다는 결의로 발심의 불을 붙이기도 한다.

이렇게 합장하고 큰절을 하는데 절을 할 때는 두 무릎을 구부리며 먼저 오른손을 놓고 다음 왼손을 짚어 그 사이로 이마를 닿게 한다. 그러나 일반 재가자는 가사를 입지 않으므로 두 무릎을 꿇은 다음 두 손을 동시에 짚어도 무방하다고 본다.

이렇게 두 팔꿈치 두 무릎과 그리고 이마가 땅에 닿게 하여 신체의 다섯 부분이 다 땅에 닿는다는 말에서 큰절을 오체투지(五體投地)라고 한다. 이때 발바닥은 왼쪽 발바닥을 오른쪽 발바닥 위로 X형으로 포개 놓는다. 이때 주의할 점은 엉덩이를 치켜들지 말아야 한다는 것이다. 그다음 손바닥을 뒤집어서 귀 높이로 올린다. 이것을 '접족례'라 한다.

부처님의 발을 내가 받드는 모습이니 존경의 극치라고 할 수 있다. 그 모습은 연꽃과 같으며 상대방을 부처님처럼 받들고 섬기겠다는 마음이 담겨있다. 그리고 절을 세 번 한 뒤 마지막 절만큼은 접족례에서 머리 위쪽으로 손바닥만 합치는 것을 고두배(叩頭拜), 고두례(叩頭禮) 또는 유원반배(惟願半拜)라 한다. 고두배란 두드릴 고 자에 머리 두 자를 쓰니 '머리를 두드린다', '머리를 찧는다', '부처님의 발에 끊임없이 머리를 조아리며 가피를 구한다'는 뜻이다. 고두배를 한 다음 다시 접족례를 하고 역순동작으로 일어서서 반배까지를 하게 된다. 부처님 전에서 큰절은 3배를 하는데 이는 삼보인 부처님께, 가르침에, 승가(사부대중)에 각각 절을 올리는 의미를 갖는다.

그러나 스승님(스님, 법사)에게는 1배가 좋으며, 같은 도반은 물론 누구를 만나더라도 반배로 인사를 나누면 된다.

법당에 들면 맨 먼저 부처님께 반배를 올리고 3배를 올리기 전 법단 향합(향을 꽂는 통)에서 향을 뽑는데 향을 잡을 땐 향 가운데를 잡는다. 그리고 뽑아든 향을 촛불에다 붙일 때 왼손으로 오른손을 받쳐 든다. 이어 향을 이마 높이까지 올려서 마음속에서 "부처님 올립니다."라고 말한 다음 향로에 꽂는다. 이것이 향공양의 방법이다.

보통 법당에선 향공양을 올리고 3배를 하는 것이 기본 절차다. 불자들이 올리는 공양물은 여섯 가지가 있는데 앞서 말한 향공양, 등공양, 꽃, 과일, 다공양, 미공양이 그것이다. 이것을 육법공양이라고 한다. 한결같이 예경과 베풂의 실천이며 그 내용에 따라서 과보를 받는 인과를 중시한다.

[출처 : 불교신문, 법보신문 외]

37. 사단(四端)

유학(儒學)에서 인간의 본성(이성, 덕)을 가리키는 말이다. 맹자는 인간이 본래부터 선한 마음을 가지고 있다고 주장하는 성선설을 내세우며 이것을 사단(선을 싹틔우는 4개의 단서, 실마리)인 측은지심(惻隱之心)·수오지심(羞惡之心)·사양지심(辭讓之心)·시비지심(是非之心)으로 나누었다.

사단은 각각 인(仁)·의(義)·예(禮)·지(智)의 사덕으로 발전한다.

측은지심(惻隱之心) : 어려움에 처한 사람을 애처롭게 여기는 마음을 뜻한다.

수오지심(羞惡之心) : 의롭지 못함을 부끄러워하고, 착하지 못함을 미워하는 마음을 뜻한다.

사양지심(辭讓之心) : 겸손하여 남에게 사양할 줄 아는 마음을 뜻한다.

시비지심(是非之心) : 옳고 그름을 판단할 줄 아는 마음을 뜻한다. [출처 : 한국민족문화대백과사전, 위키백과, 우리 모두의 백과사전]

38. 상선약수(上善若水)

상선약수(上善若水)의 뜻은 가장 아름다운 인생(上善)은 물처럼 사는 것(若水)이란 뜻으로 노자의 도덕경 8장에 나오는 구절이다. 노자는 세상을 물처럼 살아야 한다고 하면서 몇 가지 원칙을 제시하는데 그 첫째가 부쟁(不爭), 즉 '남과 다투거나 경쟁하지 않는다.'는 철학이다. 언뜻 보면 소극적인 삶의 방식인 것 같지만 자세히 보면 특별한 의미를 가지고 있다. '물은 만물을 길러주고 키워주지만 자신의 공을 남과 다투려 하지 않는다.' 물은 내가 길러주었다고 일일이 말하지 않는다. 그저 길러주기만 할 뿐, 내가 한 일에 대해 그 공을 결코 남과 다투지 않는다. 자식을 키워놓고, 남에게 좋은 일을 해놓고, 그 행위에 대해 나를 알아달라고 집착하지 않겠다는 것이다.

둘째는 모든 사람들이 가장 싫어하는 낮은 곳으로 흐른다는 겸손의 철학이다. 물은 낮은 곳으로 임하기에 강이 되고 종국에는 바다가 된다. 노자는 물처럼 다투지 말고 겸손하게 살라고 하면서 물의 정신을 시처럼 읊고 있다. 물은 낮은 곳으로 임한다(居善地). 물은 연못처럼 깊은 마음을 가지고 있다(心善淵). 물은 아낌없이 누구에게나 은혜를 베푼다(與善仁). 물은 신뢰를 잃지 않는다(言善信). 물은 세상을 깨끗하게 해준다(正善治). 물은 놀라운 능력을 발휘한다(事善能). 물은 얼 때와 녹을 때를 안다(動善時).' 물처럼 산다는 것, 어쩌면 세상의 변화와 한 호흡으로 사는 자연스러운 인생의 방법으로도 여겨진다. 물처럼 산다는 것은 결코 쉬운 일이 아니다. 공을 세워서 자랑하려 하고, 남들 위에 군림하려 하는 것이 상식처럼 되어버린 오늘날 같은 세상에서 결국에는 군림하려 하면 넘어질 것이고, 자랑하려 하면 그 공이 오래가지 못한다는 것을 알게 될 것이다. 남들이 싫어하는 낮은 곳이 가장 높은 곳일 수 있다.

[출처 : 한국민족문화대백과사전, 위키백과사전]

39. 상불경보살(常不輕菩薩)

〈묘법연화경〉 제20 상불경보살품은 범어로 Sadāparibhūta parivartah인데, Sadā는 항상, 늘 등의 뜻이며, paribhūta 경천(輕賤) 또는 멸시를 받는다는 뜻이며 parivartah는 품을 의미한다. 곧 항상 천대나 멸시는 받는 (보살) 품이다.

부처님께서 득대세보살마하살에게 말씀하시되, 옛적 무량무변 아승지겁 이전에 위음왕부처님 계실 때 상불경보살이 있었는데, 그는 사람들을 보기만 하면 항상 말하기를 "내 그대들을 깊이 존경해 업신여기지 아니합니다. 왜냐하면 그대들 모두 보살도를 행하여 부처님 되시기 때문입니다."라고 말하였다. 그래서 이름을 상불경(常不輕)보살이라 하였다. 그는 항상 사람들만 보면 이렇게 예배만 하였다. 처음에 그에게 욕하고 성내고 때리고 하던 증상만(아만심) 대중들도 마침내 그에게 귀의하여 설법을 듣고 마침내 모두 깨달음을 얻게 된다. 그 상불경보살이 바로 먼 과거 전생의 부처님이었다고 설한다. [출처 : 불교신문, 법보신문 외]

40. 조주선사(趙州禪師)(778~897)

당나라 중기 걸출한 선승으로 '차나 한잔하시게(喫茶去)'로 유명하며, 14세에 출가하여 17세에 깨달아 40년간 남전보원(南泉普願, 748~835)선사를 시봉하면서 그의 법을 이어받았다.

남전은 마조도일(馬祖道一, 709~788)의 제자이므로 마조의 손자인 셈이다. 스승 남전이 돌아가자 선사들을 만나 공부하기 위하여 20년 동안 순례하였으며, 그 후 여든 살이 되어서 선방을 열어 120세 열반에 들 때가지 40년간 후학을 가르쳤다고 한다. 선(禪)에 관심이 많지 않은 사람도 한 번은 들어본 유명한 화두(話頭)로 당나라 공안 1,700칙 중 조주선사와 학승 간에 주고받은 공안(公案)이 있다. '무엇이 조사가 서쪽에서 온 뜻입니까?(如何是祖師西來意)"뜰 앞의 잣나무니라(庭前栢樹子)' — 달마가 서쪽에서 온 뜻은 진리를 전파하기 위해서이고, 진리는 먼 곳에 있는 것이 아니라 우리의 삶 속에 있는 것이니 내 바로 뜰 앞의 잣나무야말로 우리가 즉시 실시간으로 체험하는 진리의 현장이다.

'개에게도 불성이 있습니까?(狗子還有佛性也無)"없다(師云無)' '그대들은 여기 와본 적이 있는가"와 본 적이 없습니다"차나 한잔 마시게(喫茶去)' 등의 공안이 모두 조주(趙州)선사가 말한 것이다. [출처 : 한국민족문화대백과사전, 위키백과, 우리 모두의 백과사전]

41. 석문의범(釋門儀範)

개항기 승려 석찬이 우리나라의 불교의식을 집대성하여 1935년에 간행한 불교의례서이다. 상하 2권 1책으로 된 이 책은 새로운 시대를 맞아 전통적인 불교의식의 정신을 살릴 수 있는 간결하고 새로운 의범(儀範)을 필요로 하게 됨에 따라 1933년에 집필을 시작, 1935년 4월에 탈고하여 간행하였다. 상권은 황엽보도문(黃葉普渡門)이라 하여 제1편은 각단예경문,

제2편은 기도에 따른 각종 고유 및 축원문, 제3편은 각종 예식 때 독송하는 송주, 제4편은 불공·천도 등에 관한 재공(齋供), 제5편은 각단 및 각종 행사의 기고문인 각소로 구성되어 있다. 거의가 과거의 의식을 집합하여 약간의 정리를 더한 것이다. 하편은 편자가 시대적 요청에 따라 편집한 것으로 포교의 현대화를 위해 포교방식의 개선, 출판물에 의한 지상포교, 불편한 벽지민을 위해 서신포교·성가포교 등을 들고 있다.

[출처: 한국민족문화대백과사전]

42. 남악회양(南岳懷讓, 677~744)

6조 혜능(慧能, 638~713) 대사의 제자인 회양선사는 중국 당나라의 선승(禪僧)으로서 성은 두(杜)씨이다. 금주안강(金州安康)사람으로, 15세에 호북성 형주(荊州)에 있는 옥천사(玉泉寺)의 홍경율사(弘景律師)를 따라 출가하여 율장을 공부하였다. 그 후 숭산(崇山)에 올라 숭악 혜안(嵩嶽慧眼) 스님으로부터 구족계(具足戒)를 받았으며 그의 가르침에 따라 조계산(曹溪山)에 들어가 6조 혜능에게 5년간 참학(參學)하여 그의 법을 이어받았다. 남악은 주석하던 산 이름이다. 청원 행사와 더불어 혜능의 2대 제자로, 개원(開元) 연간(713~741)에 마조 도일(馬祖 道一)에게 법을 전하였다. 그의 문하가 후일 중국 선종의 주류가 된다. 현종(玄宗) 천보(天寶) 3년 8월 11일 입적하였다.

[출처 : 위키백과, 우리 모두의 백과사전]

43. 마조 도일(馬祖 道一, 709~788)

중국 당나라 스님이다. 육조혜능, 남악회양에 이어 중국 선종 제8대 조사다. 수많은 제자들이 깨달았다. 문하로 백장회해(百丈懷海)를 비롯하여 반산보적(盤山寶積), 동사여회(東寺如會), 서당지장(西堂知藏) 등 많은 선사를 배출하였으며, 법제자는 모두 1백 39인으로 제각기 한 지방의 법주法主가 되었다. 마조와 백장의 선사상은 후에 중국불교에 지대한 영향을 미쳤고, 나아가 우리나라 불교계에까지 영향을 미친 중요한 사상이어서, 관심을 가지고 연구해 볼 가치가 있다고 본다. 원불교가 석가모니불을 연원불로 인정한 이상, 그리고 28조 달마로부터 이어진 선사상, 특히 혜능-남악회양-마조도일-백장회해로 이어진 선사상은 후에 원불교 교리와 제도에도 분명히 사상적인 토양으로 영향을 미친 것으로 사료된다. 과거의 문화나 사상을 배제한 창조나 혁신은 있을 수 없기 때문이다. 새로운 창조나 개혁은 분명히 과거의 틀이 밑거름이 되고 발판이 된다고 생각한다.

44. 잡보장경(雜寶藏經)

잡보장경은 모두 10권으로 5세기 말에 원위(元魏)의 길가야가 담요와 함께 한역한 경전으로, 121가지의 짧은 설화로 이루어진 경전이다. 그 내용은 주로 복덕을 지을 것과 계율을 수지할 것을 권장하고 있다. 또한 이 경전은 나선 비구와 밀린다왕이 토론한 이야기와 카니시카왕과 마명보살 등 역사적으로 실존했던 인물들이 등장하고 있는 점이 다른 설화문학류 경전에 비해 특이할 만한 점이다.

이 중 우리가 흔히 '지혜로운 삶'으로 널리 인용하고 있는 '용왕계연품'을 비롯해서 '마음을 다스리는 글'을 잠시 소개하고자 한다.

지혜로운 이의 삶

유리하다고 교만하지 말고
불리하다고 비굴하지 말라
무엇을 들었다고 쉽게 행동하지 말고
그것이 사실인지 깊이 생각하여
이치가 명확할 때 과감히 행동하라
벙어리처럼 침묵하고 임금처럼 말하며
눈처럼 냉정하고 불처럼 뜨거워라
태산 같은 자부심을 갖고
누운 풀처럼 자기를 낮추어라
역경을 참아 이겨내고
형편이 잘 풀릴 때를 조심하라
재물을 오물처럼 여길 줄도 알고
터지는 분노를 잘 다스리라
때로는 마음껏 풍류를 즐기고
사슴처럼 두려워할 줄 알고
호랑이처럼 무섭고 사나워라
이것이 지혜로운 이의 삶이니라

마음을 다스리는 글

복은 검소함에서 생기고
덕은 겸양함에서 생기며
지혜는 고요히 생각하는데서 생기니
근심은 애욕에서 생기고
재앙은 물욕에서 생기며
허물은 경망에서 생기며
죄는 참지 못하는데서 생긴다.
눈은 조심하여
남의 그릇됨을 보지 말고
맑고 아름다움을 볼 것이며
입을 조심하여
실없는 말을 하지 말고
착한 말 바른말 부드럽고 고운 말을 언제나 할 것이며
몸을 조심하여
나쁜 친구를 사귀지 말고
어질고 착한 이를 가까이 하라
어른을 공경하고
덕 있는 이를 받들며
지혜로운 이를 따르고
모르는 이를 너그럽게 용서하라
오는 것을 거절 말고
가는 것을 잡지 말고
내 몸 대우 없음에 바라지 말며
일이 지나갔음에 원망하지 말라
남을 해하면
그것이 자기에게 돌아오고
세력을 의지하면
도리어 재화(災禍)가 따른다

[출처 : 네이버 지식백과 잡보장경(雜寶藏經) 중에서...]

은 벽암록, 허당록, 선관책진, 육조단경, 서장, 오가정종찬과 함께 종문칠서(宗門七書) 또는 종문(宗門)의 칠부서(七部書)라고 부른다. 〈임제록〉 전체를 관통하는 정신은 첫째, 개념과 언어로부터의 해방(不立文字)이라고 파악했다. 〈임제록〉에서는 이 모든 개념과 언어는 '옷(衣)'에 불과하다고 했다. 옷은 계절이 바뀌면 수시로 갈아입는다. 둘째는, 주체적인 삶이라고 파악했다. 이와 같이 〈임제록〉은 진정 견해(眞正見解)와 수처작주(隨處作主), 즉 정안과 주체적인 삶, 이 두 가지를 갖출 것을 강조한 선어록이다. 임제 선사는 매우 준엄한 선풍(禪風)으로 많은 제자를 양성했고, 후세에 큰 영 향을 끼친 공안(公案)도 많다.

그 대표적인 것이 '수처작주 입처개진(隨處作主 立處皆眞)'이다. 어디를 가든지 주체적으로 살아간다면 현재 서 있는 그곳이 곧 모두 진실한 곳이 된다는 뜻이다. 또 '무위진인(無位眞人, 아무런 속박 없는 참사람)'도 임제 선사 법문을 대표하는 명구이고, '살불살조(殺佛殺祖, 부처를 죽이고 조사를 죽인다)'도 유명한 명구이다.   [출처 : 현대불교신문 외]

46. 초발심자경문(初發心自警文)

고려후기 승려 원효·지눌·야운 등이 출가한 승려를 위하여 간행한 불교경전이다. 출가한 승려가 강원(講院)의 사미과(沙彌科)에서 처음 배우는 필수 입문교재로서 현존 본은 원효의 『발심수행장(發心修行章)』, 지눌의 『계초심학인문(誡初心學人文)』,

야운(野雲)의 『자경문(自警文)』을 합본한 것이다.

이 책은 순서(초심문·발심장·자경문 순으로 구성)에 따라 『초발심자경』이라고 불려왔다. 세 사람의 저술이 언제부터 한 책으로 묶여졌는지는 알 수 없다.

다만 조선조 산사의 강원 교과목에서 사미과의 필수 입문교재로 사용되어 왔다는 점에서 이 저술의 장구한 역사성과 그 중요성을 엿볼 수 있다.

원효, 지눌, 야운 세 사람의 저술은 각기 분량이 많지 않아 독립된 책으로 전해오지 않았다. 그리고 주로 사원에서 필사하여 사용해 왔기에 개판(開板)의 연원 및 기원을 추적하기가 쉽지 않다. 현존 판본으로는 1233년(고종 20)의 합천 해인사 간본이 있었다고는 하나 확인되지 않고 있으며 아마도 이 간본은 생몰년을 고려할 때 나옹 혜근(懶翁 惠勤, 1320~1376)의 시자였던 야운 각우(覺牛)의 『자경문』은 없었던 것으로 추정된다. 조선 융경(隆慶) 6년인 1572년(선조 5)의 서흥(瑞興) 귀진사(歸眞寺) 개판본 및 만력(萬曆) 2년인 1574년(선조 7)의 구월산 월정사 판본 등 많은 간본이 있다.   [출처: 한국민족문화대백과사전 외]

47. 계초심학인문(誡初心學人文)

고려 때 보조국사 지눌이 지은 것으로 제목 그대로 불교에 처음 입문한 초심자를 훈계하는 내용부터 사찰 내에서의 대중 생활의 규범과 선방에서의 참선수행을 하는 사람들을 경각시키는 내용이 설해져 있다. 이 책은 특히 지눌이 고려 희종 1년에 조계산에서 수선사를 설립한 후 초심자들에게 올바른 수행 정신을 가르쳐 새로운 승가의 기강을 확립하기 위하여 저술한 것이다. 총 908자에 불과한 글이지만 수행자 만대의 지침이 될 수 있는 내용으로 평가받아 중국 명나라 《명장》과 일본의 《신수대장경》에도 수록되어 있다.　　　　　　　　　　[출처: 불교신문 외]

48. 발심수행장(發心修行章)

　신라 때 원효 스님이 지은 것으로 발심수행을 독려하는 내용이다. "부처님이 적멸궁을 이룬 것은 한량없는 세상의 욕망을 버리고 고행을 했기 때문이요, 중생이 불난 집의 문을 드나들며, 생사의 윤회를 벗어나지 못하는 것은 욕심과 성냄, 그리고 어리석음의 번뇌로 자기의 재물을 삼기 때문이라"고 말하면서 수행을 하는 자는 한시도 방일하고 쉴 틈 없이 매일 정진에 정진을 거듭해야 할 것을 강조하는 내용이다. 모두 706자의 짧은 글이지만 발심을 일으키게 하는 감동적인 글이다.　[출처: 불교신문 외]

49. 자경문(自警文)

　고려 때 야운(野雲) 스님이 지은 것으로 선수행의 본분 공부를 잘하도록 채찍질 하는 글로서 주인공이란 말을 써서 스스로 경책한다.

　"주인공아! 내 말을 들어라. 얼마나 많은 사람이 공문(불문)

속에서 도를 얻었거늘 그대는 왜 괴로운 업의 바다에 빠져 있는가?"로 시작하는 글이 모두가 자신을 타이르고 반성하게 하는 내용이다. 세 편 가운데 가장 긴 글로 글자 수가 2,000자에 가까운 1,987자이다. 수행자가 반드시 지켜야 할 사항을 열 가지 문으로 나누어 경책하는 말을 싣고 게송을 붙였다.

[출처 : 한국민족문화대백과사전]

50. 잡아함경(雜阿含經)

장아함(長阿含), 중아함(中阿含), 증일아함(增壹阿含)과 함께 4대아함의 하나로 중국 유송(劉宋)시대 435년에서 443년 사이에 구나발타라(求那跋陀羅)가 양도(楊都)의 와관사(瓦官寺)에서 번역한 것이다. 전 50권. 고려대장경에서는 650번, 다이쇼신수대장경에서는 99번째 경전에 해당한다. 또한 중국 삼국시대 오(吳) 또는 위(魏)에 번역된 것도 있는데, 후자는 내용이 더 짧다. 이 경에는 27개의 경전들이 소개되어 있는데, 그중 17개 경전은 〈잡아함경〉에 보이며 13개 경전은 상응부라고 번역되는 팔리경전 상웃타니카야에서 발견된다. 이에 상당하는 팔리어 경전에는 총 7,762개의 경이 들어 있다. 석가모니 부처께서 여러 곳에서 설하신 법문들을 집성한 것으로, 불교의 기본교리와 교훈을 설한 경전이다. 삼국 시대에 번역된 잡아함경의 경우 석가모니 부처가 구살국(拘薩國, 코살라국)에 계실 때 여러 비구들과 함께 전가(佃家) 바라문의 마을에 이르셨는데, 전가 바라문이 부처님께

"나는 스스로 밭을 갈고 씨를 뿌려 음식을 먹는다. 그러나 나는 아직 부처가 씨 뿌리는 것을 보지 못했다"고 말하자 석가모니 부처가 "나는 믿음을 씨앗으로 하고 행(行)을 물로 하고 지혜를 소로 하고 부끄러움을 쟁기로 삼는다. 이와 같이 씨를 뿌린다면 고통으로부터 벗어나게 될 것이다"라고 대답하는 대목으로 시작한다. 이 외에도 4역(力)·7처(處) 3관(觀) 등의 교리가 설해져 있다.

[출처 : 나무위키 백과서전]

51. 사성제(四聖諦)와 팔정도(八正道)

사성제(四聖諦)는 부처님의 최초의 설법인 동시에 일생의 설법으로 고(苦)·집(集)·멸(滅)·도(道)를 말한다. 부처님은 성도 후 자신의 법을 듣고 이해할 수 있다고 생각되는 다섯 비구를 찾아 최초로 고·집·멸·도 사성제법을 설했다. 여기서 부처님은 괴로움의 세계라는 현실과 그 고통의 원인, 괴로움이 멸한 세계, 그리고 괴로움을 멸하는 길을 깨우쳐 주신다.

사성제의 첫 번째는 괴로움에 대한 명확한 인식, 즉 고성제(苦聖諦)이다. 생·노·병·사(生老病死)라는 삶의 모든 과정에 대한 괴로움의 여실한 인식이 사성제의 첫 번째이다. 불교 수행은 여기에서 출발하며, 괴로움의 실상을 바로 보는 순간 고통을 여의고 안락함을 얻을 수 있는 것이다.

사성제의 두 번째는 괴로움의 원인에 대한 확실한 인식, 즉 집성제(集聖諦)이다. 집이란 함께 모여 일어난다는 뜻으로, 욕망의 갈증과 존재에 대한 애착이 바로 괴로움이 원인인 것이다.

부처님은 최초의 설법을 통해 "진리가 괴로움의 인식이고 괴로움의 원인을 여실히 관찰하고 인식한 사람이 있다면 그는 이미 괴로움에서 벗어난 사람"이라고 강조했다.

사성제 중에서 멸성제(滅聖諦)는 괴로움이 소멸된 상태, 즉 괴로움의 원인이 모두 사라진 평온의 경지를 나타낸다. 괴로움이 없는 인생, 이는 이미 중생의 삶이 아니라 열반과 해탈을 성취한 성자의 삶이다. 이렇게 괴로운 존재현상의 시작과 끝을 여실히 관찰하면 해탈열반의 세계를 성취하게 된다. 즉 괴로운 존재현상을 떠나 어떤 열반적정의 세계가 따로 존재하는 것이 아니다. 삶의 모습을 여실하게 바로 보면 열반적정이며 해탈이고, 잘못 보면 괴로움이고 번뇌이다.

마지막으로 도성제, 즉 고멸도성제(苦滅道聖諦)는 괴로움을 소멸하는 길 또는 8가지 수행방법(八正道)을 말한다. 팔정도(八正道)는 바른 견해(正見), 바른 사유(正思惟), 바른 말(正語), 바른 행위(正業), 바른 생활(正命), 바른 노력(正精進), 바른 마음챙김(正念), 바른 선정(正定)이 그것이다.

팔정도는 불교의 종합수행법이며, 불교수행의 요체일 뿐만 아니라, 불교의 각종 수행법의 토대가 된다. 팔정도의 수행덕목들은 서로 밀접하게 연관되어 있고 수행의 핵심 사항들이 종합적으로 집대성되어 있다.

이와 같이 팔정도 수행의 완성은 괴로움의 소멸(滅聖諦)이며,

모든 것은 연기적으로 존재해 있음을 확연히 체득한 것이다. 연기법의 체득은 지혜의 완성이며, 이는 팔정도의 첫 번째 덕목인 바른 견해를 온전히 갖춘 것이다. 모든 존재가 긴밀한 상호의존 관계로 연기해 있음을 확실히 깨달았기에 이를 지혜(智慧)라 하고, 지혜는 자비(慈悲)의 실천을 전제로 한다. 지혜의 성취와 자비의 실천은 불교 수행의 완성을 의미한다.　　[출처 : 위키백과 외]

52. 소나경(Sona Sutta)

꼴리위사족 출신의 소나 존자는 출생할 때부터 집안이 매우 부유하여 호화로운 생활을 하였다고 전한다. 그런데 어느 날 마가다국의 범비사라왕의 초청으로 왕사성에 갔다가 부처님의 가르침을 듣고 출가를 결심하였다.

부처님의 제자로 출가한 소나는 왕사성 밖에 있는 공동묘지 근처의 수행처인'차가운 숲' 시따와나(sitavana)에서 발에서 피가 날 정도로 남보다 엄격한 수행과 열심히 정진하였지만 욕심의 굴레를 벗어나지 못하였다. 소나존자는 오랜 수행에도 불구하고 취착을 없애지 못했고, 번뇌로부터 해탈하지 못한 것을 고민하게 되었다. 그래서 세속으로 돌아가 재물을 즐기고, 보시 공덕이나 닦아야겠다고 결심하게 되었다. 그때 부처님께서 이와 같은 이야기를 전해 들으시고 소나 존자를 찾아오셨다. 그리고 거문고의 비유를 들어 중도(中道)의 수행법을 설해 주셨다.

"너는 수행이 어려워서 집으로 가려 하느냐?"

"그러하나이다."

"소나여, 이를 어떻게 생각하는가? 그대는 전에 재가자였을 때 거문고의 활줄 소리에 능숙하였는가?"

"그렇습니다, 세존이시여."

"소나여, 이를 어떻게 생각하는가? 거문고의 활줄이 지나치게 팽팽한데도 그대의 거문고는 그때 선율이 아름답고 연주하기에 적합하게 되는가?"

"그렇지 않습니다, 세존이시여."

"소나여, 이를 어떻게 생각하는가? 거문고의 활줄이 지나치게 느슨한데도 그대의 거문고는 그때 선율이 아름답고 연주하기에 적합하게 되는가?"

"그렇지 않습니다, 세존이시여."

"소나여, 그러나 그대의 거문고의 활줄이 지나치게 팽팽하지도 않고 지나치게 느슨하지도 않고 적당한 음계에 맞추어졌을 때 그대의 거문고는 선율이 아름답고 연주하기에 적합하게 된다."

"그러합니다, 세존이시여."

"소나여, 그와 같이 지나치게 열심인 정진은 들뜸으로 인도하고 지나치게 느슨한 정진은 나태함으로 인도한다. 소나여, 그러므로 그대는 정진을 고르게 유지해야 한다. 다섯 가지 기능들(五根)의 균등함을 꿰뚫어야 하고 거기서 표상을 취해야 한다."

"그렇게 하겠습니다, 세존이시여."라고 소나 존자는 세존께 응답했다. 소나존자는 그 뒤에 정진을 고르게 유지하였고, 믿음의

기능(信根), 정진의 기능(精進根),알아차림의 기능(念根), 삼매의
기능(定根), 통찰지의 기능(慧根) 이 다섯 가지 기능(五根)들의
적당함을 꿰뚫었으며 거기서 표상을 취하였다. 그때 소나 존자
는 혼자 은둔하여 방일하지 않고 열심히 스스로 독려하며 지냈
다. 그는 오래지 않아 아라한들 중의 한 분이 되었다.

[출처 : Medi & Healing]

53. 중용(中庸)

공자의 손자인 자사가 저술한 책으로 논어, 맹자, 대학과 더불
어 사서에 속하며, 유교의 기초가 되는 동양고전 철학서이다. 원
래는 대학과 마찬가지로 예기 제31편 중용 편에 속한 글이었으
나, 남송시대 정자와 주자 등의 성리학자들에 의해 독립하여 출
간되었다.

오늘날 우리가 접하는 판본은 대체로 남송 주자의 수정을 거친
중용장구를 따른다. 전체 33장으로 각 장의 이름은 특별히 정해
져 있지 않다. 최근 중국의 한나라와 전국 시대 고대 무덤에서 중
용의 글귀가 쓰여 있는 죽간과 백서가 발굴되면서 중용의 글귀가
적어도 자사가 활동하던 시절에 존재하고 있었다는 사실이 거의
확실시되고 있다. 중용이라는 말은, 인간관계에 있어서 내가 남에
게 베푸는 말과 행동 또는 감정표현에 부족함이 있는 것인지 아니
면 지나친 것인지를 살펴서, 상황에 맞게 적절한 그 중간(中)을 행
하는 것을 말한다. 庸=用=施 이다. 즉, 상대방에게 베푸는 말과 행

동에서 적절함을 지키라는 것이 중용이다. 남에게 베푸는 말과 행동이 부족하면 상대는 원망하게 되고, 남에게 베푸는 말과 행동이 지나치면 상대는 부담스러워 한다. 그 과(過)와 불급(不及)의 중간이 중용인 셈. 이는 오륜인 부부관계, 부자관계, 군신관계, 형제관계, 친구관계에서도 마찬가지다.

기본적으로 모든 인간관계에서 내가 받기 싫어하는 감정표현을 남에게 베풀지 말아야 한다는 것이 중용의 가장 큰 원칙이다. 하지만, 그렇다고 남의 눈치만 보며 남의 기분을 맞춰줘야 한다는 뜻은 아니다. 만약에 인간관계에서 그 상대가 잘못을 저지르고 있다면, 그것에 대해 정중하게 지적해 줄 수도 있어야 하는 것이 중용이다. 이럴 때는, 남의 비위만 맞추며 맞장구를 치는 것은 도리어 편향된 것이며, 만약 오랫동안 생각한 결과 그것이 옳다고 생각된다면 상대의 잘못에'자신의 주관'을 정중하게 말할 줄도 아는 것이 중용이다.

[출처 : 한국민족문화대백과사전, 나무위키 백과사전 외]

54. 선가귀감(禪家龜鑑)

조선시대 승려 휴정(休靜) 서산대사(西山大師)가 선종의 주요 지침을 모아 1564년에 저술한 불교교리서. 당시의 불교계가 선종(禪宗)과 교종(敎宗)이 서로 혼합되어 있어 불교인들이 수행의 본질을 찾지 못하고 있을 때 선문(禪門)은 견성법(見性法)을 전하고 교문(敎門)은 일심법(一心法)을 전하는 것임을 밝혀, 사람들로 하여금 괴로움에서 해탈하는 올바른 길을 밝히기 위해 저술한 것이다. 1564년 여름에 저술을 완료하였고, 금강산의 백화암(白華庵)에서 그 서문(序文)을 썼다. 그 뒤 묘향산에서 10여 년 동안 이 글을 다듬고 손질하였으며, 1579년(선조 12) 그의 제자 유정(惟政) 사명대사(泗溟大師)가 발문을 쓰고 이를 간행하였다. 이 책의 간본으로는 여러 가지 종류가 있는데 최근까지 이 책의 초간본은 1579년(선조 12)에 간행된 것으로 알려졌으나, 1981년에 이것보다 10년 정도 앞선 판본이 발견되어 학계에서 연구 검토 중이며, 1579년 간행본은 고려대학교 도서관과 일본의 고마사와대학(駒澤大學)에 소장되어 있다. 그 뒤 이 책은 유점사(楡岾寺)·송광사(松廣寺)·용복사(龍腹寺) 등의 여러 사찰에서 간행되어 널리 읽혀지게 되었다.

유점사본은 1590년(선조 23)에 간행되었고, 송광사본은 1607년과 1618년(광해군 10)에 간행되었으며, 삭녕의 용복사본은 1633년(인조 11)에 간행되었다. 현재 우리나라에서 가장 널리 유포되어 있는 것은 1731년(영조 7) 간행된 묘향산 보현사본(普賢寺本)으로 보현사에서는 여러 차례 이 책을 간행하였다. 이 밖에도 1604년(선조 37)에 경상도 화산(華山)의 원적사(圓寂寺)에서 개간한 것과 1649년(인조 27)에 양산 통도사에서 개간한 것이 있다. 국역본으로는 1610년(광해군 2) 전라도에서 개간한 것으로 송광사에 그 판이 보관되어 있다. 서지사항 1권 1책, 목판본 등은 고려대학교 도서관과 국립중앙도서관 등에 소장되어 있다.

이 책을 저술하게 된 동기는, 첫째 당시의 승려들이 불교학에 마음을 두지 않고 유생(儒生)들의 문장이나 시만을 읊고 귀중히 여기는 타락된 풍조를 시정하여 승단(僧團)의 가풍(家風)을 바로잡고자 함이며, 둘째 불교전적이 너무나 방대하여 갈피를 잡기 어려우므로 그 가장 중요하고 핵심된 사상을 뽑아서 후학(後學)들로 하여금 쉽게 불교를 이해할 수 있도록 하기 위함이며, 셋째 당시에 불교의 입문자(入門者)를 위한 알맞은 교과서가 없었으므로 후학의 지도를 위한 그 지침서로 삼고자 함이었다.

[출처 : 한국민족문화대백과사전 외]

55. 금강경오가해(金剛經五家解) & 금강경오가해설의(金剛經五家解說誼)

금강경오가해(金剛經五家解)란 〈금강경〉에 관한 다섯(五) 명의 전문가(家)가 각 자의 견해(解)를 풀이한 것이다. 그런데, 우리나라 함허 득통 스님이 보충설명(설의 說誼)까지 합하면, 육가해(六家解)라고 말할 수 있다. 또, 규봉스님의 소(疏)에는 미륵보살의 80송(頌)과 무착論, 천친論 까지 합하면, 구가해(九家解)라고도 말할 수 있다.

오가해(五家解), 다섯 분의 행적 약술하면 다음과 같다.

(1) 쌍림 부대사(雙林 傅大師 497~570) : 양(梁)나라 사람. 16세에 결혼하였고, 24세에 인도의 승려 숭두타를 만나 불교에 귀의함. 낮에는 품팔이하고 밤에는 아내와 함께 정진하였다.

(2) 육조 대감(六祖 大鑑 638~713) : 육조 혜능(慧能)대사이다.

당(唐)나라 남해 신흥 사람. 오조 홍인대사(弘忍大師)로부
터 法을 이어받았다.

⑶ 규봉 종밀(圭峰 宗密 780~841) : 唐나라 사람. 27세에 수주도
원에서 禪을 닦음. 징관 국사의 제자. 시호는 정혜(定慧)선사이다.

⑷ 예장 종경(豫章 宗鏡 전기미상) : 明나라(1551) 사람. 堂
連序에 의하면 종경 선사는 나한의 한 분으로 자비와 지혜
가 깊고 넓었다고 한다.

⑸ 야부 도천(冶父 道川 1127~1130 ?) : 송(宋)나라 사람. 생몰
연대 확실치 않음. 임제 선사의 6세손. 도겸 선사에게 도천이
라는 호를 받았다.

⑷ 함허 득통(涵虛 得通 1376~1433) : 조선시대. 충북 충주
사람. 21세에 관악산 의상암에서 출가.

22세에 경기도 양주 회암사에서 무학대사(無學大師)로부터
法을 들음. 1420년 강원도 월정사에서 세종대왕의 청법에 의해
설법한 적이 있음. 〈금강경오가해설의〉란 조선전기 승려 기화가
〈금강경오가해〉의 주요 부분을 풀이하여 1417년에 간행한 주석
서. 불교서로 서지사항2권 1책으로 이루어져 있다.

앞서 〈금강경오가해〉가 구마라습(鳩摩羅什)이 번역한 〈금강경
〉에 대한 주석서로서, 당나라 종밀(宗密)의 찬요(纂要), 양나라
부대사(傅大士)의 찬(贊), 당나라 혜능(慧能)의 구결(口訣), 송나
라 야보(冶父)의 송(頌), 송나라 종경(宗鏡)의 제강(提綱) 등의
책이라면 이들 주석의 어려운 부분에 해석을 붙였는데, 이를 〈

금강경오가해설의〉라고 하였다. 저자는 〈금강경오가해〉를 다른 판본들과 비교하여 탈자·중복·뒤바뀜·오자 등의 잘못된 부분을 바로잡고, 다른 책을 참고할 수 없는 경우에는 뜻에 의해 바르고 틀린 것을 판단하여 정확한 교정본을 만들었다. 그리고 경문 중 중요한 부분이나 마땅히 해석이 있어야 할 곳은 집중적으로 주석을 하는 방식을 취하였다. 〈금강경오가해〉에 대해 저자가 주석을 가한 곳은 〈금강경〉 본문과 야보와 종경의 저술에 대해서이다.   [출처 : 한국민족문화대백과사전 외]

56. 육법공양(六法供養)

'부처님 오신 날'이나 불교의 주요 행사 때 부처님 전에 여섯 가지 공양물, 즉 육법공양을 올린다. 육법공양은 불교에서 대표적인 공양물 여섯 가지를 불보살님께 올리는 의식을 이르는 말로 향, 등, 차, 과일, 꽃, 미(쌀) 등 여섯 가지 중요한 공양물을 말한다.

이와 같은 육법공양은 신라시대부터 전통적으로 행해온 불교의 여섯 가지 공양을 뜻하는데 차와 꽃 공양의 다도와 불교 꽃꽂이로 발전되어 오늘날 별도의 문화 예술적 장르로 발전되기도 했다. 육법공양 의식에서 공양물을 올리는 순서는 부처님을 찬탄하고 불자의 발원을 담은 게송이 범패로 불려 퍼지는 가운데 행해지는 것이 일반적이다. 향(香)공양은 번뇌하는 자신을 태워 주위를 맑게 하며, 속박으로부터 벗어나 자유자재한 경계에 이르는 해탈을 상징하여 공양하므로 해탈향(解脫香)이라고 한다. 함께 어우러지는 향연(香煙) 화합과 공덕을 상징하기도 하며, 향공양을 올릴 때는 물질세계인 유위법이나 무(無)의 세계 등 어느 쪽에도 치우침이 없이 마음 생각 하나, 즉 일심(一心)으로 올려야 한다. 향한 개비, 즉 일심향(一心香)에 불을 붙일 때 불의 심지가 내 마음인 줄 알아야 하고, 부처님 마음인 줄 알아야 한다.

등(燈)공양은 모든 사물의 도리를 분명히 꿰뚫어 보는 깊은 지혜인 반야와 희생, 광명, 찬탄을 상징하며 공양하므로 반야등(般若燈)이라고 한다. 또한 등 공양과 같이 촛불 공양은 곧 내 마음의 불을 켜는 것으로 초를 켜는 것은 내 마음의 불을 켜는 것을 방편상 보이게끔 하는 것이다. 초는 모든 것을 다가오는 대로 집어 삼켜 하나로 만들기도 하는 신비스런 힘을 가지고 있다. 그래서 촛불을 켜는 것은 일거수일투족 모두 녹이기도 놓아버리기도 하며 몰입하게 하는 신비스런 힘을 가지고 있다고 하겠다. 차(茶)공양은 생사를 초월한 경지인 열반을 상징하여 공양하므로 감로다(甘露茶)라고 한다.

감로란 하늘에서 내린다는 단 맛의 이슬인데, 영원히 살 수 있게 하는 불사약(不死藥)이라고 한다. 차를 달여 공양하기도 하지만 대개는 맑고 깨끗한 물을 감로다 삼아 공양하므로 부처님의 법문이 만족스럽고 청정하다는 것을 상징한다.

과일(果)공양은 불교 최고의 이상인 깨달음을 상징하여 공양하므로 보리과(菩提果)라고 한다. 갖가지 색깔의 과일이 나무에서 스스로 무르익어 일체 중생을 먹이고도 남는 것을 의미한다.

꽃 공양을 지극 정성으로 올리면, 그 향기가 온 누리에 퍼지며, 마음의 열매가 열리게 된다. 열매는 마음이고 그 줄기는 몸 이다.

꽃(花)공양은 성불을 목적으로 자리이타(自利利他)가 원만한 육바라밀을 비롯한 보살의 수행을 상징하여 공양하므로 만행화(萬行花)라고 한다. 또한 꽃을 피우기 위해 인고의 세월을 견딘다고 해서 수행을 뜻하며, 장엄. 찬탄을 상징하기도 한다.

미(米)공양은 진리의 가르침을 듣고 선정을 통해 얻는 환희한 마음을 상징하여 공양하므로 선열미(禪悅米)라고 한다. 봄부터 수많은 노력을 한 후 가을에 추수할 때의 기쁨처럼 수행의 결과로 얻은 깨달음의 기쁜 마음을 표현한 것이다. 부처님이나 스님께 공양 올리는 행위는 자기가 복을 받는 행위이니 공양을 받는 대상은 복밭이 되므로 복전(福田)이라 한다. 항상 감사하고 참회하는 마음으로 육법공양에 임해야 할 것이다.

[출처 : 불교신문, 불교타임즈]

57. 육바라밀(六波羅密)

보살의 여섯 가지 수행덕목인 보시·지계·인욕·정진·선정·반야바라밀을 의미하는 불교교리. 우리나라 불교에서 가장 중요시하는 보살의 실천행이다. 생사의 고해를 건너 이상경인 열반의 세계에 이르는 실천수행법인 육바라밀은 보시(布施)·지계(持戒)·인욕(忍辱)·정진(精進)·선정(禪定)·반야바라밀(般若波羅蜜) 등 여섯 가지로 구성되어 있다. 자기의 인격완성을 위하여서는

부록

원시불교의 사제(四諦)와 팔정도(八正道)의 가르침으로 충분하지만, 대승불교에서는 이에 만족하지 않고 보살의 수행법으로서 팔정도를 채택하지 않고 육바라밀이라는 독자적인 수행법을 설하였다. 〈보시〉는 재시(財施)·법시(法施)·무외시(無畏施)의 세 종류로 나누어진다. 재시는 자비심으로서 다른 이에게 조건 없이 물건을 주는 것이고, 법시는 다른 사람에게 부처의 법을 말하여 선근(善根)을 자라게 하는 것이며, 무외시는 스스로 계를 지켜 남을 침해하지 않고 다른 이의 두려워하는 마음을 없애주는 것이다.

〈지계〉는 부처가 제자들의 비도덕적인 행위를 막기 위하여 설정해 놓은 법규를 지키고 범하지 않는 것에서 출발하여, 가지가지 선을 실천하고 모든 중생을 살찌게 하는 행위까지를 포함하게 된다. 〈인욕〉은 온갖 모욕과 번뇌를 참고 어려움을 극복하여 안주하는 것으로, 우리 일상생활에 있어서 가장 견디기 어려운 일인 성나고 언짢은 마음을 참고 견디는 것이다. 〈정진〉은 순일하고 물들지 않는 마음으로 항상 부지런히 닦아 꾸준히 나아가는 것이다. 그러나 닦는다는 생각과 닦을 바가 있어서는 안 된다. 〈선정〉은 수행인이 반야의 지혜를 얻고 성불하기 위하여 마음을 닦는 것이며, 생각을 쉬는 것을 의미한다. 현실생활이 불만과 고통으로 가득 차게 되는 까닭은 잡다한 생각을 쉬지 못하고 어리석게 집착하고 있기 때문이다. 선정은 마음을 고요하게 하는 공부로서 망념과 사념과 허영심과 분별심을 버리게 한다. 〈반야〉는 지혜라고 번역한다. 모든 사물이나 이치를 밝게 꿰뚫어보

335
부록

는 깊은 슬기로서, 지식과 다른 점은 지식이 분별지(分別智)인 데 반하여 지혜는 무분별지(無分別智)이다. 보살이 피안에 이르기 위하여 수행하는 육바라밀 중 마지막의 반야바라밀은 모든 부처의 어머니라 하며, 다른 5바라밀을 형성하는 바탕이 된다.

[출처 : 한국민족문화대백과사전 외]

58. 근본설일체유부비나야약사(根本說一切有部毘奈耶藥事)

대장경에 의하면 〈근본설일체유부비나야약사(根本說一切有部毘奈耶藥事, 이하 비나야약사)〉에 가장 다양한 보시와 공덕의 이야기가 적혀있다. 불교 경전은 내용상 크게 경장(經藏)·율장(律藏)·논장(論藏)의 삼장(三藏)으로 구분하는데 경장은 부처님의 가르침을, 율장은 출가 승단의 생활에 대한 규율을, 논장은 부처님의 가르침에 대해 논사들이 이를 해석한 것을 말한다.

〈비나야약사〉는 부처님의 가르침을 믿고 행하여 깨달음을 이룰 수 있게 만드는 생활규범에 관한 내용을 담고 있는 율장에 속하기 때문에 경전명의 끝에 '경(經)'을 붙이지 않는다. 〈비나야약사〉는 당(唐) 의정(義淨)이 700년에서 711년 사이에 번역하였으며, 모두 18권으로 이루어져 있다. 그런데 〈비나야약사〉는 제목과 달리 약사(藥事)와 관련된 것은 처음 1권과 2권뿐이고 나머지는 인연담과 본생담(本生譚)에서 차용한 이야기들로 구성되어 있다. 즉 성불을 위해서 공양과 서원(誓願) 그리고 수기(受記)를 중요시하고 있는 경전이다. 본생담은 석가가 전생에 수많은 공덕과 희생을 쌓아서 부처가 되었음을 강조한 이야기들로서, 그중에서 우리에게 잘 알려진 것이 '연등불수기본생담(燃燈佛授記本生譚)'이다. 본생담에 "전생의 석가모니불이 바라문의 청년 수행자 수메다(善慧童子, Sumedha)였을 때, 연등불(燃燈佛, Dipakara이며, 제화갈라·제원갈·연등불·보광불·정광불 등으로 칭한다)에게 다섯 송이의 연꽃을 산화 공양하고 진흙 위에 자신의 사슴가죽 옷과 머리카락을 깔아 연등불이 밟고 지나갈 수 있도록 하였다. 이러한 공덕으로 연등불로부터 '앞으로 91겁 후에 부처가 될 것이다'라는 예언을 들었다"라고 적혀있다.

[출처 : 현대불교신문 외]

59. 이입사행론(二入四行論)

중국 선정 초대조사 달마대사(達磨大師)의 〈달마어록 達摩語錄〉의 주된 내용이다. 〈이입사행론〉은 선종(禪宗) 승려가 깨달음을 얻기 위해 관조하고 실천해야하는 것이 대한 가장 근본적인 가르침이다. 달마 이름으로 발표한 수많은 저술들 중 진짜 달마의 작품은 〈이입사행론〉뿐이다.

그 주용 내용을 살펴보면 도(道)에 들어가기 위한 수행은 많지만 요점은 두 가지를 벗어나지 않느니라. 첫째는 이(理)로 들어가는 것이고, 둘째는 행(行)으로 들어가는 것이니라.

이(理)로 들어간다는 것은 부처님의 가르침을 빌려 종지를 깨닫는 것이다. 중생이 진여와 같으니 덮여있는 번뇌 망상으로 분명히 알지 못하는 것임을 믿는 것이니라. 허망한 것을 버리고 진실한 것으로 돌아가 벽을 바라보며 마음을 고요히 하면, 나와 남이 없고 범부와 성인이 같으며, 한 가지 일에 철저하여 마음을 움직이지 않으므로 다시는 문자나 가르침을 따를 필요가 없다. 이것이 곧 이치대로 깨달아 분별하지 않고, 마음이 고요하고 매우 맑은 무위(진여 眞如)가 되므로 이로 들어가는 것이라고 하느니라. 행(行)으로 들어가는 것은 이른바 네 가지 행이 있는데, 그 나머지 행도 모두 이 행 속으로 들어가느니라. 네 가지가 어떤 것인가 하면 첫째는 보원행이고, 둘째는 수연행이며, 셋째는 무소구행이고, 넷째는 칭법행이니라.

괴로움을 당해도 원망하지 않는 것이 '보원행(報怨行)'이다.

무엇을 첫 번째 말한 보원행이라 하는가. 도를 수행하는 사람은 만약 괴로움을 받으면 당연히 '내가 옛날부터 수 없는 겁 중에 근본을 버리고 말단을 따르느라 모든 미혹의 경계를 유랑하면서 무수한 원한과 증오를 일으켜 잘못되게 하거나 해친 적이 한도 없이 많으리라. 지금은 비록 잘못을 저지르지 않았어도 이것은 숙세에 지은 죄이며 악한 행의 열매가 익은 것이지 하늘이나 다른 사람이 주는 것이 아니다.'라고 생각하고 참고 받아들여 원망하거나 하소연하지 말아야 하는 것이니라. 경에 이르기를 "괴로움을 당해도 걱정하지 말라. 왜냐하면 인식하는 마음으로 나타난 것이기 때문이니라." 하셨느니라. 이런 마음이 생길 때 이(理)와 모든 원한이 상응하여 도로 나아가니 보원행이라 하느니라.

득실을 인연에 맡겨두고 도에 따르는 것이 '수연행(隨緣行)'이다.

두 번째 수연행이라는 것은 중생은 '나'라는 것도 없이 모두 인연의 업으로 일어난 것이라 괴롭기도 하도 즐겁기도 하지만 모두 인연을 따라 생긴다는 것이니라. 어쩌다 좋은 과보를 얻어 부귀영화를 누린다 하더라도 '이것은 전생에 지은 업의 인연으로 과보를 받는 것이라 지금은 누릴 수 있지만 인연이 다하면 없어질 것이니 어찌 기뻐할 일이겠느냐'라고 생각하고 얻거나 잃는 것을 인연에 맡겨두고 마음으로는 더하거나 덜 하는 마음을 없애어 좋거나 궂은 바람에 움직이지 않으면 도에 고요히 따르는 것이므로 수연행이라 하느니라.

구하는 마음을 쉬고 도를 따르는 것이 '무소구행(無所求行)'이다.

세상 사람들은 너무 미혹하여 가는 곳마다 탐착하므로 '구하는 것'이라 하는데 슬기로운 사람은 진리를 깨달아 속됨과 달리하고 마음을 편안하고 아무 걸림 없이 하며 형편 따라 오고 가되, 일체 만유는 모두 '공'한 것이라 원하거나 좋아하지를 않느니라. 공덕과 흑암(공덕천과 흑암녀)은 항상 서로 쫓아다니니 '삼계에 사는 것은 불타는 집 속에 있는 것과 같으므로 몸뚱이가 있으면 모두 고통인 것을 어느 누가 편안하겠느냐?'라고 깨달아야 하느니라. 그렇게 되면 만유에 대하여 구하려는 마음을 쉬게 될 것이니라. 경에도 말씀하기를 '구하는 것은 괴로움이고 구하지 않는 것은 즐거움이다.' 하였으니 구하지 않는 것이 진정한 도행이 아니겠는가?

육바라밀을 닦되 무심으로 행하는 것이 '칭법행(稱法行)'이다.

칭법행이란 '성품은 본래 청정하다'는 이치를 '법'이라고 지목하는 것이다. 이 이치는 모든 상이 텅 빈 것이라 물들 것도 없고 집착할 것도 없고 이것도 없고 저것도 없는 것이니라. 경에 말씀하시길 '법에는 중생이라는 것이 없으니 중생이라는 때가 떨어졌기 때문이고 법에는 나라는 것이 없으니 나라는 때가 낄 수 없기 때문이다.' 하였으니 지혜로운 사람이 이 이치를 믿고 깨닫는다면 응당 칭법행을 할 것이라.

법의 체성에는 아끼거나 욕심내는 것이 없으므로 이 몸이나 재물로 보시를 하더라도 아까운 마음이 없다면 삼공(三空, 베푸는 자와 받는 자와 보시의 내용에 대한 세 가지 상에서 자유로운 것)에 통달하여 무엇에 의지하거나 집착하지 말 것이며 오직 번뇌를 벗어버리기 위해 중생을 교화하되 상을 취하지 말 것이니, 이것은 자기를 이익 되게 할 뿐 아니라 남에게도 이익을 주는 것이며 능히 보리의 도를 장엄하는 것이 되느니라. '보시'가 이러할진대 나머지 다섯 가지(지계, 인욕, 정진, 선정, 지혜)도 역시 그러하니라. 망상을 없애려고 육바라밀을 수행하되 행하는 바가 없으므로 이것을 칭법행이라 하느니라.

[표지 그림 一心(한마음) 작가]

芝湖 김정택 문자추상화 화가

중앙대학교 예술대학원 한류문화예술 CEO 과정 수료하였다.

현재 한국미술국제교류협회 이사장, 한국문인협회 회원, 문학신문 문인회 부회장, 국제힐빙학회 부회장, 용산예총 부회장을 역임하고 있다.

공원 2015 중국당건화원진징판 등재, 모스크바대학교 총장 및 박불관장 초대, 문자추상화 힌극형상도 강의 등 열정적인 활동을 하고 있다.

중국 태안시 미술가협회 국제예술 고문, 태안시 정부초청 중·한 서법미술전 심사위원, 용산국제미술대전 심사위원, 중한 태산한강 국제미술대전 평가심의 위원장을 역임하였다.

스포츠조선, 스포츠서울, 뉴스메이커, 뉴스메거진 선정 작가이다.

국내외 전시 120여 회, 개인초대전 20회 등 국내에서 유일한 문자 추상화가로 왕성한 작품 활동을 하고 있다.

저서로는 『문자추상화의 세계』, 『문자추상』, 『우주와 마음의 대화』 시집 등이 있다.

원운(圓云) 일진(一眞) 스님

1970년 재석(在錫)스님을 은사로 득도하였다.

1971년 벽암화상을 계사로 사미니계 수지하였다.

1978년 월하화상을 계사로 비구니계 수지하였다.

1978년 경북 청도 운문사 운문승가대학 대교과 졸업 후, 운문승
가대학 중강과 교무를 역임했으며, 동국대 승가학과를 졸업했다.

1985년 운문사 회주 법계 명성 스님으로부터 전강하고 강사로 취
임했다.

1988년 대만 불학연구소 중국불교를 연구했다.

1994년 일본 경도불교 대학 대학원을 졸업했다.

1996년 다시 운문승가대학 강사에 재임 이후 2002년 운문승가
대학 학감 취임, 2003년 조계종 교재 편찬위원, 2004년 단계단
니 갈마위원, 2005년 불교여성개발원 특별 자문위원, 2007년 생
명나눔실천본부 이사, 운문사 주지를 역임했다. 현재 운문승가대
학 율주 스님으로 1970년부터 현재까지 운문사 회주 법계 명성스
님을 시봉하며 ,학인스님들 배출에 전심전력을 다하고 있다.

저서로 행복한 승만경 이야기『승만경을 읽는 즐거움』등이 있다.

🪷 대몽(大夢) 현법(玄法) 스님

현법스님은 이두스님을 은사로 출가해 1978년 법주사에서 사미계를 수지했다.

1984년 범어사에서 자운스님을 계사로 구족계를 수지했다.

개태사, 보승사 주지를 역임했으며, 제13, 16대 중앙종회의원과 총무원 문화부장, 불교신문 주간 등을 역임했다.

현재 대한불교 조계종 불교신문 사장, 김포 용화사 주지, 의료법인 보리수요양병원 이사장을 맡고 있다.

🪷 목종(木鐘) 스님

1987년 범어사 양익스님을 은사로 출가했다.

2005년 부산 반야사 주지를 역임했다.

2009년 부산 대광명사를 창건해 부산지역 도심포교에 진력해 왔다.

현재 부산 대광명사 주지, 서울 강남 지금선원 선원장, 해운대구 자원봉사발원위원회 위원, 해운대구 자원봉사발원위원회 위원 등으로 활동하고 있다.

2021년 6월 23일 1999년 9월 창립된 풍경소리 제3대 대표이사에 취임했다. 풍경소리는 한국불교종단협의회 부설 비영리 문화포교단체로 부처님 말씀을 바탕으로 한 작가의 글을 포스터로 만들어 전국 지하철 약 2500여 개, 군부대, 사찰, 학교 약 300여 개 등에 부착해 운영하고 있다.

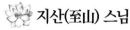

지산(至山) 스님

중앙대학교 신문방송학과 졸업했다.

1978년 2월부터 1984년까지 TBC, 대우그룹에서 근무했다.

1986년 4월 인제 장수사 대진스님을 은사로 출가했다.

1987년 속리산 법주사 강원을 졸업하고, 8월에 득도했다.

1993년 5월에 벽운사를 창건해서 오늘에 이르고 있다.

남지심 작가

강릉(1944년 구정면 여찬리 351)에서 태어나 이화여자대학교를 졸업했다.

1980년 「여성동아」 장편소설 공모에 '솔바람 물결소리'가 당선되면서 문단에 나와 애환 가득한 보통 사람들의 삶을 특유의 섬세하고 종교적인 시선으로 그려내는 작업을 계속해 왔다.

지은 책으로 『연꽃을 피운 돌』, 『담무갈』, 『욕심도 벗어놓고 미움도 벗어놓고』, 『새벽 하늘에 향 하나를 피우고』, 『우담바라』 등 다수가 있다.

대표작인 『우담바라』는 총 150쇄 600만 권 이상 팔린 밀리언셀러(million seller)로 불교문화를 세상에 알리는 데 큰 공헌을 한 것으로 평가받고 있다.

박상태 고문

경상북도 구미(1951년)에서 태어나 김천중고등학교 졸업한 후 한양대학교 법정대학(법학과)를 수석으로 졸업하였다.

성균관대학교에서 행정학 석사학위를, 태국 방콕대학교 경영학 석사학위를 받았다. 또 미국 세인트루이스대학교 행정경영대학원에서 경영학 석사과정과 서울·고려·충남대 최고경영자과정(AMP)를 수료하였다. 건국대학교에서 경제학 박사학위를 받았고, 한남·충남·한양·건국·서울시립대학교에서 겸임교수를 역임하였다.

제13회 행정고등고시 합격 후 재무부 산업관세과장, 손해보험과장, 외자정책과장을 거처 관세청차장(관리관)을 끝으로 공직생활을 마감하였다.

그 후 ㈜한국신용평가정보, ㈜한국전자금융과 ㈜KS정보통신 사장을 역임하고, 현재 겸임·특임교수로서 인하·경원·한양대학교에서 후학지도에 힘쓰고 있으면서 법무법인 민주에 고문으로 재직 중이다.

자랑스런 한영인상, 자랑스런 송설인상, 녹조근정훈장, 헤럴드경제 CEO상 등 많은 상을 수상하였다.

저서로는 『관세법강의』, 『대외무영법』, 『관세정책요론』, 『행복한 에세이』, 『행복하고, 행복하고 또 행복하라』 등이 있다.

높은 언덕이나 육지에는 연꽃이 나지 않고
낮고 습한 진흙에서 이 꽃이 난다

고원육지 불생연화 高原陸地 不生蓮花
비습어니 내생차화 卑濕淤泥 乃生此花
              − 운문사 율주 일진스님 추천의 글 중에서 −

화현 거사의 글은 세간사를 갈무리하고 출세간의 가르침을 투
탈透脫하는 지혜를 담고 있습니다. 출가수행자의 눈으로 살펴
보니 그 경지는 상당하고 경계는 탄탄해 보입니다. 인간으로 태
어나기 어렵고, 대장부로 태어나기 어렵고, 불법佛法 만나기 어
려운데 불법을 깨우치기 위한 용맹정진의 노고가 글속에 용해
되어 있습니다.
              − 불교신문 사장 현법스님 추천의 글 중에서 −

『참마음 공부』를 보면 필자는 참마음을 찾기 위해 수많은 부처
님의 경전과 조사어록을 열람하고 제방의 훌륭한 대덕스님들께
탐문했음이 여실히 드러나 보인다. 또한 틈틈이 수행과정 중에
느낀 자신의 마음을 진솔하게 서정적으로 풀어놓았다. 더불어
이 삶 속에서의 경험들을 자신이 배우고 실천한 부처님의 지혜
로 비추어 보이고 있다.
− 부산 대광명사 주지·서울 지금선원 목종 스님의 서평 중에서 −

346

또한 이 책에서 일러주는 올바른 마음씀은 이 시대에서 꼭 숙지하고 실행해야할 참 가르침으로 여겨집니다. 특히 요즈음 같이 혼돈의 세상에 살아가며 마음공부가 절실한 분들은 꼭 한 번 보아야할 책으로 보여지며 읽으면 읽을수록 대해와 같은 마음 바다에 흠뻑 빠져드는 느낌을 주기도 합니다.

　　　　－ 서울 공릉동 벽운사 주지 지산 스님의 서평 중에서 －

황성구 선생님이 마음이라는 주제를 잡고 긴 세월 치열하게 자기 자신과의 싸움을 한 것은 인생의 실체를 파악하고자 한 간절함이었을 것이다.

그런 의미에서 황성구 선생님은 세속에서 생활인으로 사셨지만 실제의 삶은 구도자의 삶이었음을 알 수 있다. 사회생활을 하는 한 분의 거사가 마음의 실체를 파악하기 위해 집요하게 자신을 바쳤다는 것은 감탄할 일이다.

　　　　　　－ 원로 소설가 남지심 작가님의 서평 중에서 －

황성구는 그의 저서 『참마음 공부』를 통하여 이 질문에 대한 해답을 우리들에게 던져줍니다. 책은 지은 사람의 것이 아니라 그 책을 읽고 가슴에 담아가는 사람의 것이라고 생각합니다. 그래서 황성구의 '참마음 공부'를 읽고 제 가슴에 담아두게 된 참마음 공부는 내가 죽는 공부입니다. 죽어야 깨달을 수 있습니다. 　　　－ 법무법인 민주 박상태 고문님의 서평 중에서 －

Epilogue

오늘도 '그 동안 알게 모르게 지은 죄 참회합니다. 그리고 참으로 감사합니다. 덕분입니다. 고맙습니다.'하고 발원하며 아침 기도를 시작으로 힘차게 하루 일과를 시작한다.

아마도 이와 같은 필자 나름의 신행생활은 밝고 맑은 심신수양과 끊임없는 '참마음 공부'의 하나로 건강이 허락하는 날까지 변함없이 하게 될 것이다.

이는 우선 필자 자신과의 굳은 약속이기도 하지만 필자의 지성기도를 늘 부처님께서 증명하고 계시기 때문에 더더욱 그렇게 해야 될 명분이 있기도 하다.

그동안 재가불자로서 이같은 신행생활을 해오기까지 관세음보살님같은 진실한 마음으로 한결같이 믿어주고 성원해 주고 있는 우리 집 대들보 보살님께 맨 먼저 가슴 깊이 감사드린다.

그리고 바르게 자라고 성장하여 시집가서 다섯 살, 네 살 연년생 두 아이를 잘 키우며 단란한 가정 이루고 사는 우리 큰딸과 사위가 우리 가족에게 안겨다준 커다란 행운과 기쁨을 어디다 비교할 수 있을까?

또한 미국 UDT(The University of Texas at Dallas)에서 유학생활하면서 착실하게 노력한 결과 반도체 분야 공학박사 학위를 수여하고, 현재 글로벌 기업 삼성전자 반도체연구소에서 열심히 일하고 있는 듬직이 아들에게도 고마운 마음을 전하며, 앞으로 대한민국의 경제발전에 큰 기둥 역할 할 수 있기를 기대해 본다.

끝으로 귀엽고 예쁘기 그지없는 아들 딸 아이를 잘 키우며 바쁜 직장생활 가운데 짬짬이 시간 내어 이『참마음 공부』책이 완성되기까지 꼼꼼한 교정 감수는 물론 표지 디자인을 내 마음에 쏘옥 들게 만들어준 우리 이쁜 딸 나경이! 정말 수고했고 고맙다는 말을 해주고 싶다.

이 모든 것이 부처님의 가피와 위덕으로 이루어진 가정의 평안과 행복입니다. 그리고 이 모든 평안과 행복이『참마음 공부』를 읽는 독자님들에게도 임할 수 있기를 축원합니다.

참마음 찾아가는 깊고도 오묘한 여행!

권선복
(도서출판 행복에너지 대표이사)

우리가 이 지구상에 태어난 이상 삶의 시작부터 종결까지 항상 안고 가는 것이 있습니다. 눈에 보이지도 않고, 만져지거나 냄새 맡을 수도 없으며, 마음대로 조절하는 것도 불가능한, 어느 순간 불쑥 불쑥 튀어나오는 이것이 바로 마음입니다.

이 마음이란 녀석은 팔색조와 같아서, 한순간 성자와 같이 고결하고 훌륭한 태를 갖추었다가도, 짐승보다 못한 추한 모습으로 둔갑하기도 합니다. 동서고금을 막론하고 이 멋대로 날뛰는 망아지 같은 마음의 진실을 탐구하고자 수많은 현인들이 세월을 바쳤을 것입니다.

본서 역시 저자 나름의 오랜 신행생활에서 얻은 통찰과 깨달음을 바탕으로 지은 '마음에 관한 책'으로, 어렵지 않고 쏙쏙 들어오는 쉬운 서술을 통해 독자 여러분을 '참마음 닦기'의 세계로 안내합니다.

본 서를 읽으면 경전에 나오는 교리 중에서 핵심적인 요체를 골라 설명하고, 어떻게 우리의 일상과 밀접한 관련을 가지는지 한눈에 알 수 있습니다.

종교는 세상살이에 어려움이 있을 때, 진정한 참진리와 나 자신을 찾고 싶을 때 건네지는 비상처방약입니다. 그중에서도 불교는 모든 고통의 근원인 마음자리를 찾는 종교이기에 깊게 들어가면 갈수록 실질적으로 도움이 되고 번뇌망상을 벗어버릴 수 있는, 우리가 사는 삶의 근본적인 문제 해결에 매우 가까운 종교입니다.

하지만 고명한 선사나 조사들 간의 선문답이나 선뜻 이해하기 어려운 경전의 내용을 보고 쉽게 다가가기에 망설여진다고 생각하는 분들이 있을 수 있습니다.

28본 서는 그렇게 머뭇거리는 분들의 편견도 깰 수 있을 만큼 불교의 근본교리와 우리의 일상을 가깝게 접목시키고 있기 때문에 불교 초심자에게도 적합한 도서입니다.

　또 불교에 입문한 지 어느 정도 시간이 지난 분들도 본인이 깨달은 바와 도서의 내용을 비교해가며 읽으면서 새로운 깨우침을 얻을 수 있는 멋진 기회를 제공합니다.

　불교의 핵심 교리인 '연기법'은 "이것이 있으므로 저것이 있고, 이것이 일어나므로 저것이 일어난다. 이것이 없으므로 저것이 없고, 이것이 소멸하므로 저것이 소멸한다."고 가르치고 있습니다. 세상의 모든 인연이 이와 같이 이루어져 있습니다.

　따라서 본 서의 발행을 통해 참마음 자리를 찾기 위해 고심하고 있는 모든 분들이 실질적으로 도움을 얻을 수 있기 바랍니다. 불교와 인연을 맺어 삶의 진리를 찾아갈 수 있게 된다면 더 바랄 나위가 없겠습니다. 선한 영향력이 곳곳에 두루 미쳐 모두 평안하시길 바랍니다. 부처님의 자비와 광명이 두루 널리 퍼질 것입니다.

작가님의 마음자리를 찾기 위한 노력의 결실이 이와 같
은 좋은 도서를 내놓았습니다. 책 곳곳에 깊은 사색의 흔
적이 엿보입니다. 이 자리를 빌어 감사와 축하의 말을 전
하고 싶습니다.

마지막으로 점차로 선선해지고 있는 아늑한 가을을 맞
이하여 본 서를 내놓는 것에 무한광명의 행복에너지가 함
께하길 바랍니다. 모두 성불하십시오! 감사합니다.

'행복에너지'의 해피 대한민국 프로젝트!

〈모교 책 보내기 운동〉 〈군부대 책 보내기 운동〉

한 권의 책은 한 사람의 인생을 바꾸는 힘을 가지고 있습니다. 한 사람의 인생이 바뀌면 한 나라의 국운이 바뀝니다. 그럼에도 불구하고 많은 학교의 도서관이 가난하며 나라를 지키는 군인들은 사회와 단절되어 자기계발을 하기 어렵습니다. 저희 행복에너지에서는 베스트셀러와 각종 기관에서 우수도서로 선정된 도서를 중심으로 〈모교 책 보내기 운동〉과 〈군부대 책 보내기 운동〉을 펼치고 있습니다. 책을 제공해 주시면 수요기관에서 감사장과 함께 기부금 영수증을 받을 수 있어 좋은 일에 따르는 적절한 세액 공제의 혜택도 뒤따르게 됩니다. 대한민국의 미래, 젊은이들에게 좋은 책을 보내주십시오. 독자 여러분의 자랑스러운 모교와 군부대에 보내진 한 권의 책은 더 크게 성장할 대한민국의 발판이 될 것입니다.

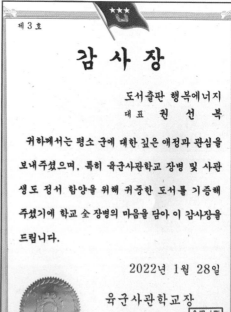